Collection
« Petite philosophie du voyage »

Frédéric Gilbert

La simplicité du kayak

Petites leçons d'équilibre et d'intimité avec l'élément marin

Transboréal

Né à Laval en 1961, Frédéric Gilbert, titulaire d'un BTS de chimie, est passionné par les pratiques de pleine nature. À vélo d'abord, il a parcouru la Bretagne, l'Irlande et l'Écosse. En canoë-kayak ensuite, il a descendu les rivières des principaux massifs de France de 1976 à 1985, été comme hiver. Avec la technicité acquise en eaux vives, consacrée par l'obtention du brevet d'État d'éducateur sportif 1er et 2e degré, il a exploré en kayak de mer, à partir de 1987, les rivages de l'Atlantique, de la Manche à l'Aquitaine. Il a aussi eu l'occasion de plonger sa pagaie dans les eaux de l'Adriatique et de la Méditerranée – à Minorque, en Corse et en Sardaigne, autour des Éoliennes. Les Antilles, quant à elles, lui ont à deux reprises fourni l'occasion de belles échappées. En 2012, la Basse-Côte-Nord et les îles de la Madeleine, au Canada, l'ont vu naviguer en solitaire.

Frédéric Gilbert travaille pour le parc naturel régional des Landes de Gascogne, établi autour de La Leyre, où, chargé du développement des randonnées de pleine nature, il vise à concilier pratiques, fréquentation et préservation.

J'aime à croire que la mer n'a de sens que si elle restitue, métamorphosés, ses enfants à la terre.

Cornelius Öhrn, *Lettres à jeune navigateur* (Interface Productions, 2003).

À Marie-Hélène, qui la respecte,
à Maxime et Téo, qui ne l'ont jamais redoutée,
cet embarquement sur la mer.

LA MER, qui s'ourle d'écume en présence des hauts fonds, rosit avec les premières lueurs de l'aube. Partout sur la plage, des filets d'eau coulent entre les rochers et ruissellent en éventail. Les falaises écrasantes, encore sombres, ne vont pas tarder à s'illuminer. Le voyageur, lui, s'apprête à lever le camp pour rejoindre son espace de prédilection, entre littoral et haute mer. Comme chaque jour, il quitte la terre ferme pour l'univers mouvant des flots. Par l'hiloire, il prend place dans son kayak. La jupe du trou d'homme, auquel il confie son bassin et ses jambes, est une membrane qui lui permet de passer du dehors au dedans, du statique au dynamique. Dehors, des rivages abrupts et immobiles. Dedans, des trains de vagues et d'heures fluides. Sur les grèves, le temps s'étiole ; sur l'eau, il s'épaissit. À terre, l'ambiance est sèche, parfois ventée et froide. À la surface de la mer, tout est mouvant, désordonné voire précaire, tandis qu'à l'intérieur du cockpit, le monde est un peu maternel, chaud et humide. Ce temps du départ exalte le pagayeur, qui dédie ses gestes à la fixation d'ultimes bagages sur le pont : sacs étanches en surplus, pagaie de secours, carte marine plastifiée et bout de remorquage. À peine a-t-il enfourné quelques rations dans la poche du gilet de sauvetage que la pose de l'esquif face à l'eau précipite son embarquement. Il ajuste sa jupe et saisit sa pagaie. Par d'amples mouvements, il s'en remet à sa seule énergie motrice pour franchir les premiers soubresauts de houle et s'écarter du rivage en perçant les eaux ennuagées d'écume. Parvenu sur une surface plus calme, il cale son couvre-chef, repositionne sa carte devant lui, repère ses coéquipiers et s'engage pour le voyage tant attendu, le long des rivages aux escales de sable et aux couches plafonnées de mille étoiles.

Pour vivre avec bonheur ces instants que connaissent tous les kayakistes en partance, il m'a fallu vaincre la peur des vagues qui me clouait sur la plage. Délicate expérience que celle des premiers face-à-face, figés dans le souvenir du môme de 6 ans que j'étais, par l'une de ces journées de vacances à Pen Bé, non loin du Croisic ! Ce matin de l'été 1967 donc, le sable de l'estran est encore humide. Même à son zénith, le soleil ne chauffe pas vraiment. Le parasol familial fait illusion et l'odeur du varech est prégnante. Mon père, au passé de marin engagé, s'évertue à m'apprendre à nager. Sûr de lui, il me maintient à plat ventre, le nez face au clapot. La posture m'apparaît insupportable : mes yeux fixent la surface menaçante de l'eau, qui se confond avec l'horizon, tandis que le ressac me submerge. En cherchant à respirer, je bois la tasse. Technique inadaptée, injonctions et bouillons à répétition font naître en moi une crispation indéfinissable, que l'énervement paternel parachève. Jour après jour, je bascule de la peur au dégoût. Apprendre à nager est souvent une expérience délicate et, pour moi, cette entrée en matière aquatique reste traumatisante : je me jure alors que plus jamais je ne me baignerai ainsi.

J'ai profité des colonies de vacances pour vivre des aventures entre gosses et goûter différemment les plaisirs aquatiques. À l'âge de 12 ans, je donne mes premiers coups de pagaie en canoë sur le lac d'Embrun. Puis j'embarque sur les eaux vives des rivières voisines : Durance, Clarée, basse Guisanne. Deux ans plus tard, au sortir des étiers de Guérande, je bivouaque avec des copains le long de la « côte sauvage », exposée au vent, et découvre alors le côté sympathique et rassurant du kayak de mer. Cet été-là, mon face-à-face avec les vagues se métamorphose : je surmonte mon appréhension. Je rentre dans l'eau ou en sors confiant et, embarqué, découvre un moyen sûr d'approcher l'océan. À même la mer, j'ignore encore que je vis les débuts d'une liaison heureuse.

Le kayak de mer est une embarcation singulière. La première fois que j'en découvris un, c'était sur le cliché en noir et blanc légendé « Inuit et son kayak » que le capitaine Edward Inglefield prit en 1854. Sur la côte orientale de la Terre de Baffin posait un petit homme chaudement vêtu, avec un esquif à la main. Le bateau paraissait rudimentaire. J'appris que les *qajaq*, utilisés par les habitants du Groenland et du Nunavut actuel, étaient conçus à partir d'une armature en os ou en bois et que leur assemblage de peaux était réalisé sur mesure. Ils ressemblaient aux *baidarka* des Aléoutes qui, depuis leurs îles, défièrent les redoutables eaux du Pacifique Nord. Leurs formes ultrapersonnalisées, où l'homme ne fait qu'un avec son embarcation, répondaient à l'usage quotidien. Impossible de ne pas penser aux images animées de *Nanouk l'Esquimau*. Rappelez-vous, cet homme jovial, emmitouflé dans ses fourrures, pagayant avec aplomb au milieu des glaces ! Entre les îlets inhospitaliers de la baie d'Hudson, sa navigation filmée en 1922 semblait facile. Ses manœuvres se révélaient si efficaces à la chasse au morse ou à la pêche au saumon que nous restions ébahis devant l'écran. Ce bateau, si petit, paraissait extraordinairement maniable. Et tellement agile son capitaine ! Comment donc oublier la séquence où, sorti du trou d'homme, Nanouk laissait s'en extraire aussi sa femme et son fils – une mise en scène réussie de Robert Flaherty, le réalisateur de ce qui fut le premier documentaire ethnographique !

Selon certains anthropologues, les Aléoutes, dépositaires de gestes fiables et efficaces permettant de se rétablir à l'aide de leurs pagaies, faisaient un usage si quotidien de leurs embarcations qu'ils auraient acquis, génération après génération, une morphologie adaptée à cette forme de propulsion. Leur répertoire de techniques s'est transmis avec ces pagaies en bois, légères et solides, qui occasionnent une faible dépense d'énergie. Avec le temps, la toile a remplacé les peaux, le bois les os, la colle les coutures : trois composants d'une embarcation furtive idéale. Entre 1950 et 1970, des amateurs éclairés, constructeurs pragmatiques, ont lancé les formes contemporaines, en bois d'abord. Sous influence anglaise ou nord-américaine, les premiers fabricants de kayaks en nombre surgissent alors.

Quiconque a vécu, à partir de 1975, la révolution des polymères se rappelle l'odeur caractéristique de la résine polyester dont les effluves s'échappaient au-delà des ateliers. Ceux qui ont souhaité allier légèreté et rigidité ont alors rejoint les constructeurs amateurs qui s'en donnaient à cœur joie : des formes reproductibles à volonté naissaient des moules en cire. Et celui qui a utilisé la fibre de verre se souvient avoir lissé le *gelcoat* à la couleur de son choix, manipulé les tissus de verre mat et rowing, ajouté délicatement des gouttes de catalyseur, manié le rouleau pour étaler la résine et éviter les bulles, et enfin tamponné le pinceau entre la coque et le pont en gestation. Et rien n'efface le souvenir des navigations du week-end sur ces kayaks frais sortis de l'atelier : les irritations incessantes sur toute la longueur des jambes, de jour comme de nuit, la semaine durant ! L'amélioration des techniques et l'arrivée du polyéthylène ont fait disparaître ce phénomène. De nouveaux kayaks, thermoformés, allient désormais robustesse, confort et faible entretien, certes au détriment du poids et de la vitesse. Toutefois, avec la naissance des kayaks sans pont, les qualités marines s'estompent. Ces *sit-on-top* le démontrent à chaque sortie : les planches d'un seul tenant, emplies d'air, stables et faciles à diriger, ne sont guère adaptées aux randonnées. Le pagayeur à découvert y est vite trempé dès que le clapot dépasse le demi-mètre. Ces embarcations, qui tiennent davantage de l'engin de plage, se banalisent et familiarisent les pratiquants occasionnels, mais ne pourront se substituer à l'embarcation personnalisée que le pagayeur s'est appropriée en vue de belles virées maritimes. Le retour des fabrications traditionnelles atteste la volonté de reprendre une place dans les embarcations côtières, voire hauturières.

Disons-le tout net, le kayak de mer est un drôle de bateau. Ni mât, ni voile. Pas de quille, ni d'amarres. Sait-on ce qu'il reste d'un navire sans moteur, d'un bâtiment sans couchette ou d'un vaisseau sans canon ? Toutefois, il n'est ni un rafiot ni coquille de noix. Peut-il pour autant prétendre à de véritables qualités marines ? À l'évidence, il n'est pas conçu pour rallier des terres lointaines, mais offre un vrai compromis entre exigences de la navigation et plaisirs de la glisse. Reconnaissons cependant qu'il peut surprendre par sa flottabilité en milieu marin parfois hostile.

Lors d'une navigation difficile, j'ai eu l'occasion de reconsidérer ma confiance en lui. Parti de Quiberon, je m'étais fixé de gagner Belle-Île, à près de 10 milles. Équipé pour un tour de cette dernière en trois jours, j'envisageais de filer à la pagaie sur Houat et Hoëdic, y faire des escales secondaires. J'ai pris conscience d'à quel point un tel périple faisait naître des émotions contradictoires, de l'enchantement à la frayeur. Au cours de la traversée à l'étale, je me rappelle le bonheur de la glisse de mon bateau calé sur ses lignes, de la tenue du cap en direction de Sauson et de l'absence de dérive. Je garde en revanche un souvenir mitigé de la pointe des Poulains, de la côte Sauvage et des traversées entre les îles sœurs, routes dictées par les conditions délicates. Le vent et les courants imposèrent à mon kayak de multiples sollicitations. Dans la houle hachée, les masses d'eau le ballottèrent, le comprimèrent et lui infligèrent une gîte maximale. Au creux comme au sommet des vagues, la puissance des flots et des embruns le fit déjauger, puis enfourner son étrave avec fracas... Mais comme tous les kayaks de grande randonnée, il devait son assurance d'abord à ses qualités intrinsèques, qui n'ont rien de fortuites : l'usage de matériaux compacts combiné au profil garantit, à la plupart des modèles, une solidité digne de la construction navale, gage de sécurité. Il dispose d'une carène et d'une ligne de flottaison qui, outre une silhouette effilée, lui confèrent le meilleur rapport entre surface immergée et vitesse. Il présente aussi un judicieux équilibre entre stabilité et direction. Équipé d'une coque à fond plat ou à bouchains, il permet de franchir aisément les vagues grâce à sa proue et sa poupe relevées. Et pour réduire la gêne née de la dérive occasionnelle, sa coque se prolonge souvent vers l'arrière par une quille minuscule. De par sa taille, il est manœuvrable, léger et fluide. En raison de cette alchimie, il présente une capacité de glisse incontestable.

Sa sûreté, il la doit aussi à son petit équipement, sans commune mesure avec la technologie et l'électronique des voiliers ! Rien n'est laissé au hasard, tant il peut se révéler vulnérable par gros temps : la ligne de vie, la bien nommée, fait le tour du pont afin que le marin puisse s'y accrocher en cas de chavirage ; un bout de remorquage, des fusées, une radio VHF et une pompe d'assèchement s'ajoutent au compas de route, à l'écope, aux longes, à la cadène et aux filets qui peuvent recevoir les effets du jour. Un safran et ses élingues complètent parfois le dispositif. Enfin, la fiabilité du navire s'augmente des compartiments étanches. Munis de trappes, ils ferment l'avant et l'arrière du cockpit, réservé au tronc du pagayeur. Le matériel indispensable au voyage y est transporté au sec. Reste à savoir se munir de l'essentiel, et rien que de l'essentiel, la *check-list* étant évidemment proportionnelle au volume des caissons !

Ainsi, ce *petit bateau tout temps* possède des qualités rassurantes dans la plupart des conditions de mer. Mais quel est l'aventurier téméraire qui plonge dans l'aventure à bord d'un tel navire ?

Nul doute que le kayakiste est un marin particulier. Doit-il nécessairement avoir le cœur bien accroché, ou un tel baroudeur sommeille-t-il en chacun ? Mémorables resteront, pour qui s'apprête à embarquer, ses premiers pas dans un accoutrement hors du commun : couvre-chef enfoncé, coupe-vent coloré, gilet bombé, jupette pendante et chaussons en Néoprène déformés. Qui s'empare pour la première fois d'une pagaie double pense détenir une arme futuriste, que corrobore son allure d'extraterrestre. Et qui part le kayak sur l'épaule pour mettre à l'eau se rappelle sa déambulation asymétrique, comme celle d'un bernard-l'ermite géant.

Et les premiers coups de pagaie ? Ne vous est-il jamais arrivé d'être confronté à cette perte de repères, jambes emprisonnées et abandonnées, fesses et hanches calées et bras en quête d'appuis improbables ? De découvrir la gîte et le tangage ? D'être soumis au mouvement aléatoire des masses d'eau ? Tous les kayakistes ont connu ces premiers moments délicats. Faut-il descendre d'une famille d'acrobates ou de funambules pour prétendre naviguer sans souci ? À fleur d'eau, tous ceux qui ont vécu ce drôle d'état instable s'en sont vite accommodés. Les techniques de propulsion et d'équilibre s'acquièrent en quelques jours et compensent vite la puissance des bras, qui ne s'acquiert qu'après quelques semaines. Mais pour autant, il ne faut pas croire que tout terrien puisse, par enchantement, se muer en homme de mer. Le kayakiste joue du bassin pour gîter son kayak ou utilise son assiette afin d'estomper la force des courants. Sur le clapot croisé, il améliore le contact de ses jambes avec le bateau. Sur le grand *swell*, il use de sa pagaie pour franchir les vagues ou se maintenir dans les creux par des appuis suspendus ou en poussée. Il oriente et stabilise simultanément son bateau en un seul geste de propulsion. Souplesse, élasticité, réactivité, coordination : bientôt l'aisance !

Dans ma constante recherche d'équilibre sur un monde fluide, je maîtrise l'embarcation par l'acquisition de repères kinesthésiques spécifiques. Au point de vivre parfois un décollage inattendu qui transcende ma progression nautique rampante. Au point d'éprouver la sensation de ressembler à un *centaure marin*, au tronc d'homme mais au bassin prolongé d'une étrave, aux mains greffées de pales. Mon allure nautique saccadée me donne parfois des airs de poisson flottant aux nageoires clignotantes. Enfin, je mesure à quel point le kayakiste est seul, seul maître à bord. Et s'il n'est certes pas un grand capitaine, parfois même sujet au mal de mer, il mesure les risques d'insolation, d'hypothermie ou de noyade et, « marin à l'effort », est même confronté à la déshydratation, à l'hypoglycémie, aux crampes, à la tendinite, voire à la bursite. Ce drôle de marin, face à lui-même, recherche en permanence l'adéquation entre désir, aptitudes et réalité mouvante du milieu où il évolue. Il ne doute cependant pas de son aptitude aux voyages au long cours, hors des chenaux balisés, sur toutes les mers.

Vers le grand large, la démesure de l'océan est troublante. L'immensité de la mer, c'est certain, n'est pas à la mesure du kayak. Quoique partir dans une telle embarcation ne puisse s'apparenter à appareiller sur l'un des navires du port, les randonnées côtières peuvent être source de vrais voyages à la pagaie.

Dès le départ, larguer les amarres est impossible pour ce kayak qui n'en est pas équipé, alors que faudra-t-il donc lâcher pour quitter son abri ? Et voyager consiste souvent à se charger de souvenirs, étonnant pour ce bateau où il y a si peu de place pour emporter les objets glanés çà et là. Images, odeurs, ambiances et visages auront inévitablement la préférence du pagayeur. Se mettre en chemin, construire son itinéraire et suivre la route, tous les voyageurs s'y préparent. Pour le marin à la pagaie, le parcours ne connaît aucun tracé aménagé. D'ailleurs, pourquoi rejoindre deux points d'un même rivage, quand l'accès par la terre est possible ? Ici, pas de cairn, ni de marque. Et les balises, comme les perches des chenaux, les amers ou les phares, ne s'adressent qu'aux navires. Sans négliger ces repères, le marin convient de suivre une autre voie. Une route sans doute proche de l'inutile, souvent magique, parfois chaotique, jamais fade avec le goût du sel, dans la morsure du vent et la fraîcheur du clapot.

Longer des falaises à des distances sans commune mesure avec le cabotage ou la voile ; réaliser, grâce à sa vitesse et à son autonomie, la traversée vers des îles à un jour de pagaie ; effectuer des périples sur des parcours linéaires de 15 à 25 milles par jour ; accomplir des voyages au long cours parfois improbables : le kayak offre moult possibilités. Oskar Speck, un Allemand d'Ulm, a entrepris une aventure solitaire intercontinentale d'un genre inédit. Il a relié l'Allemagne à l'Australie de 1932 à 1939. Équipé d'un kayak démontable en toile, il a descendu le Danube, traversé la Grèce, longé Chypre, l'Euphrate et le golfe Persique, filé le long des côtes de l'Inde, du Sri-Lanka, atteint successivement Rangoon, Singapour, Sumatra et la Nouvelle-Guinée ! Effleurer ainsi trois continents, sans aucun moyen de communication, constitue un voyage à la pagaie de référence. Même si ses vraies motivations restent suspectes, sa route de près de 20 000 kilomètres, quoique guère documentée, demeure exceptionnelle.

Il est certain que pagayer le long du littoral laisse augurer de beaux voyages. Les franges des continents ont tant à dire ! Avec une proximité maximale, la terre vue depuis la mer prend une autre allure. Au ras de l'eau, à demi immergé et embarqué, le kayakiste musarde et vagabonde le long des dunes ou des cordons lagunaires. Sa modeste embarcation lui permet d'emprunter des itinéraires inattendus et présage une réelle connivence avec le trait de côte, dans les deltas, au bord des estuaires ou au pied des falaises. Avec son fond plat, il accède avec facilité à la plupart des plages. Pas de doute, les rivages sont source de promesses.

L'atterrage des côtes ne constitue plus un danger de nos jours. À chaque périple en kayak, je mesure toutefois combien l'histoire y fut agitée à l'heure des conquêtes, par terre comme par mer : agrandir son territoire était alors un rêve et étendre sa contrée jusqu'à la mer, pour mieux se prémunir de l'envahisseur, une nécessité. À l'approche d'une crique ou d'une baie, je me demande parfois combien de flottes conquérantes y ont touché terre. Combien d'arrivées triomphales de Grecs, de Romains ou de Vikings a connu ce rivage ? Et sur ces îles, à combien d'assauts sanguinaires la population a-t-elle dû faire face ? J'ai conscience aussi que certaines plages longées ont longtemps été synonymes de portes sur des terres d'abondance – or, épices, canne à sucre ou caoutchouc. En Corse ou en Sardaigne, sur les îles du Levant comme du pertuis charentais, le littoral est constellé de traces historiques : tours de guet, fortins, batteries, cités Vauban. Difficile d'échapper à la silhouette des blockhaus, mémoriaux ou stèles de naufrage. Sur la côte béninoise, je me suis retrouvé face à un monument commémoratif de l'esclavage qui, surdimensionné, se dresse à même le sable de la plage d'Ouidah : silhouettes sculptées en enfilade, chaînes au pied, avec au fronton un message sans équivoque : « la porte du non-retour ». Depuis l'eau, mon sang ne fit qu'un tour : je me trouvais en lieu et place des galions au mouillage prêts à avaler la marchandise humaine. À l'occasion d'une autre virée, j'ai croisé dans les eaux plus claires de la Méditerranée, au sud des Lavezzi, la stèle du naufrage de la *Sémillante* et, protégé sur la grève par un muret de pierres sèches, le petit cimetière d'Acharino où, à portée de pagaie, sept cent cinquante hommes reposent, là où leur frégate en partance pour la guerre de Crimée sombra une nuit de tempête de 1855, sans le moindre survivant. Je n'ai pas non plus pu m'empêcher de frissonner lorsque, sur la côte normande, j'ai longé les collines semées de croix blanches du Débarquement.

L'accès aux rivages, plus paisible et libre aujourd'hui, n'est pas moins désintéressé. Ce n'est plus l'appropriation de biens qui motive les nouveaux arrivants, mais la quête de liberté, de démocratie et de richesses accessibles par le travail. Les côtes demeurent toujours un lieu d'exode, même si cette réalité est contrastée. Chez nous, les rivages accueillent en paix baigneurs, marcheurs, surfeurs et plongeurs. Depuis le kayak, on se surprend même à ignorer les frontières. Il m'est arrivé de pagayer le long des côtes françaises de Ciboure, Banyuls et Cerbère pour atteindre celles, espagnoles, du cap de Creus et de Cadaqués, sans voir la différence. Bien évidemment, cette situation est inenvisageable le long des côtes nord de la Laponie, à la frontière russo-finlandaise. Mais le trait de côte réserve bien d'autres surprises à qui sait l'examiner.

Comme les randonneurs sur le sentier du littoral ou le chemin des douaniers, je garde en mémoire ma première rencontre avec le trait de côte : une simple ligne figée sur une carte. Cette limite entre le domaine maritime et la terre ferme marque l'emplacement de la laisse aux plus hautes mers astronomiques, au coefficient de marée 120 et à la pression de 1 013 hectopascals, précise la définition ! Or chacun sait que les vents s'en amusent. Ils creusent la côte, l'arrondissent, la dressent ou la froissent, lui conférant des lignes escarpées, acérées ou ciselées. La côte sous-le-vent, elle, montre ses courbes au point de se faire désirer. Depuis le kayak, il est aisé de voir ces lignes s'épaissir de terres, roches, sables ou agglomérats. Les falaises d'Étretat ou de Bonifacio comme les Cliffs of Moher irlandais laissent un souvenir marquant, tant ils semblent prêts à s'effondrer à tout moment. Et quiconque a suivi ce trait de côte sait qu'il est synonyme de débouché vers la mer, de promontoires, de caps ou de pointes. À l'inverse, il peut aussi reculer vers l'intérieur jusqu'à y pénétrer par des baies ou des abers chargés de glaise, de limon ou de vase. De fait, le trait de côte existe-t-il vraiment ? N'est-il pas une vue de l'esprit ? Pour le navigateur et le mathématicien, le calcul de sa longueur est un casse-tête : sa nature fractale se révèle dans les irrégularités qui se répètent à toutes échelles.

Le trait de côte sur la carte, de pure convention, ne restitue en rien la réalité. Son apparence est trompeuse, tant son univers est mouvant. Son aspect se transforme chaque jour sous l'effet des marées, laissant place aux terres submergées se découvrant selon les coefficients. Plus surprenant, il change aussi au fil des années. La mer façonne la terre par petites touches ou de façon violente. Le vent et les coups de tabac répétés modifient fortement le rivage ; plus rares, les tempêtes du siècle ou les tsunamis altèrent de façon irrémédiable une côte supposée immuable. Même si la fourmilière humaine s'active pour protéger et défendre sa frontière, comme l'enfant son château de sable, la montée des eaux semble inexorable. Cette mouvance attise les regards et génère des calculs d'un genre nouveau afin, dit-on, d'anticiper les effets du changement climatique annoncé. Au-delà des cartes géophysiques, les clichés satellite attestent la modification des côtes de basse altitude et des rivages les moins abrupts. L'inquiétude grandit avec le recul du littoral que les populations ont conquis. Depuis le kayak, on distingue les traces de cette évolution, de cette érosion. Les côtes dunaires, comme celles à falaises, sont régulièrement marquées de cicatrices à ciel ouvert. Il est plus délicat de mesurer les risques de submersion, comme dans les atolls du Pacifique. Il est certain que la prise de conscience de ces phénomènes modifie le regard sur le littoral depuis l'esquif, et l'approche qu'il autorise exacerbe encore sensibilité et curiosité. Cette réalité transforme peu à peu la relation avec l'élément marin, et un lien plus intime se noue à l'approche de l'estran.

Chaque jour, les marées laissent place à un petit monde marin puis terrien. Les promeneurs à pied aiment s'en approcher. Même quand on est équipé et attentif, la prudence reste de mise. L'accès en kayak, lui, est une vraie chance. L'évolution dans ces zones se fait en toute discrétion. Bien sûr, quand la mer est grosse, le pagayeur se tient au large. Mais, quand les conditions sont propices, il tisse un itinéraire très sensuel, marqué d'une inclination particulière pour l'estran. La connivence avec le milieu prend une dimension hors du commun. Le rythme lent s'impose à l'approche de la grève et, pour conserver à l'eau sa transparence, les mouvements de pagaie sur le fond sont bannis.

J'ai le souvenir précis d'une navigation à marée basse dans l'archipel de Chausey, lieu singulier où, au jusant, les îlots apparaissaient à chaque instant, partout en même temps. J'y synchronisais ma navigation avec l'amplitude de la marée pour rester à flot. Aux hautes eaux, cinquante-deux îlets semblaient figés. Au fil des heures, les chenaux se démultipliaient, des rochers noirâtres surgissaient, des bancs de sable naissaient discrètement. Les lits de petits galets et de coquillages, eux, scintillaient soudain. Dans les zones de limon, la vase chaude se dévoilait. Sans cesse, je scrutais le paysage en mouvement pour rencontrer le rarissime à découvert. La terre semblait mobile, la mer respirait, les courants s'accéléraient. Ici, la mer me livrait ses ambiances uniques faites d'odeurs de vase, d'iode et d'algues. Dans ce pays d'épousailles entre humus et varech, je passais au plus près des nervures des roches, à l'abri des tourbillons éphémères.

Depuis un promontoire, un cormoran se retenait de plonger, en s'agitant. Au bout de quelques heures, j'étais en présence de plus de trois cent cinquante îlots et progressais à quelque 10 mètres sous le niveau de la marée haute : Chausey s'était transformée. Sous la surface translucide, un autre univers devenait perceptible à l'œil nu. L'effet loupe complétait le mirage : les laminaires ondulaient dans la transparence des eaux apaisées de l'anfractuosité qui les abritait ; par endroits, l'eau saturée de sel s'épaississait d'algues rouges ; plus loin, ocre et quasi immobile, la surface semblait marbrée. De temps à autre se devinaient de ténus tourbillons formés en profondeur par les écoulements entre les rochers ronds et lisses. Des amas de mousses surnageaient. Les vases et les sédiments, eux, se prélassaient sur les fonds. Je glissais sur les herbiers encore flottants de zostères. Ici pas de posédonie, chère à la Méditerranée et à l'Adriatique. En revanche, des salicornes à découvert je pouvais m'approcher. Mon regard était attiré par la beauté des couteaux et des coques sur le sable détrempé. Des gravelots à collier et des pluviers argentés animaient ce désert inondé, ridé de barkhanes.

Dans les trous d'eau, les crevettes filaient se cacher, l'anémone se pavanait, tandis que les oursins restaient impassibles. Quelques petits trésors de mer – exosquelettes, bois flottés, laisses de mer, bouteilles aux improbables messages – me restaient toutefois inaccessibles. Sur les sables à découvert, ils semblaient attendre les promeneurs qui eussent osé déambuler jusqu'ici avant la renverse. Plus loin, certains crabes s'échappaient sous l'ombre portée de mon esquif en mouvement. Les bigorneaux apparaissaient de plus en plus nombreux, les patelles enrochées et les guirlandes de moules naturelles m'alertaient et m'imposaient de changer de route pour ne pas m'échouer.

Le kayakiste est seul à jouir de cette proximité ! Le pêcheur en barque pourrait s'aventurer jusqu'à de tels trous d'eau mais aussi se faire piéger par le jusant. Le navigateur tenterait bien l'approche mais court le risque de talonner. Quant au plongeur équipé de bouteilles, il envisagerait bien lui aussi de nager dans les eaux claires, mais il déplore l'épaisseur fluctuante de la lame d'eau. Le pagayeur, lui, profite comme aucun autre de la meilleure heure, de la meilleure place en ces lieux éphémères et y demeure le plus possible. Pour peu qu'il soit malin et habile, 5 à 10 centimètres d'eau lui suffisent. Quelques repères bien choisis, une montre et une table des marées, des confirmations d'hypothèse de hauteur d'eau sur la carte marine et une dose d'expérience lui garantissent une évolution optimale.

Cette faculté d'adaptation et cette proximité font naître de précieuses rencontres. J'ai ainsi apprécié de passer sous les nids de pétrels accrochés aux falaises de la côte sud de Minorque ou d'approcher les grands cormorans postés sur les îlots de Molène, dans le rail d'Ouessant. Lancé sur mon erre, il m'est arrivé de surprendre des bouquetins accrochés aux pentes ouest de l'île sarde d'Asinara. Au détour d'un cap, en Colombie-Britannique, quelle aubaine d'apercevoir un ours brun pataugeant sur la grève, seul en lisière d'une forêt ! Et de voir sauter les poissons fouisseurs au passage du kayak sur les eaux limoneuses d'une mangrove ou chaudes d'un lagon. Je me souviens d'une partie de pêche en groupe au fond de l'estuaire de la Seudre. Nous pagayions de conserve, à bonne allure, tout en nous maintenant bord à bord. La lame d'eau devenait de plus en plus fine. Approchant des rives, nous piégions des bancs de mulets. Nous forcions ces derniers à sauter, tôt ou tard, par-dessus le pont de nos embarcations avant que l'épuisette ou la main de l'un d'entre nous ne les saisisse au vol. Brisant alors leur arête dorsale d'un coup sec, nous les enfournions sous le filet d'un pont arrière pour qu'ils rejoignent les autres trophées de cette pêche au reflux.

Les lieux se marient à jamais aux souvenirs. La baie de Morgat reste associée à l'improbable rencontre d'un dauphin, vieux mâle solitaire qui joua jusqu'au port à cache-cache avec mon fils à l'avant du biplace. Des salines du delta de l'Èbre, je retiens le voisinage fortuit avec des flamants roses, des bécasseaux, des grèbes et des aigrettes garzettes en pleine pêche. De même que je garde encore l'image de ma première rencontre avec un phoque commun, aux abords du phare d'Héaux, à l'écart du sillon de Talbert : un moment de curiosité réciproque, à distance, qui m'a marqué jusqu'à la rencontre avec d'autres, gris, en baie de Somme. Plus récemment, à l'occasion du tour des îles de la Madeleine, au Québec, cinq veaux marins m'ont tenu compagnie pendant deux jours. Quelle chance de pouvoir s'immiscer au-dessus des bancs du krill emporté par les courants, de naviguer à proximité des rorquals, bélugas ou marsouins en situation de nourrissage dans les eaux peu profondes du Saint-Laurent, de croiser la route des tortues marines dans les anses d'Arlet, en Guadeloupe, ou enfin d'entrevoir les grandes nacres sous 3 mètres d'eau cristalline ! Et il reste encore tant à observer. Ainsi, je caresse toujours l'espoir d'apercevoir des lions de mer ou, mieux, un ours blanc...

Cette intimité permet la contemplation et valorise une discrète intégration. Il semble que naviguer le long des côtes, c'est profiter des reflets de la terre, et qu'emprunter de telles routes ressemble à un voyage géologique et naturaliste. Néanmoins, avec cette façon de m'immiscer dans la mer nourricière, une série de doutes monte en moi. Ma navigation en kayak ne serait-elle pas la réalisation d'un bonheur trop exclusif ? Ma proximité ne serait-elle pas intrusive, voire colonisatrice ? Et si ma présence devenait préjudiciable aux espèces comme aux milieux...

Quiconque s'est trop approché d'un reposoir a provoqué l'envol des oiseaux. Qui s'est dirigé vers le banc de sable ensoleillé qui accueille des phoques au repos a provoqué leur plongée. Qui ose débarquer en période de ponte sur les îlots colonisés par les sternes sait à quel point leur vol est défensif. Et qui pénètre dans une grotte marine en fait fuir chauves-souris et autres cavernicoles. La cohabitation n'est jamais sans effet. Toutefois porte-t-elle atteinte à la vie de ces espèces ? Si le passage des kayaks est fréquent, cette question s'impose, tout comme s'impose la discrétion du pagayeur. La recherche d'un impact minimal doit être permanente. Et dans cette obsession, le kayakiste opère des choix influençant son comportement sur l'eau comme à terre. S'il considère que sa route est trop proche de parois abritant des guillemots à miroir juvéniles, il choisira une trajectoire plus écartée, pour éviter leur envol prématuré toujours énergivore. S'il estime que l'îlot pressenti pour son escale présente des zones de sphaignes, de mousses ou de graminées, sans aucune surface dure ni inerte pour établir son campement, il cherchera un autre site. S'il doit faire un feu, il utilisera le sable de la plage au jusant, afin que la marée rétablisse la virginité du lieu. Partout, il se doit de respecter les principes issus du mouvement nord-américain Leave No Trace, fondé sur des *outdoor ethics* ! Dès le plan de navigation, les bons réflexes sont intégrés. Lors de la préparation des denrées, les objets inutiles restent à terre et les emballages sont réduits au maximum. Pendant le voyage, les stigmates de fréquentation des sols sont reconnus : détermination des surfaces durables, comme les sables de l'estran, les grèves de cailloux ou les grands rochers ; accès concentré sur ces zones et expansion minimale du camp de base. Le retrait sans marque et la préservation de l'espace primitif des plages vierges trouvent leur prolongement dans un autre principe simple : pas de prélèvement ! Mieux vaut charger son appareil photo que son kayak. Il convient aussi de respecter la réglementation, comme les zones d'évitement signalées sur l'archipel du Frioul, les espaces de la réserve du Marquenterre en baie de Somme, qui visent à conserver des zones de quiétude permanente pour les pinnipèdes et les limicoles, ou l'interdiction de la baie au sud de Port-Cros !

Cette forme imposée de respect du milieu marin manque parfois de pédagogie, mais illustre l'impérieuse nécessité d'un équilibre dans les espaces les plus fréquentés.

Il y a autant de périples que de territoires navigués. À bord d'un kayak humble et modeste, rien n'empêche de s'affranchir de l'estran et de gagner de nombreux horizons. De l'intime au grandiose ou de l'univers proche de chez soi jusqu'aux confins du monde, qu'importe la méthode, qu'importe la destinée ! Pour celui qui ose embarquer à bord d'un simple esquif mû à la pagaie, les routes proches ou lointaines sont prometteuses. Vous est-il déjà arrivé de vous immerger dans l'ambiance d'un delta ? De vous laisser porter à la confluence des eaux douces d'une rivière et des eaux salées de la mer proche ? De serpenter sur des chenaux entre des langues de terre appréciées des migrateurs ? Ces exutoires, à l'abri du vent, offrent des itinéraires aisés en kayak de mer. Imaginez-vous au ras de l'eau claire des mangroves, où pagayer entre les palétuviers est un régal en dépit de l'air brûlant envahi de moustiques.

Et voyez les grandes baies ouvertes, elles aussi, propices aux départs. Leurs eaux lisses filent vers l'horizon, comme le flux limoneux des grands estuaires. Emporté sur ces tapis roulants aux tons ocre, vous voilà kayakiste tandis que les rives s'estompent. Au contact de l'écume chargée d'iode, l'eau vous semble plus dure, la houle plus ample et plus lointains les fonds marins. Et lorsque les limons en surface disparaissent et que le bleu devient intense, un autre monde s'ouvre à vous.

N'avez-vous pas déjà exploré le rivage tel un fil que l'on déroule à la pagaie ? Une drôle de progression asymétrique, où la frange terrestre semble en permanence collée sur une seule et même face de l'embarcation. À bord, la pression constante du ressac sur un flanc contraste avec le vide à l'opposé. Mais qu'importe si la côte ne défile que d'un seul côté, puisqu'elle vous propose de rencontrer la mer nourricière, ses bancs d'huîtres par milliers, ses tables de moules suspendues et ses enclos circulaires regorgeant de poissons d'élevage ; elle vous permet de longer les falaises et les flyschs dont les arbres inclinés par les vents dominants en disent long sur les intempéries ;

elle vous autorise à côtoyer les dunes côtières où s'étire le royaume du sable et de l'eau ; et, en retrait des déferlantes sur la barrière récifale, elle consent à vous laisser filer au plus près de la brisure des vagues coiffées d'émulsions : force est de constater que votre voyage aborde avec bonheur tous les visages intermittents du littoral. N'est-ce pas un délice de flirter chaque jour avec un rivage différent ? N'est-il pas jubilatoire d'allonger son itinéraire semaine après semaine ?

Et oser quitter enfin le linéaire continental ? Approcher une île éloignée ressemble à un long intervalle d'intensité. Il ne s'agit pas d'atteindre les frontières du monde. La qualité du voyage ne se compte pas en milles. Mais pour accéder au moindre îlot retiré, la traversée donne une occasion de s'échapper du continent. Au rythme du kayak, en navigant vers le profil terrestre, rien ne semble bouger. J'ai le souvenir, au cours d'une traversée pour l'archipel des Kornati, qu'en quittant Zadar le rivage croate fuyait lentement dans mon dos. Au loin, ces îles ne ressemblaient à rien, si ce n'est à un trait pointillé noir aux épaisseurs difformes. Et ce n'est qu'imperceptiblement que le paysage se transformait. Sans doute parce que le moindre détail visible me servait de repère et qu'il était bon de croire qu'il se modifiait pudiquement. Aucun amer remarquable ne pointait. Je garde en mémoire que chaque coup de pagaie enjambait les secondes mais ne raccourcissait pas les heures nécessaires pour mieux visualiser le rivage des îlots. Un signe discret m'avait souri, enfin : sur le pont de mon kayak, un insecte volant, embarqué malgré lui, m'informa que les îles n'étaient plus loin. Vint le moment de discerner les premières criques, de croiser les premiers cormorans huppés et de percevoir les fragrances du myrte. En trois semaines, les confettis de cet archipel aride, posé sur l'Adriatique, ont satisfait mon appétit de voyageur.

Et vient tôt ou tard l'envie de capturer l'horizon, d'aller au-delà. Pourquoi, me direz-vous, se mouvoir à la pagaie pour aller si loin alors que le vent, les vagues ou un moteur le permettent ? Je crois que, depuis le kayak, il s'agit de voyager humblement à la rencontre des terres par la mer, de puiser dans la simplicité de son cheminement et de profiter de la providence des rencontres en douceur.

L'appel du voyage au long cours est né en moi sur une île. Après plusieurs virées sur les pertuis charentais, je me suis posé plusieurs printemps sur Aix, minuscule, idéale pour la navigation avec mes enfants. La rencontre avec le propriétaire du fort Liédot fut déterminante. Il m'invita généreusement à visiter son jardin. Il tenait à me montrer et à commenter les multiples essences arbustives rapportées de ses lointaines prospections. Végétaux inédits, noms exotiques, autant de couleurs et de formes alors inconnues pour moi. Dans sa bibliothèque, il me confia le récit de ses navigations et me décrivit des terres aux antipodes : un élan de départs, fait d'atlas, de cartes et d'épopées a germé comme des plants prêts à grandir, au point de faire naître le désir d'outrepasser mes navigations sous les vents de l'Atlantique et de la Méditerranée. Sortir des abers, s'écarter des archipels de Bréhat ou de Rioux, quitter les criques de la Costa Brava, les îles du Levant, la Corse, la Sardaigne ou les Baléares. Envisager d'aller bien au-delà du phare de Cordouan pour voyager au long cours et connaître d'autres territoires accessibles à la pagaie, d'autres ambiances, d'autres peuples littoraux, d'autres bathymétries aussi. Naviguer sur les mers et les océans dont les marées sont insignifiantes ou plus importantes, connaître les régions du monde n'ayant qu'une marée haute et une marée basse par jour, d'autres qui en ont deux, mais de durée inégale. C'est ainsi qu'il m'est arrivé d'aborder un point amphidromique. Non loin de l'île d'Anticosti, le marnage est voisin de zéro car les courants et le flux à l'intérieur de l'immense golfe du Saint-Laurent créent un système d'ondes stationnaires tournant autour de ce point nodal. Cet endroit, où les lignes cotidales se rejoignent, ne présente qu'une très faible variation d'amplitude. Une sensation particulière au parfum de bout du monde !

Chacun a pu mesurer comment un vol en altitude permet d'embrasser l'étendue d'un seul regard, comment la haute montagne propose des panoramas à couper le souffle et la majesté d'une falaise une perspective exceptionnelle sur l'horizon marin. De même, il paraît évident d'associer le voyage à la pagaie au sable blanc sous le soleil éclatant de mers d'azur. Je reconnais que les Canaries et les Caraïbes ont eu mes préférences. Il va de soi que les eaux translucides des lagons de la Polynésie française, ventées du Cap-Vert ou du banc d'Arguin mauritanien ou abritées des baies de Thaïlande ou de Malaisie représentent aussi des voyages de prédilection. Il est plus étonnant que les côtes désertiques de la mer de Cortés ou du sultanat d'Oman, ou encore le « delta » de l'Okavango, riche de toute sa grande faune, s'érigent également en destinations de choix.

En revanche, certaines perspectives se gagnent plus intimement et requièrent parfois des jours voire des semaines de navigation pour être comprises et appréciées, parce que leur pouvoir d'évocation est indissociable des péripéties pour les atteindre. Ainsi, déguster le dédale des fjords de la côte norvégienne et des Lofoten, c'est s'affranchir des bancs de brume côtière qui surprennent au lever du jour et dépasser la fatigue qu'impose aux yeux la lumière horizontale. Apprécier la myriade de canaux séparés par des milliers d'îles et d'isthmes au pied des montagnes patagonnes, c'est s'émanciper des vents froids qui fusent au ras de l'eau grise. Pas de doute, le temps associé aux lieux bonifie le souvenir ! Et, au-delà des rudes journées de navigation, restent en mémoire les heures suspendues à louvoyer dans l'un de ces hauts lieux du kayak et de la mer. D'ailleurs, existerait-il sur la planète un endroit phare pour le kayak, comme l'Everest de l'alpiniste ou le Horn du navigateur ? J'en doute, car ce qui rend exceptionnelle l'aventure en kayak, c'est plus la durée du périple que le lieu. À défaut de convenir d'un site de référence, il est certain que le voyage à la pagaie finit par s'inscrire dans une longue tradition maritime et par en respecter l'héritage. En effet, tôt ou tard, le kayakiste est atteint par le virus de l'Esquimau. Attiré par les régions boréales, il entreprend des itinéraires nautiques sur les mers du Grand Nord. Quel kayakiste passionné n'a pas rêvé approcher les côtes du Groenland, à Thulé notamment, là où Jean Malaurie séjourna auprès des Inuit en dénonçant le mépris américain ? Quel pagayeur n'a pas imaginé glisser au-delà du cercle polaire arctique en longeant le Spitzberg, la plus grande île du Svalbard, et profiter du soleil de minuit ? Quel marin n'a pas espéré pagayer le long des Aléoutiennes au bord de la mer de Béring ?

Nunavut, Labrador, Alaska, des noms aux résonances nordiques, désormais parcourus en kayak de mer. Si l'on me demandait de retenir un haut lieu, sans nul doute j'affirmerais que longer l'inlandsis reste un *must* ! Le périple d'Émeric Fisset et d'Emmanuel Hussenet le long de la côte orientale de la terre d'Ellesmere, en mémoire du médecin français Octave Pavy mort dans l'expédition américaine Greely (1882-1884), illustre la progression sur ces eaux frigides singulières, entre banquise, glaciers anonymes et floes.

Au bout du monde, ou simplement le long de son propre continent, le pagayeur garde l'esprit libre. Qu'il parte à la recherche d'un isolement volontaire ou pour assouvir un besoin de conquête, qu'il cherche à vivre un nomadisme contemporain, à rencontrer des peuples insulaires ou à relier un point à un autre, il peut toujours emprunter une route à la pagaie. Discrètement, l'attention et la vigilance s'inviteront.

Au large comme au plus près du rivage, l'itinéraire ne doit rien au hasard. Les routes à bord d'un kayak n'ont rien d'héroïques, mais peuvent être rudes et fertiles en imprévus. Pour le pagayeur, point question de négliger les cartes marines aux profondeurs colorées et aux courants figurés par mille flèches. Tel un explorateur, il repère à l'avance les amers et note les points de relèvement. Il prévoit l'orientation et le régime des courants. Pour estimer son allure réelle, il cumule sa vitesse de progression sur l'eau avec celle du flux. Finement, il calcule puis dessine sa route la plus probable. Selon les horaires des marées, il précise les dérives et les hauteurs d'eau, en vue d'atteindre les plages émergées pour le repos ou le bivouac. Sa règle Cras lui donne les visées qu'il reporte sur son compas. Tracé sur la carte, le trajet rêvé est complété de mentions précisant les escales et les abris, marqués d'une croix.

Le départ venu, la vigilance est de mise. Comme tous les marins, j'observe l'allure et la nature des masses d'air en formation dans le ciel, car de leur relation avec la surface dépendent souvent les conditions à venir. Le nez en l'air, à chaque endroit où j'ai pu embarquer, mon regard reste attentif quelques instants. L'ennemi numéro un ? Plus que l'état de la mer, les basses températures :

la froidure de l'eau si mordante et celle de l'air plus insidieuse. Comme chaque kayakiste, je sais que cette humidité ressentie mérite prévention et anticipation pour éviter l'hypothermie. Rester vigilant à l'égard des conditions météo est un de mes soucis majeurs, m'y adapter une réponse essentielle : le moment venu, il faut être prêt.

Quiconque organise les derniers préparatifs a le sentiment de vivre une première navigation. Celui qui a établi la liste des effets sait qu'elle en dit long sur les conditions envisagées, sur l'eau comme à terre. Ici, pas de malle en osier ni de coffre en acajou comme dans les cabines transatlantiques. Mettre hors d'eau est toutefois vital. Garder au sec à tout prix occupe l'esprit. Avec ses repas, son duvet, sa tente, ses pulls et son carnet à spirale, les sacs étanches recueillent d'abord la confiance du marin. Une fois remplis, ils reçoivent ensuite une affectation dans le navire. À ce stade, chacun sait que le retour en arrière n'est plus envisageable : le voyage est engagé. Celui qui se retrouve à même le sable, sur la plage du départ, organise un chargement méthodique. Qui aime le rangement sait que l'accessibilité aux affaires calées dans les caissons prend l'allure d'un rituel. Les compartiments contraignent à des choix – aucun point commun avec la soute des vaisseaux chargés d'épices ou de vieux rhums. Ici, pas de surplus ! La nourriture est calculée au plus juste, l'eau douce répartie sur toute la longueur du bateau, les emballages proscrits. Il va sans dire que le moindre espace reçoit un objet utile. Seul l'habitacle reste libre pour les hanches et les jambes. Tout au plus, quelques fusées à main ou de petits effets personnels sont calés précieusement sous le pont.

Ce kayak ressemble en fait à un tout-en-un, un drôle de *sac à d'eau*. Archimède allège l'impression de poids, et le navigateur ne s'en plaint pas ! Quand je franchis les premiers mouvements de houle, je me déplace rapidement pour m'écarter du rivage. Aucun doute, j'ai bien appareillé. Je quitte le monde terrestre. D'ailleurs, mes pieds ne touchent plus le sol. Bien sûr, je ne suis pas équipé de bottes de géant : 3 milles à l'heure car, sur l'eau, les distances sont sans commune mesure. Je le sais, ma liberté intense est empreinte de vulnérabilité. Le littoral me dévoile déjà une apparence inédite. Une première frontière vient d'être franchie.

Cet envol ressemble à une mise en mouvement, non pour fuir, mais pour découvrir et comprendre un nouveau monde. Néanmoins, comment m'assurer de mener ma route sans encombre ? Comment puis-je être certain de faire face aux conditions météo changeantes et à tous les états de la mer ? Et comment me doter des atouts les plus sûrs avec une embarcation aussi modeste et muni d'une simple pagaie double ? Si les qualités de l'embarcation sont établies, la maîtrise de la pagaie reste à acquérir. D'une apparence dépouillée, elle est pourtant exigeante et requiert de l'expérience pour venir à la rescousse face aux situations délicates qui ne manqueront pas de surgir : s'arranger de l'eau émulsionnée, se jouer de l'écume effervescente, éviter les brisants ou les déferlantes et s'écarter du ressac, des marmites ou des remous incertains. Cette compétence s'est affinée dans les différents milieux rencontrés. Les courants du golfe du Morbihan et des estuaires du Jaudy ou du Trieux ont été autant d'occasions d'affûter mon coup de pagaie. Et sur les eaux dures de l'Atlantique, aux abords des Tas de Pois à la pointe de Pen Hir ou du fort de Socoa, j'ai continué à forger mes armes maritimes, exigeantes en puissance et en durée. Les coups de tabac de la Méditerranée, eux, ont fortifié l'efficacité de ma propulsion afin de maintenir le cap dans des conditions de mer croisée. Sur la surface hachée de la Manche, au cap de la Hague comme au pied des falaises du pays de Caux, j'ai renforcé l'accrochage de ma pagaie, au moment précis où elle pénètre dans l'eau. Gage de stabilité, il constitue le départ de la transmission des forces nécessaires à la propulsion de l'esquif. Gainage, calage, propagation sans perte d'énergie, autant d'atouts pour assurer la progression. À tout moment, un coup de vent ou une bourrasque peut mettre à mal la stabilité. Pour trouver un appui, le mouvement dynamique de la pagaie favorise la sensation de dureté de l'eau, si fuyante d'ordinaire.

Aux abords des Saintes comme en direction de Marie-Galante, mon geste est devenu ample dans le grand *swell* des Antilles. Aux différentes amures des vents, la cadence s'est ajustée. Et avec le temps, j'ai compris qu'il est inutile de trop se fatiguer. Dépasser la vitesse critique du kayak ne sert à rien : le poser sur ses lignes, entretenir sa glisse et trouver le bon rythme pour naviguer longtemps, voilà le défi ! Plus aériens, mes coups de pagaie m'offrent une respiration généreuse et profonde ; mon attitude gagne en élégance. Opportuniste et attentiste, j'accepte l'inconstance des conditions. Car je sais qu'à trop croire à l'expérience, la mer se charge de rappeler qu'elle n'a pas tout dit !

À la surface oblongue de l'eau, la navigation est aventure et plaisir. Elle devient aussi confrontation. Il ne faut pas croire que les sorties soient toujours facilitées par un soleil généreux et l'absence de vent. Qui vit des virées sur des eaux lisses et limpides ou profite des échappées sur une mer d'huile sait que viendra le temps des périples tumultueux. Car naviguer à fleur d'eau dans les vagues désordonnées sous l'effet du vent, c'est construire un itinéraire avec davantage d'engagement physique. C'est tenter de composer avec l'onde et de ne jamais aller contre elle. C'est être contrarié et en souffrance pour maintenir son cap et son équilibre. C'est aussi entretenir, avec la mer et la terre toute proche, une relation changeante, effervescente, fusionnelle, jamais platonique. C'est tanguer d'angoisse ou d'ivresse et tenter, en somme, un amour improbable. Si vulnérable, le pagayeur peut-il se faire adopter par la mer ? Si j'avoue aimer la mer telle qu'elle est, c'est que j'accepte ses humeurs, à l'origine de notre relation au corps à corps, entre étreinte et contrainte.

Je me rappelle mon raid de dix jours tout autour de Minorque. Au sortir du port de Mahon, la saveur de l'eau saumâtre et son goût de vase mêlé de sel m'avaient séduit : sa transparence était irrésistible. Au fil des jours, avec la brise, c'était elle qui était venue me goûter. Ses vagues, telles des langues multiples, me léchèrent de plus en plus régulièrement. Leur taille donnait la sensation qu'elles se régalaient à mon contact. Au nord-ouest de l'île, au passage de la Punta Nati, le vent s'installa à 7 Beaufort. Il me semblait que la mer allait m'avaler tout entier à la première lame. J'éprouvais la crainte de voir surgir, si impressionnante, *La Vague* de Katsushika Hokusai. Pendant deux jours, les mouvements de la mer ressemblèrent à un broyeur, un pétrin maudit dont on sort moulu, les reins usés. Sans pitié, le vent arasait le sommet de la houle comme pour mieux l'accélérer. Et, à répétition, la mer giflait mon visage de ses embruns projetés par-dessus l'étrave. Seule l'entrée scabreuse dans le petit port catalan de Ciutadella m'offrit un abri, synonyme de répit pour la nuit.

Il est vrai que la mer a de quoi inquiéter le navigateur quand elle gronde au pied des falaises ou que le vent forcit. Sensible à ses pleurs à chaque ressac sur les rochers, il préfère l'écouter chuchoter sur le sable, une fois la nuit et le vent tombés. Et que connaît-elle de lui ? Que ressent-elle lorsqu'un kayak glisse à sa surface ? S'il la voit lisse, ridée, désordonnée, sombre ou lumineuse, le voit-elle ? La dimension de son ombre portée a de quoi l'inquiéter. Sa surprise grandit forcément à chaque coup de pagaie sans lien apparent avec ce long corps uniforme. Pour autant, craint-elle cette dernière qui pénètre l'eau régulièrement ? Sans aucun doute, elle aime ses vagues d'étrave et celle qui s'échappe à l'arrière du bateau car, très vite, elle les lisse et les absorbe, comme pour effacer toute trace. Et si leur lien en surface est constant, leurs occasions de faire plus ample connaissance sous l'eau sont rares. Un retournement volontaire permet une rencontre furtive, que l'esquimautage interrompt. Sans doute attend-elle plutôt l'occasion d'un dessalage prolongé...

Moi-même, dans cette situation, j'appréhende toujours de me retrouver dans les flots, hors de mon kayak, en position de nageur encombré, au sein des eaux froides qui saisissent la poitrine. La mer semble alors m'embrasser, me serrer et me retenir par les pieds, comme pour dissoudre mes repères. Et de m'interroger encore : si elle est capable du plus grand des vacarmes quand les éléments se déchaînent, est-ce pour m'accueillir dans ses bras ou pour me faire fuir ? Tout au long de mes évolutions le long des côtes ou au large, je reste à son écoute. Sa transparence, son épaisseur ou ses couleurs parlent pour elle. Il est difficile de croire à son indifférence quand elle me réserve la chaleur de ses criques ou la fraîcheur de ses embruns. Et sa surface attirante est devenue, avec le temps, le lieu de mes rêveries comme de mes audaces et de mes craintes.

Le kayakiste a tracé sa route. Il sait que la mer a ses humeurs et il s'en accommode, nécessairement. Son itinéraire intègre des variantes judicieuses en cas de changement de temps. L'abri, ce lieu essentiel, permet de le soustraire aux foudres de la tempête, d'échapper aux vagues devenues redoutables, d'éviter le pire : un havre pour attendre l'accalmie. Toutefois, si le marin entreprend de longs périples sans quitter la côte ou s'attelle à de grandes traversées, l'aventure et l'abri n'ont rien de semblable.

En effet, jamais éloigné du rivage, le pagayeur compose avec les caprices du trait de côte. Il s'adapte au ressac et aux effets de houle du relief marin. Quand l'itinéraire devient incertain, que des paquets d'eau surgissent ou que les embruns fouettent, se rappelle une double obligation : la maîtrise de la pratique en vives eaux et la nécessité de rallier un lieu sûr. Quelle que soit l'échelle du voyage, dénicher une crique abritée, accéder à une anse ou rejoindre un port ne peut être laissé au hasard. Que ce soit à l'occasion du tour de la Bretagne, de l'Irlande ou du Spitzberg, la prévision de chaque route intègre des solutions de repli et des plans B afin d'échapper au danger ou à une navigation trop mouvementée.

Quand la route s'éloigne de la côte, à l'occasion d'une traversée en pleine mer ou en vue de rejoindre une succession d'îlets, la prévision des étapes, des escales et des réchappes devient délicate. L'autonomie et la sécurité trouvent leurs limites. Même si la condition physique, la technique et l'équipement sont optimaux, les déferlantes, la houle ou la crête d'une lame peuvent balayer violemment le kayak. Dans cette situation, où parfois la peur se mêle, le voyageur à la pagaie n'a pas de point commun avec le navigateur à la voile. Ce dernier peut se mettre à l'abri dans son bateau. Fortement ballotté par une mer grosse ou des flots déchaînés, son abri flottant représente une solution de dernier recours. Cette solution a été prévue par Gérard d'Aboville qui, en 1980, a réalisé la première traversée de l'Atlantique Nord à la rame. Souvenez-vous de celui qui a effectivement entrepris ce voyage improbable à la force des bras ! Rappelez-vous son petit bateau, taillé sur mesure, qui prévoyait une mise à couvert par la fermeture totale du cockpit, assurant par tout temps sa sécurité au milieu de l'océan ! Pendant soixante et onze jours, il a parcouru 5200 kilomètres d'est en ouest pour relier Cap Code à Brest. Un kayakiste de 22 ans seulement, Mathieu Morverand, a effectué cette même traversée à la pagaie en 1994, sans assistance et sans escale. Et lui aussi ne s'y était pas trompé : il avait embarqué à bord d'un kayak qui n'en était plus vraiment un, puisque équipé d'un cockpit semblable. Lors de son exploit, car cela en était un, le jeune marin, empli de doutes, a remercié plus d'une fois l'abri conçu pour sa traversée.

Ce n'est pas le cas du pagayeur qui utilise un kayak de mer classique. Lui sait que sa précarité grandit avec l'éloignement de l'abri. Sa route sera tracée et suivie en conséquence, avec une prudence maximale. Si quelques textes réglementaires et le bons sens lui rappellent les limites de l'éloignement, c'est de la navigation collective que pourra surgir une solution en termes de sécurité. Bien-être, plaisir et risque pourront trouver là un équilibre habile et bénéfique au plan humain.

Partir en kayak de mer comporte une part de risque. La mer a ses codes ; la navigation construit les siens. Immanquablement, le voyage en kayak de mer se conçoit de façon solidaire, une manière simple de répondre à cette impérieuse nécessité : le partage du danger et une réponse collective en matière de sécurité. Peu importe le nombre. L'entraide tient plus à la cohésion du groupe qu'à des règles préétablies. Le dessalage et le bain consécutif mettent en difficulté le marin, devenu encore plus vulnérable hors de son embarcation. Le choc émotionnel, la perte d'énergie et l'hypothermie peuvent compromettre la suite du voyage. Son retour à bord devient une cause commune. Or, des techniques, à deux ou trois kayakistes, permettent le réembarquement sans rallier le rivage. L'association des savoir-faire est alors mise à contribution et profite au naufragé éphémère. Le besoin impératif du retour au sec dans un minimum de temps exige la maîtrise de ces techniques par les partenaires, préparés à affronter le dessalage. La bonne exécution garantit que la chute reste un simple accident de parcours et ne devienne pas un drame. Avec ces techniques, l'aventure sur la mer reste à la portée de chacun, pour peu qu'il soit bien entouré. Cette attention à l'autre, cette veille mutuelle, est spécifique à la navigation en kayak de mer, jamais bien éloignée du « un pour tous, tous pour un ». En randonnée, le petit groupe, de trois à cinq esquifs, constitue un drôle de vaisseau à dimension variable, à la fois unique et multiple, uni par le regard des uns sur les bateaux des autres. La progression est ponctuée d'arrêts opportuns pour confirmer l'itinéraire construit collectivement. Vous est-il déjà arrivé de construire un voyage dans un tel esprit de corps, avec une si grande bienveillance ? De vivre une telle émotion quand l'équipage se déplace flanc à flanc, à distance raisonnable les uns et des autres, jamais bien loin, ni très près ? De vous accorder, le temps du périple, avec des personnalités différentes grâce à l'effort mutuel et au même goût pour la mer ? De former une communauté de marins pour l'occasion et de vous sentir soudés autour d'une destination commune, pour trois jours comme pour cinq semaines ? Il est bon, je vous l'assure, de façonner ainsi, mille après mille, une alchimie étonnante empreinte de convivialité, d'esprit d'équipe et d'amitié et de partager joyeusement l'espace côtier prévu pour accueillir la nuit avec les meilleurs amis du monde ! Avec le temps et l'expérience, il est vrai que le choix des coéquipiers détermine aussi la forme du voyage engagé. Au fil des périples, ou selon la nature des projets, l'effectif des associés peut varier et parfois se réduire. Désormais, je le reconnais, je navigue au long cours avec un unique coéquipier, sûr, et ami fidèle.

Certes, il arrive que des kayakistes chevronnés partent seuls, ce qui requiert davantage d'expérience. Assurément, la liste des petits équipements s'allonge et l'art du rangement devient obsessionnel. La forme physique est mise à l'épreuve. Secondairement, l'adaptation d'un modeste gréement est alors étudiée et la pêche à la traîne envisagée. La solitude s'invite obligatoirement dans le voyage. Elle effraie bien des gens, et l'homme seul peut être perçu comme inquiétant. Or, loin de devenir un ours mal léché, le kayakiste solitaire reste disponible et ouvert. Être seul donne une totale liberté de décision et de choix, et le repli sur soi n'est pas de mise. L'ouverture au monde grandit avec la rupture des liens quotidiens. Autonomie, liberté, éloignement volontaire fondent de tels voyages. Mais le paradoxe du kayakiste solitaire est que, plus il s'éloigne des villages côtiers, plus l'humanité redevient estimable et finit par lui manquer ; plus il s'éloigne des peuples insulaires et va vers des îlots abandonnés, plus il apprécie leur organisation et mesure leur richesse.

Je me souviens de ma longue virée autour des îles de la Madeleine. Je ne voyais personne pendant mes journées de pagaie, ni le soir au bivouac dans les dunes. Après cinq premiers jours en totale autonomie et isolé, je n'ai pas résisté ensuite, très tôt le matin, à l'idée de m'approcher des seuls bateaux de pêche alors en mer et de retour au port. Aller saluer les pêcheurs de homards, échanger deux ou trois mots, jeter un œil sur leurs prises et passer ma route : un lien bref et bénéfique que je m'accordais avant de replonger dans la solitude ! Et dans la tente, chaque soir, sur le carnet tiré du sac, je couchais de drôles d'annotations proches du croquis, des descriptions techniques, des ambiances, de petits récits. Car le voyageur solitaire ne coupe pas les ponts. Regardez comment il accumule les traces de ses périples, comme autant de transcriptions destinées aux absents qu'il lui tarde de retrouver, pour leur raconter ! Ce lien à l'autre, cette altérité d'esprit, donne un sens à ses aventures sans témoin.

Être seul sur l'eau oblige aussi à développer un sens aigu de la prévision météorologique à très court terme. L'observation est continue pour discerner les signes avant-coureurs d'une dépression, repérer la formation de la houle désordonnée ou localiser les hauts fonds grâce à des mouvements d'eau irréguliers. Affronter les dangers, s'exposer à l'éloignement, connaître l'isolement... il semble que l'aventure se nourrisse de l'incertitude et se construise sur l'inconstance des conditions. Sans le risque inhérent à la navigation, le voyage ne serait pas aussi exaltant. Un des périls auxquels pense le plus le kayakiste solitaire est celui du dessalage. Ici, pas de solution collective ! La technique de retournement sans sortir du kayak, l'esquimautage, est souvent maîtrisée par celui qui entreprend une virée isolée. Mais elle peut se révéler difficile à réaliser par mer agitée, celle-là même qui provoque le chavirement. « Esquimauter est un signe de succès. Avoir à esquimauter est un signe d'échec », osait asséner Derek Hutchinson. Mais ce que redoute encore plus le kayakiste, c'est de se désolidariser de son embarcation. Un risque majeur, dont sa vie peut dépendre. S'en remettre au gilet de flottaison et au seul lien radio est une illusion. Partir seul impose donc de mettre en œuvre des solutions de retour à bord en autonomie complète. Il n'y a peu de parade : l'usage des aides à la flottabilité s'impose ;

paddle-float et *rolling-float* jouent ce rôle vital. Dans un périple agité et difficile, la lutte avec les éléments brûle l'énergie et parfois l'esprit. Le navigateur solitaire doit demeurer lucide afin de juger les situations. Estimer les contraintes, apprécier ses ressources, juger de son état et de celui de la mer, autant d'attention à développer pour poursuivre le voyage. S'interroger sur une modification de son parcours, admettre son abandon ou se surpasser pour continuer le projet initial : le kayakiste solitaire a peu d'échappatoire. Surtout ne pas se surestimer. Le cas d'Andrew McAuley illustre cette difficulté. Cet aventurier australien chevronné a traversé en 2007 la mer de Tasman d'ouest en est. Seul plus de trente-cinq jours sur 1 600 kilomètres : un défi extrême, une première ! Des nuits dans son kayak de série, des journées à la force de ses bras. Il a essuyé quarante-huit heures de tempête et des vents de force 10. « Terrifiant ! » témoignait-il. Il poursuivait sa progression dérisoire vers la terre qu'il s'était promise quand une vague eut raison de lui. L'épuisement a rendu son retour à bord impossible. Ses clichés numériques et ses images vidéo retrouvées dans son kayak à moins de 50 milles de la côte néo-zélandaise témoignent de sa lucidité et de sa détresse : il avait atteint ses limites et celles d'un kayak somme toute inadapté à ce genre de traversée.

Le voyage naît de motivations différentes : pour certains, une expérience se confirme ou une vie bascule ; pour d'autres, une existence s'est construite avec l'embarcation. Quoi qu'il en soit, le lien accordé au temps et à l'espace détermine le rythme des périples. Ainsi, dans l'Ouest canadien, le climat a toujours imposé la cadence au canot, cousin du kayak, sur la route des peaux, ouverte par Alexander Mackenzie dès 1793. Dans un sens comme dans l'autre, passer entre débâcle et embâcle ne donnait pas le temps de caresser l'onde pour le plaisir. Dans le Grand Nord, les conditions de froid et les besoins de la tribu esquimaude imposaient le rythme des déplacements pour approcher les morses, phoques et autres animaux à graisse, ou se rendre aux meilleurs emplacements de pêche. Quant aux *va'a*, ces pirogues polynésiennes à balancier elles aussi mues à la pagaie, elles n'eurent qu'un but : rallier les atolls du Pacifique, en bravant les conditions océaniques houleuses !

Aujourd'hui, ces courses imposées ont laissé place à des allures plus souples : vivre une rupture et partir à la recherche d'espaces primitifs et sauvages, voilà un nouveau souffle pour le kayak. Est-ce la volonté de côtoyer le rythme originel qui vibre en l'homme et le souhait de vivre le décalage offert par le littoral ? Certains n'hésitent pas à braver la fragilité de cette embarcation pour tenter une aventure, favorable à l'exploration de soi et à l'effort d'autonomie. L'épopée contemporaine en mers froides de Kim Hafez résonne comme une provocation. Sans expérience, il a osé partir de l'Essonne à bord d'un kayak de mer biplace avec son chien Unghalak pour un long périple solitaire. Par tous les temps, il a longé la Manche, la mer du Nord, la Baltique, la Laponie finlandaise, la mer de Barents, le cap Nord puis la Norvège. Entre des étapes hivernales de plusieurs mois, il a poursuivi son voyage dans les glaces du sud du Groenland et rejoint l'est du Canada pour s'enfoncer par les rivières dans la forêt du Québec.

Quatre ans pour donner un sens à sa vie, affirme-t-il. Avec un simple kayak et un chien fidèle. Et comment ne pas être admiratif de la démarche, plus scientifique, des frères Vernay qui, chaque été des deux dernières décennies, ont pagayé dans le haut Arctique ! Sur la trace des explorateurs du passage du Nord-Ouest, ils ont pris le temps de naviguer pour immortaliser des rencontres faunistiques exceptionnelles. Pas moins de dix-huit expéditions ! L'espace et le temps ne semblent pas avoir de prise sur l'enchaînement de leurs projets dans les régions polaires.

Il est certain que les voyages à la pagaie donnent l'occasion de rompre avec la vie ordinaire, comme une parenthèse volontaire dont le rythme est imposé par la mer seule. Au point que sur des eaux plus clémentes, il est possible d'opter pour un *tempo* très différent, dans l'espoir de laisser monter ses impressions comme une marée attendue ; qu'entre hommes de mer, il faut parfois débattre pour faire comprendre et accepter ces drôles de routes nautiques en forme d'égarement le long d'un littoral pris comme lieu de vagabondage. En effet, qui a profité de l'approche glissante des paysages sait que la progression devient une forme de vacance. Et qui aime étirer le temps et approfondir l'espace adopte cette nonchalance, navigue posément, accepte de temporiser et refuse de vouloir tout embrasser. La lenteur est une idée pure, sensible et un peu paresseuse de ce type de voyage proche de l'errance. Celui qui est sur l'eau sait que le paysage est tel un paquet d'odeurs, de saveurs et de couleurs où le corps flottant infuse, et qu'il fait bon, à l'abri des criques transparentes, lanterner dans l'arôme maritime ! Proche de cet esprit, Karin Huet a effectué une itinérance de quatre mois tout en douceur sur l'archipel des Tuamotu, entre Tahiti et les Marquises. Son rythme lui a permis de vivre des moments propices à l'échange avec les habitants des lagons. À même la mer – le titre de son livre –, elle a rejoint huit atolls, bien que les insulaires la prétendissent folle d'effectuer ce périple à la simple pagaie. Elle leur rétorquait que « les dieux marins polynésiens ont reconnu en elle la lenteur réfléchie et la confiance qu'elle avait mises alors en eux ».

C'est ainsi que la part merveilleuse des voyages s'écrit dans l'itinérance. Avouons-le : dès que l'on navigue par étapes, l'émancipation individuelle et la série d'adieux de chaque jour sont un délice ! Si l'on n'est jamais certain de revenir ici ou là, être en partance nourrit l'intensité de chaque instant. Le matin, j'aime fixer une dernière fois la crique qui m'a accueilli et la falaise qui a surplombé mon abri. Non pour prendre, retenir ou garder, mais pour laisser un peu de ma présence sur le sable ou aux rochers. Une fois passée la pointe, je sais que je ne me retournerai jamais plus. À la façon des pèlerins. Au fil des jours, la confiance est de mise. Chaque soir, je deviens plus assuré du parcours à venir ! Le feu brûle dans ma poitrine dès le matin suivant. Il me porte, m'emporte, me nourrit. Sur la surface de la mer, je prends à cœur de me maintenir et de composer avec ses filets d'eau, propices à l'émergence de mon énergie continue. La simplicité du kayak permet d'exprimer cette naturalité qui est en moi, tel un terreau bénéfique aux voyages. Comme les forêts ou les montagnes, la mer est un réservoir favorable à cette altérité qui façonne mes valeurs et ma perception du monde. Ma vitalité y puise une partie de sa puissance d'agir.

Et entre les étapes, se faire accepter par le rivage, le temps de l'escale ! À quel rythme le marin pose-t-il pied à terre ? Si l'on considère que la sécurité est prioritaire, c'est la recherche d'un refuge, d'un abri, qui conduit le kayakiste au sec. S'il a besoin de se ravitailler, l'entrée dans un port lui conviendra davantage. Si c'est la nécessité d'une rupture, d'un apaisement, alors un site isolé aura sa préférence. Certains préfèrent accoster pour se donner une occasion de découverte rapprochée du rivage. Quoi qu'il en soit, il faut au moins accepter de débarquer pour la nuit. Et l'approche d'une plage isolée prélude à l'instant magique de l'échouage. Cette pratique a longtemps été autorisée aux navires marchands par l'ordonnance de 1681 de Colbert. Aujourd'hui, associé avec le bivouac même sans tente, elle est tenue pour une occupation anormale du domaine maritime, et certains litiges perdurent. Avec discrétion et respect, le bivouac offre pourtant des moments exceptionnels. La pause du kayakiste de mer sur le sable révèle une posture jamais bien éloignée du reposoir cher aux animaux : ménager son corps, garantir son confort, « recharger ses batteries » !

Avec l'expérience du voyage, le bivouac se révèle plus riche et le choix des étapes s'affine. La beauté du site et le lieu de vie qu'il représente deviennent déterminants pour choisir un morceau de terre qui sera sien pendant douze heures et engendrera de beaux moments de partage avec ses compagnons de route : commentaire de la carte chaque fois dépliée afin de mesurer au compas les milles parcourus ; repas fumant autour du réchaud à gaz ; étalage souvent bohème du matériel et du linge à sécher dans la brise du soir ; écriture sur le carnet ; et hypothèses du tracé du lendemain échafaudées au crayon et à la règle Cras. Enfin, la nature du sol conditionne le reste de la nuit. Il arrive que le duvet ne puisse être déroulé sur le sable fin ou le tapis d'herbe rase réparateur. De gros galets ronds à demi ensablés ou des affleurements d'enrochement granitiques ne présagent rien de paisible et imposent l'usage du hamac, si par chance des arbres se dressent là ! Et, convenez-en, chaque nuit raconte une belle histoire quand il s'agit de se blottir au fond d'une crique ou d'une calanque, de s'endormir au côté du liseron des sables ou, lorsque le temps le permet, de s'étaler à même la plage parmi les laisses de mer. Et quand, à la belle saison, les conditions sont favorables à la nuit sans tente, le ciel semé d'astres scintillants couvre le voyageur d'un air tiède et immobile. Au petit matin, le bonheur du réveil dans cet « hôtel mille étoiles » est à son comble : le clapot chuchote ; la lumière rose s'intensifie doucement ; la fine couche d'humidité sur le duvet et sur la peau encore chaude sont les derniers souvenirs de la nuit éteinte. Les gravelots s'activent déjà ; les filets d'eau ruissellent entre les galets ; la laisse de mer se dessèche un peu plus. Rien n'effacera mes nuits discrètes sur la plage de sable blanc du Lotto, tel un mirage en bordure du désert des Agriattes, ou celle de l'îlet La Biche, au nord de la Guadeloupe.

La plupart des bivouacs réservent aussi des imprévus, et je garde souvenir de rencontres impromptues. Sur le trait de côte fraîchement apprivoisé, un îlien ou un riverain surgit du monde que j'avais cru désert. Le regard bienveillant du face-à-face dissipe souvent mes doutes. Les premiers gestes me révèlent la raison de cette présence : concentration du premier pêcheur à pied, regard étonné de l'agriculteur en bordure de son champ, allure du joggeur essoufflé ou discrétion féline du plagiste augurant d'une belle journée. En ces lieux que chacun croyait vierges, les activités éphémères, un instant suspendues, se côtoient respectueusement, avant de se poursuivre plus loin pour bientôt disparaître sans bruit. À chaque fois me revient ce conseil de Baden-Powell : « Lorsque l'on quitte un lieu de bivouac, prendre soin de laisser deux choses. Premièrement : rien. Deuxièmement : ses remerciements. »

Mais si la plupart des voyages à la pagaie s'orientent vers les côtes sauvages ou très peu habitées, le bivouac est-il forcément isolé, loin des autres ? Le voyage ne doit pas être toujours une vie de bohème, aussi faire escale est-il accepter l'accueil inattendu d'un nouveau monde.

La douceur de l'approche et de l'atterrissage favorise la rencontre, qu'aucun bruit ne vient perturber. Le lien se noue naturellement, sur le ton de l'étonnement d'abord, du respect ensuite. Cette progression discrète est souvent à l'origine d'un dialogue particulier avec les riverains. Le kayak posséderait-il un langage bien à lui ? Ne vous est-il jamais arrivé, en tant que randonneur sur le sentier surplombant la côte, de communiquer par le regard avec le kayakiste en contrebas ? D'observer la main levée, dans sa direction, du pêcheur accroché aux rochers ? De constater à l'approche des esquifs le large sourire des touristes sur les quais ? Et de vous surprendre à vous sentir convié à embarquer à la seule vue de la carte marine posée à même le pont d'un kayak de mer ? Ou d'espérer partager le récit d'un pagayeur, le temps d'une soirée dans un bar ou une capitainerie ?

Alors que le kayak file en bord de mer, les hommes affairés redressent à peine leur dos pour saluer le plaisancier si proche de leurs parcs à huîtres, casiers à homards, carlets ou fermes perlières. Son faible tirant d'eau est le meilleur atout d'une approche tout en pudeur, pour peu que la pagaie, devenue inutile, cesse sa scansion et se pose sur le pont. Une cohabitation suspendue se noue alors de façon éphémère. Le marin rampant est rarement perçu comme un intrus. Après tout, chaque personne croisée, kayakiste ou riverain, porte son lot de rêves. Mais qu'ont-ils en commun ? Un bateau ? Alors chacun devient ethnologue en construction navale, tant les regards vers l'esquif de l'autre semblent révéler une étrangeté nautique. Quelle curiosité, quelle porosité sont-ils prêts à livrer ? Hormis les cas de naufrage, l'hospitalité des hommes de mer est plus réservée. Il est vrai que recevoir un groupe de pagayeurs ne va pas de soi. L'encombrement matériel fait parfois fuir la spontanéité des propositions. À l'inverse, hors des côtes fréquentées, et lorsque le kayakiste solitaire n'est plus perçu comme un marginal à la liberté apparente presque gênante, la générosité a peu de limite. Le voyageur isolé se verra plus aisément proposer un espace pour planter sa tente, un premier verre, puis un repas mitonné et, apothéose, une douche chaude. Dès lors, il devra faire bonne figure devant ses hôtes d'un soir, répondre à leur curiosité, décrire par le menu les côtes longées ou les îles abordées, partager des discussions à n'en plus finir sur les trésors marins ou l'Atlantide. Mais qu'importe si l'heure se fait tardive, la méfiance des riverains de côtes privatisées à l'excès n'a pas encore contaminé tout le littoral, l'hospitalité n'est pas la même sur tous les rivages, les cœurs s'ouvrent bien plus qu'ils ne se ferment. Et le kayakiste solitaire reçoit davantage qu'il ne donne.

Si la part encore vierge du trait de côte continental demeure la motivation principale à ces escapades salées, l'accès à la côte est une préoccupation régulière pour le randonneur : cette plage est-elle privée et son accès interdit ? cette grève fait-elle l'objet d'une protection intégrale ? La préparation du voyage peut lever les principaux doutes mais les surprises abondent. L'adaptation prend alors le pas sur la prévision et la conciliation se révèle utile. Les résidants du littoral ne sont pas là par hasard. L'habitat du bord de mer appartenait autrefois aux plus modestes puisque les terres de l'intérieur, prétendument les plus riches, étaient prisées. À l'échelle planétaire, les choses sont désormais bien différentes : les côtes sont occupées par près des deux tiers des habitants du globe. Et les trois quarts d'ici vingt ans. Cette immigration sur le trait de côte redonne sans doute vie aux ports mais, il faut le reconnaître, modifie le paysage et porte atteinte aux richesses écologiques sur terre comme sur l'eau ! Dans les quarante dernières années, le trait de côte s'est fragilisé et a été menacé. En France, le Conservatoire du littoral a engagé une protection forte afin de le mettre à l'abri de transformations brutales ou de dégradations irréversibles. Un tiers de l'ensemble français pourrait être acquis et protégé d'ici vingt ans. La côte n'est pas toujours si accueillante, si accessible, et la tendance est à la privatisation. Alors, combien de temps encore sera-t-il possible d'accoster, d'échouer librement ? L'état de nomade vagabond à même la mer, si prisé, a-t-il un avenir ? Je me rappelle qu'à l'approche des îles il m'est arrivé de me sentir identifié comme ami ou ennemi. Sur les îles, toute arrivée perturbe la routine, quoique de la simplicité de mon cheminement à la pagaie naissent la fortune des rencontres et leur richesse.

Avec le temps, j'ai forgé mes armes maritimes et multiplié les périples : trente années parcourues à la pagaie lors desquelles j'ai varié mes navigations. Ô, pas celles d'un John Ross, d'un Charles

Darwin ou d'une Anita Conti, bien trop éloignées de mes modestes désirs d'échappée, quoique, au cours d'une récente navigation au Québec, j'aie croisé l'ombre de Jacques Cartier à l'atterrage de l'île Brion, au nord de l'archipel de la Madeleine. Minuscule, elle fut aperçue par le navigateur à l'issue de sa traversée de l'océan, sitôt franchi le détroit de Cabot pour embouquer l'immense golfe du Saint-Laurent. Cet îlet inhabité est aujourd'hui l'objet d'une protection intégrale. L'émotion est-elle semblable ? Certes non. Mais si mon kayak n'a rien de comparable au voilier de l'époque, il ne faisait aucun doute que chacun avait emprunté une longue route pour arriver là.

Découverte du secret des rivages, singularité des mondes insulaires, approche des éléments marins, autant d'occasions de multiplier les évolutions nautiques. Un jour, au retour d'une de mes itinérances, une amie m'avoua : « La mer m'impressionne et ne m'apporte aucun réconfort. Je suis rassurée que tu ne sois pas hauturier. » Je ne fus pas étonné car je compris ce qu'elle voulait dire. Si la mer, sorte de sixième continent – le plus vaste de surcroît –, est démesure, moi, marin en équilibre, je ne quitte pourtant pas vraiment les continents ou les îles. Côtes américaine ou asiatique, archipels des Cyclades ou des Hébrides, îles de la Reine-Charlotte, de Bora-Bora ou d'Islande, baies d'Along ou de Nouvelle-Zélande, les kayakistes sillonnent désormais presque tout le globe. Cependant, la plupart du temps, ils restent solidaires de la frange terrestre, qu'importent les détours qu'elle impose ! Sous les rafales soutenues, tel un bandit en cavale, ils n'ont pas toujours les moyens de se promener à découvert. Accrochés aux rivages pour y dormir, ils se constituent tout de même une culture de la mer peu différente de celle des hauturiers. En effet, ils affrontent les mêmes adversaires que sont le vent, la houle, le sel ou les courants, et témoignent aussi de respect à leur égard. Comme eux, ils fréquentent les oiseaux de mer et les poissons, survolent le benthos et rencontrent le plancton bioluminescent. Et comme eux, ils observent la courbure de la Terre. Alors, le kayakiste est accueilli dans le monde des gens de mer où chacun sait que, plus que l'espace, c'est le déplacement qui enrichit.

Il écoute et suit le conseil des hommes expérimentés. Il n'oublie pas, à l'approche d'une épave échouée ou à l'occasion d'une navigation dans les brumes, que les vaisseaux fantômes et leurs superstitions ont donné corps à des récits toujours présents. Il sait enfin que, sur la mer, l'homme peut vraiment ne jamais laisser de trace.

La navigation de la plupart des marins rejoint, parfois à leur insu, les origines du monde. Je n'y ai pas échappé. À l'occasion d'un périple dans les îles Éoliennes, j'ai glissé au plus près des révélations ardentes de la naissance des continents sortis de l'eau, perclus d'une sensation qui renvoie à la création et à ses affres. À la fois sur l'eau et dans l'eau, j'ai parfois eu l'intuition d'être sur les traces de Henry David Thoreau, momentanément poreux au monde et côtoyant ce que la nature enseigne. Cette disponibilité d'esprit favorisée, c'est certain, par la posture du kayakiste, fait naître, à même la mer, une euphorie quasi incompréhensible. Je me rappelle qu'entre la terre sortie de nulle part, autour de ces îles volcaniques, les eaux indifférenciées, à la fois contenant et contenu, me transportaient comme si elles n'avaient plus de rives. J'ai eu l'impression d'ondoyer sur ces eaux primordiales, matières de toute vie, archétype de la mère et réservoir des énergies. Le mirage, ici, eût été de voir tout à coup un îlot surgir dans un tumulte vers le ciel ou bien le rêve ne fut-il pas de croire être passé au-dessus d'une Atlantide ? Aucun kayakiste ne souhaite un retour au monde sous-marin, anaérobie, ni ne se reconnaît dans un monde strictement terrestre. Sans doute est-il davantage atteint par l'envie de rejoindre l'entre-deux, amphibien, de vivre en transit vers une nouvelle naissance, mi-homme, mi-poisson.

L'univers marin habite l'imaginaire, l'imprègne et le nourrit. Les navigations permettent de se confronter au monde et génèrent une clarté d'esprit où un autre voyage s'esquisse. Imperceptiblement, ce futur périple se bâtit au rythme des coups de pagaie réguliers sur la mer en mouvement. Le geste et la glisse libèrent un état mental particulier. Tôt ou tard, en chemin, je me retrouve face à moi-même, avec des pensées qui vont et viennent. Mon itinéraire devient plénitude et profondeur. Mes mouvements amples, symétriques et constants, engendrent un contentement du corps comme de la tête. Cet équilibre de l'ensemble, tel un délassement de l'être, ouvre le huis clos maritime à la sagesse. La mer prend en charge mon voyage intérieur et j'accepte de ne pas laisser d'empreinte durable de mon passage en comptant secrètement sur les oiseaux des falaises pour conserver mémoire de mes itinéraires. Mon nomadisme a changé de camp. Progressivement, il fait taire mon obsession du faire et nourrit le pur sentiment d'exister.

Par sa simplicité et sa modestie, la pratique du kayak de mer se révèle école d'humilité. C'est pourquoi j'ai pris goût à en transmettre aux plus jeunes les bonheurs simples, au point d'obtenir les diplômes nécessaires pour les accompagner dans leur pratique. En équipage, solidarité, échange et entraide leur font vivre une vie quasi tribale. En solitaire, débrouillardise, sagesse et liberté les amènent à n'affronter que les faits essentiels. La rupture avec les codes et la perte des repères usuels qu'offrent les sorties sont le terreau de leurs propres cheminements. Ce dont je suis sûr, c'est qu'il faut parfois se sentir vulnérable pour méditer sa place, son existence et son lien au monde. Chacun y apporte sa réponse. Pour moi, le kayak est un moment de sérénité, de liberté et de dépouillement, ainsi qu'une mise à l'épreuve.

Malgré tout, mes pensées, comme la mer, sont faites de contrastes et de vagues. Mes états d'âme lui ressemblent étrangement. Lorsque l'ambiance du temps gris et sombre rend austères mes chemins de traverse, la gorge se noue. Et quand vient la fin du périple, le ventre se serre. Le retour à terre, il serait judicieux d'y penser avant le voyage et non après, me direz-vous ! Mais, en préparant mes navigations, je suis confronté comme tout marin à une telle multitude de tâches qu'il est difficile de s'en soucier. Un tort, car chacun revient tôt ou tard. Au retour, la baisse de moral est proportionnelle au bon temps offert par le voyage. Le phénomène n'est pas nouveau, la majorité des marins retraités expliquent que poser définitivement sac à terre fut la dépression la plus creuse de leur vie. Il faut éviter le naufrage face à la routine, aux courriels, à son emploi et aux tâches associées, avec pour seul loisir le tri des photos ! Et il faut l'avouer, mon ventre se noue lorsque je pense à mon kayak, à mes amis pagayeurs et à mes virées. Au retour, n'avez-vous jamais eu l'impression d'être une pièce rapportée qui ne cadre pas avec le décor exclusivement terrestre ? De sentir que l'esprit oscille entre la satisfaction de retrouver une vie plus « sûre » et le sentiment qu'à terre tout est plus confortable ? Je dois admettre que si je trouve le temps long sur la terre immobile, si mes rêves se succèdent comme autant de marées, mes retours ne sont pas sans effet. Ils sont souvent propices à des décisions. Sans parler réellement de grands changements, ils permettent d'exprimer plus clairement mes intentions, ou de mieux assumer des choix, modifiant un peu plus, à chaque fois, les chapitres de la vie sur le plancher des vaches. Et puis, le salut passe par un nouveau projet de départ. Pas nécessairement en bateau, car on découvre vite que l'appel du large est avant tout un besoin de changer de mouillage, de découvrir de nouveaux pays, de rencontrer de nouvelles personnes. Partir et maintenir le cap oblige à développer une force de caractère et, finalement, en mer, à chaque nouveau voyage, c'est certain, je réapprends à aimer la terre.

Sans doute est-ce la raison pour laquelle le kayakiste a le don de cultiver les départs récurrents : sorties régulières dans son « jardin marin », projets d'itinérance partagée ou préparation de grands voyages. Il ne raccroche jamais vraiment la pagaie et navigue sur les pages des récits maritimes, surfe sur les topo-guides et détaille les cartes nautiques déployées à la moindre occasion. À l'opposé d'un engin de plage, il sait que son kayak le transporte comme un navire sur les flots de rêves qu'il croyait inaccessibles. Pour s'exalter, sa culture de la pagaie salée demeure effervescente. Il grossit les rangs du monde des pagayeurs marins, se nourrit des échanges, des conseils ou des comptes-rendus et lance avec eux des projets de voyages au long cours. Agrégeant chaque chef de bord isolé dans son kayak, cette communauté solidarise les pagayeurs autour d'une culture collective resserrée sur le kayak des origines, sur les routes ethniques et historiques du

Grand Nord et redonne vie aux embarcations de construction traditionnelle. Cette communauté, internationale, partage des codes, des valeurs, des techniques et des profils de marins nomades. Ses membres cultivent une empathie pour les navigations collectives et se reconnaissent dans l'usage de la pagaie esquimaude, devenue repère quasi tribal. Sans prétendre créer des modes de vie expérimentaux, comme les surfeurs, grimpeurs ou grands randonneurs, les pagayeurs marins défendent la liberté d'accès à l'eau et à la terre, revendiquent leur capacité à naviguer par tout temps et se réclament du bon usage des espaces naturels marins, tout comme ils prescrivent un comportement exemplaire du kayakiste et la solidarité entre gens de mer.

Seule embarcation à pouvoir accoster le littoral délicat ou des isolats de nature, le kayak de mer s'approprie la côte comme nulle autre. Les pagayeurs savent qu'en réduisant au maximum ce paradoxe entre grande proximité et risque de dérangement, ils peuvent jouer leur rôle dans cette exigence de réconciliation avec le monde marin.

Je suis convaincu, moi aussi, que la mer est notre futur et mérite des navigations sereines et justes.

Alors toi qui, de prime abord, doutes de la puissance de tes bras, détestes l'étroitesse du cockpit où le corps t'apparaît coincé, toi qui redoutes la gîte et le tangage, qui crains de chavirer et d'être englouti dans les eaux sombres, embarque, plonge la pagaie, accepte les vagues, embrasse le vent. Tu connaîtras la glisse, qui te fera doubler les phares et approcher des lieux vierges. Tu partageras la surface de l'eau avec les cormorans qui t'escorteront de falaises en rochers et, au côté des phoques, profiteras des courants qui soutiendront tes traversées. Alors, tu ressentiras l'humilité du marin. Seul ou en groupe, le long du littoral ou au large, toujours plus loin, ose, à bord de ce modeste bateau, si simple et si ténu, écrire ta propre route à fleur d'eau.

Au fil de La Leyre, jusqu'au bassin
d'Arcachon et à l'océan
Avril 2013

DANS LA MÊME COLLECTION

1. Anne-Laure Boch – **L'EUPHORIE DES CIMES**
Petites considérations sur la montagne et le dépassement de soi

2. Jean-Pierre Valentin – **LE MURMURE DES DUNES**
Petit éloge du désert et de ceux qui y vivent

3. Émeric Fisset – **L'IVRESSE DE LA MARCHE**
Petit manifeste en faveur du voyage à pied

4. Stéphan Carbonnaux – **LE CANTIQUE DE L'OURS**
Petit plaidoyer pour le frère sauvage de l'homme

5. Bertrand Buffon – **LE GOÛT DE LA POLITESSE**
Petit précis des bonnes manières à l'usage du vaste monde

6. Baptiste Roux – **LA POÉSIE DU RAIL**
Petite apologie du voyage en train

7. Anne Le Maître – **LES BONHEURS DE L'AQUARELLE**
Petite invitation à la peinture vagabonde

8. Arnaud Cousergue – **L'ESPRIT DU GESTE**
Petite sagesse des arts martiaux

9. Patrice de Ravel – **LA CARESSE DE L'ONDE**
Petites réflexions sur le voyage en canoë

10. Marie Chastel – **LE SECRET DES PIERRES**
Petite célébration du monde minéral

11. Philippe Nicolas – **L'ENCHANTEMENT DE LA RIVIÈRE**
Petit bréviaire de la pêche à la mouche

12. Sébastien Jallade – **L'APPEL DE LA ROUTE**
Petite mystique du voyageur en partance

13. Albéric d'Hardivilliers – **L'ÉCRITURE DE L'AILLEURS**
Petits propos sur la littérature nomade

14. Mélanie Delloye – **LE RYTHME DE L'ÂNE**
Petit hommage aux baudets, grisons et autres bourricots

15. Nicolas Weill-Parot – **LA MAGIE DES GRIMOIRES**
Petite flânerie dans le secret des bibliothèques

16. Françoise Sylvestre – **LE PARFUM DES ÎLES**
Petite rêverie sur les atolls et les archipels

17. Matthieu Raffard – **LA SOIF D'IMAGES**
Petites révélations sur la lumière et la photographie

18. Christophe Houdaille – **LE CHANT DES VOILES**
Petites pensées sur la navigation hauturière

19. Marc Alaux – **LA VERTU DES STEPPES**
Petite révérence à la vie nomade

20. Julien Leblay – **LE TAO DU VÉLO**
Petites méditations cyclopédiques

21. David Gille – **L'ÂME DE LA CHANSON**
Petite esthétique des refrains populaires

22. Marc Tardieu – **LA SÉRÉNITÉ DE L'ÉVEIL**
Petit parcours initiatique sur les chemins du bouddhisme

23. Baptiste Roux – **LES ARCANES DU MÉTRO**
Petite chronique de la vie souterraine

24. Laurence Bougault – **LA LIBERTÉ DU CENTAURE**
Petit traité sur le voyage à cheval

25. Bernard Delloye – **LA JOIE DU VOYAGE EN FAMILLE**
Petites digressions sur l'école buissonnière

26. Julie Boch – **LES SORTILÈGES DE L'OPÉRA**
Petit aparté sur l'art lyrique

27. Rémi Caritey – **LES VERTIGES DE LA FORÊT**
Petite déclaration d'amour aux mousses, aux fougères et aux arbres

28. Lodewijk Allaert – **L'INSTINCT DE LA GLISSE**
Petit hymne au surf, aux vagues et à la liberté

29. Frédérique Bardon – **LE CHARME DES MUSÉES**
Petite balade dans l'univers des arts et de la mémoire

30. Benoît Fontaine – **LA QUÊTE DU NATURALISTE**
Petites observations sur la beauté et la diversité du vivant

31. Stéphane Georis – **LE TRIOMPHE DU SALTIMBANQUE**
Petit essai sur les arts de la rue

32. Patrick Manoukian – **LE TEMPS DU VOYAGE**
Petite causerie sur la nonchalance et les vertus de l'étape

33. Pierrick Bourgault – **L'ÉCHO DES BISTROTS**
Petite confidence sur les cafés, pubs, tavernes et autres buvettes

34. Gabriel Conesa – **LA RELIGION DU JAZZ**
Petites improvisations sur la musique américaine ancienne

35. Christophe Apprill – **LES AUDACES DU TANGO**
Petites variations sur la danse et la sensualité

36. David Lefèvre – **LA VIE EN CABANE**
Petit discours sur la frugalité et le retour à l'essentiel

37. Alexis Loireau – **LA GRÂCE DE L'ESCALADE**
Petites prises de position sur la verticalité et l'élévation de l'homme

38. Frédéric Gilbert – **LA SIMPLICITÉ DU KAYAK**
Petites leçons d'équilibre et d'intimité avec l'élément marin

39. Émeric Fisset – **LA FERVEUR DE L'ACCUEIL**
Petite théorie sur le don, le dialogue et l'hospitalité

Couverture : Entre Houat et Belle-Île / Frédéric Gilbert
Collection : « Petite philosophie du voyage »
Conception graphique : Matthieu Raffard
Réalisation : Transboréal
ISSN : 1956-0664
ISBN : 978-2-36157-053-8
Dépôt légal : mai 2013

TRANSBORÉAL
EST UNE MAISON D'ÉDITION
QUI VEUT PROMOUVOIR LE TRAVAIL D'AUTEURS,
D'ILLUSTRATEURS ET DE PHOTOGRAPHES
AYANT FAIT PREUVE D'ABNÉGATION ET DE COURAGE
LORS D'ÉTUDES OU DE VOYAGES AU LONG COURS
MARQUÉS PAR UNE RÉELLE CONNIVENCE
AVEC LE MILIEU HUMAIN OU
LE MONDE NATUREL

23, rue Berthollet – Paris (V^e^)
téléphone : 01 55 43 00 37
télécopie : 01 55 43 00 38
contact@transboreal.fr
www.transboreal.fr

ACHEVÉ D'IMPRIMER EN AVRIL 2013 SUR LES PRESSES
DE LA NOUVELLE IMPRIMERIE LABALLERY
À CLAMECY (58)
NUMÉRO D'IMPRESSION : 303005

S. FISCHE

Gerwin van der Werf

Der Anhalter

Roman

Aus dem Niederländischen
von Marlene Müller-Haas

S. FISCHER

Die Publikation des Romans wurde durch die Unterstützung der Niederländischen Literaturstiftung ermöglicht.

Nederlands letterenfonds
dutch foundation for literature

Erschienen bei S. FISCHER

Die Originalausgabe erschien 2018 unter dem Titel
›Een onbarmhartig pad‹ bei Atlas Contact, Amsterdam

Setzerei: Dörlemann Satz, Lemförde
Druckerei: CPI books GmbH, Leck
Printed in Germany
ISBN 978-3-10-397466-9

Keiner versteht das Herz –
am allerwenigsten
die überhängenden, von Nebeln
oder tanzenden Stürmen umspielten Berge,
die göttergleich über diesen schmalen Küstenstreifen
am naßkalten, seegrünen Fjord herrschen.

Halldór Laxness, »Salka Valka«

Das schwarze Land ist kahlgeschoren, von Wind und tausend Wintern. Kein Lebewesen hat dort etwas zu suchen, selbst die toten Steine liegen gegen ihren Willen da. Astronauten haben sich dort eine Woche lang auf die erste Mondlandung vorbereitet. Es fällt nicht schwer zu glauben, dass es auf dem Mond so aussieht wie auf der Askja, staubig und leblos. Aber dann hast du den Öskjuvatn noch nicht gesehen, den Kratersee, er versteckt sich hinter einem Bergrücken und ist so magisch, dass man vor lauter Entzücken auf völlig andere Gedanken kommt – dass alles möglich ist, selbst Trost und Erlösung in einer Aschewüste. Der Öskjuvatn, grau wie Blei, außer bei klarer Sicht, dann liegt dir plötzlich ein Stück Himmel zu Füßen. Und das Unbegreiflichste – ein Weg führt dorthin, eine zweihundert Kilometer lange Schotterpiste, auf der man schon nach dem ersten Kilometer meint, dass sie von Trollen und Teufeln aus purer Bosheit in diesem genau kalkulierten, katastrophalen Zustand gehalten wird – wenn überhaupt ein Weg erkennbar ist und nicht von Schnee bedeckt oder in einem reißenden, namenlosen Fluss verschwunden.

Genau das hat mir der Anhalter über die Askja erzählt. Für mich klang das ziemlich schwülstig, als ob er aus einem antiquierten Reiseführer vorläse. Aber er sprach begeistert, ohne zu stocken und ganz und gar frei.

Teil 1

Die Ringstraße

1

Es sollte die Reise unseres Lebens werden, mit dem Wohnmobil durch Island. Solange ich Isa kenne, will sie nach Island. Früher fehlte uns das Geld dafür, nach Jonathans Geburt war schon ein kurzer Urlaub im eigenen Land eine echte Herausforderung. Jetzt hatten wir Geld, Jonathan war alt genug, und ich, tja, ich hatte auch meine Gründe. Man kann es glauben oder nicht, aber ich war davon überzeugt, mit dieser Reise meine Ehe retten zu können.

Am Tag unseres Abflugs besuchte ich noch einmal meine Mutter. Sie hatte mir am Abend zuvor am Telefon erklärt, dass sie mir noch etwas geben wolle. »Du brauchst mir nichts zu geben«, sagte ich. »Ach Unsinn«, erwiderte sie, »es wäre schon schade, wenn du nicht kommen könntest.« Man fuhr eine halbe Stunde bis in das Dorf, in dem ich aufgewachsen war, und unser Flugzeug nach Keflavik startete erst nachmittags um fünf. Deshalb hatte ich zugesagt, es würde schon klappen.

Gegen zehn stellte ich mein Auto vor ihrer Tür ab. Mutter saß nicht an ihrem angestammten Platz, im Lesesessel am Fenster. Das bedeutete, dass sie gerade in der Küche Kaffee kochte. Die Besuche bei meiner Mutter verliefen nach festen Ritualen. Sie würde mir eine Tasse Kaffee mit einem Schuss Milch vorsetzen, sie weiß, dass ich keinen Zucker im Kaffee mag. Dass ich meinen Kaffee schon seit ein paar Jahren schwarz trinke, ohne die fette Kondensmilch, habe ich irgendwann aus unerfindlichen Gründen verschwiegen, und wenn du erst mal mit dem Schweigen angefangen hast, wird es schwer, den Mund später überhaupt noch aufzukriegen. Beim Kaffee wird sie zuerst nach Jonathan fragen, sich erkundigen, wann er wieder mal vorbeischaut. Mit meiner ausweichenden Antwort gibt sie sich zufrieden. Sie fragt nach Isa, immer in Verbindung mit deren Job: »Alles in Ordnung mit Isa, auf der Arbeit?« Und zwar deshalb, weil Isa und ihre Arbeit mehr oder weniger eins sind. Ganz anders als bei mir, ich arbeite im Büro, nur drei Tage die Woche. Ich bin nicht mein Job, ich bin das glatte Gegenteil. Wenn mich jemand fragt, wie es mir geht, leite ich meist noch im selben Satz auf Isa über, erzähle, wie es ihr geht, denn Isa arbeitet viel, sie ist Molekularbiologin und forscht zur Proteinsynthese. Davor hat sie sich mit dem Züchten von Blaualgen für Biobrennstoff beschäftigt. Ja, mit meiner Frau kann man Eindruck machen. Dass ich selbst so wenig Ambitionen habe und ein einfaches Leben mit meiner Familie anstrebe, heißt übrigens nicht, dass ich keine Träume habe und keine Leidenschaft kenne – was die Leute oft denken, wenn man sich mit ein paar Tagen pro Woche im Büro zufriedengibt. Es ist einem nur nicht so wichtig und man redet nicht groß darüber.

Bei den Nachbarn waren alle Fenster geschlossen, keine Fahrräder vor der Tür, kein Spielzeug im Garten. Im Juli bestand das Dorf aus Geisterstraßen, merkwürdig leer und steril, wie ein Filmset, das nach der Kaffeepause wieder von Schauspielern bevölkert sein würde, die wie die Nachbarn aussahen. Die Schlüssel vom Haus steckten in meiner Tasche, es war das Haus, in dem ich aufgewachsen war.

»Hallo!«, rief ich, nicht laut, in diesem Haus wurde nicht geschrien. Wie immer zog ich die Schuhe auf dem Abtreter aus und ging durch ins Wohnzimmer. Ich roch keinen Kaffee, das erschien mir merkwürdig. Weder im Wohnzimmer noch in der Küche fand ich meine Mutter. Es kam gelegentlich vor, dass sie ein Mittagsschläfchen hielt, aber Viertel nach zehn schien mir ein bisschen früh dafür. Außerdem erwartete sie mich. Nun gut, in ihrem Alter durfte sie ruhig, was meine Besuche betraf, mit den Traditionen brechen. Wenn sie ruhen wollte, sollte sie ruhen, warum nicht, dann verschwand ich einfach wieder.

»Guten Tag, Mutter!«, rief ich. Es hallte durch die Küche. Es klang genau wie früher, wenn ich aus der Schule gekommen und durch die Hintertür ins Haus gegangen war, mir die Schuhe ausgezogen und gerufen hatte. Ich lief auf Socken durchs Zimmer, der synthetische Bodenbelag unter meinen Füßen fühlte sich vertraut an. Ich hatte vorhin nicht richtig aufgepasst, denn jetzt sah ich auf dem Couchtisch einen großen braunen Briefumschlag liegen. *Für Tiddo und Isa* stand darauf, in der Handschrift meiner Mutter, kräftige Buchstaben, nach rechts geneigt. Ich nahm den Umschlag, er fühlte sich schwer an. Ich riss ihn auf und zog einen Stapel Geldscheine heraus. Fünfzigeuroscheine. Es war auch eine Ansichtskarte dabei, mit dem Foto eines Geysirs samt Fontäne. Wo hatte sie die her? Auf der Rückseite stand: »Island ist sehr teuer. Macht Euch eine schöne Reise damit. Die Reise Eures Lebens! Alles Liebe, Deine Mutter.« Ich zählte das Geld, es waren zwanzig Scheine. Ich steckte sie zurück und lief mit dem Umschlag in der Hand in den Flur. Am Fuß der Treppe rief ich noch einmal »Mutter!«. Keine Antwort. Sie war natürlich kurz einkaufen. Der Kaffee war alle und sie hatte es gerade erst bemerkt. Ich ging ins Wohnzimmer zurück und setzte mich auf die Couch, ihrem Lesesessel gegenüber. Ich hasste es, wenn sie mir Geld gab, weil es sich anfühlte, als würden meine Liebe und Fürsorge bezahlt. Ein Vorschuss darauf, so fühlte es sich wenigstens an. Ich liebte meine Mutter, weil ich wusste, dass ihr derlei Überlegungen völlig fremd waren. Sie ist ein guter Mensch.

»Das wär doch nicht nötig gewesen, Mutter«, sagte ich.

»Ach Junge, überlass das doch mir.«

»Das ist viel Geld.«

»Solange ich es noch kann, mach ich es gern.«

Ich zog den Stapel Geldscheine noch einmal aus dem Umschlag, spielte damit herum und las erneut den Text auf der Ansichtskarte. Die Reise Eures Lebens.

»Wie bist du bloß an so eine Karte gekommen?«

Ich sah zu dem leeren Stuhl hinüber.

»Manchmal denke ich«, fuhr ich fort, »dass du überall, wo ich hinreise, schon gewesen bist, heimlich, um zu überprüfen, ob es dort schön ist, und sicher, und nicht übertrieben teuer.«

Ich steckte das Geld wieder zurück und spielte eine Weile mit dem Umschlag, während ich so dasaß. Wo sie nur blieb? Viel länger konnte ich nicht warten, ich musste Isa mit den Koffern helfen, Jonathan Beine machen. Ein Mann rettet seine Ehe nicht nur mit Verreisen, er muss dafür auch etwas tun. Ich wollte auf meinem Handy nachsehen, ob sie mich vielleicht angerufen hatte oder um Isa zu sagen, dass ich hier saß und wartete, aber als ich an meiner Hosentasche entlangtastete, fiel mir wieder ein, dass das Ding zu Hause am Ladegerät hing. Meine Mutter hatte bestimmt vergessen, dass ich noch kommen wollte, der Umschlag lag seit gestern da, und sie war bei einer Nachbarin oder einer alten Dame aus der Kirchengemeinde Kaffee trinken. Nein, ich konnte wirklich nicht länger warten. Dann eben eine Nachricht dalassen. Ich sah nirgendwo Papier liegen, aber ich konnte notfalls auf die Rückseite des Umschlags schreiben. Also machte ich mich auf die Suche nach einem Stift, zuerst auf den Tischen und Fensterbänken, dann im Geschirrschrank. Schließlich zog ich alle Küchenschubladen auf. Nichts.

»Ich ruf dich an, Mutter«, sagte ich laut, um mein aufkommendes Schuldgefühl loszuwerden. »Noch heute Nachmittag.«

Kurz darauf fuhr ich die Straße hinunter.

Als ich nach Hause kam, standen im Flur zwei Koffer. Isa kam gerade mit dem dritten die Treppe herunter.

»Dein Koffer wiegt zwölf Komma fünf Kilo«, sagte sie. »Aber ich weiß nicht, ob alles drin ist.«

Ich holte Luft, räusperte mich, holte noch einmal Luft. Sie hastete schon wieder die Treppe hinauf. Auf halbem Weg drehte sie sich um.

»Überleg dir gut, welche Schuhe du mitnehmen willst. Am besten ziehen wir alle die Wanderstiefel an, das spart Platz im Koffer.«

»Ja, ja, das stimmt«, sagte ich. Sie war schon wieder oben.

»Jonathan, Jona!« Was Isa ihm sonst noch sagte, verstand ich nicht. Kurz darauf kam Jonathan mit finsterer Miene heruntergestampft. Ich stand noch immer im Flur und dachte über den Umschlag nach.

»Na, mein Junge«, sagte ich.

Er begann, die Jacken an der Garderobe zu durchwühlen.

»Und deine Regenhose, Jonathan, hast du die auch mit?«, rief Isa von irgendwo oben. »Ach so, Tiddo, wie war's bei deiner Mutter?«

Jonathan stand mit einer zerknitterten Regenhose in der Hand da, er hielt sie zwischen Daumen und Zeigefinger und musterte sie wie einen toten Fisch. Ich legte ihm meine Hand auf die Schulter.

»Alles okay mit ihr?«, rief Isa. Sie dachte bestimmt, dass ich es nicht gehört hatte. Ihr Gesicht erschien über der Treppe.

»Oder ist was?«

»Nein, nein, alles gut. Sie wird nur langsam alt. Ein bisschen vergesslich. Nichts weiter.«

Den Umschlag versteckte ich hinter meinem Rücken. Es ist merkwürdig, obwohl Isa so aufmerksam ist, kommt sie nicht auf die Idee, dass jemand, der etwas hinter seinen Rücken hält, womöglich etwas zu verbergen hat.

2

Wir flogen, kilometerhoch über dem schlechten Wetter, durch dieses Himmelsblau, das bei Flugreisen so schnell langweilig wird. Jonathan kritzelte in seinem Skizzenbuch herum. Er wird oft für seine Zeichnungen gelobt, oder nein, eigentlich weniger für die Zeichnungen, sondern dafür, dass er überhaupt zeichnet. Statt ständig zu zocken oder auf seinem Smartphone herumzuwischen. Ich sehe das anders. Es ist nicht schwer, abweichendes und vermeintlich interessantes Verhalten an den Kindern zu schätzen und zu loben, die einen nichts angehen. Beim eigenen Sohn sieht man es doch lieber, wenn er ungefähr genauso ist wie die anderen Gleichaltrigen, damit sie ihn nicht für einen komischen Vogel halten und er nicht so einsam ist. Was er gerade zeichnete, konnte ich nicht sehen, meist waren es Phantasiewesen und Monster. Isa hatte die Augen geschlossen, ich saß auf dem Gangplatz und starrte in einen Reiseführer, ohne etwas aufzunehmen. Ich musste ständig an den braunen Umschlag denken, den ich tief in meinem Koffer vergraben hatte. Meine Mutter wusste sehr genau, dass es in den letzten Jahren zwischen Isa und mir nicht gut lief. Ich hatte ihr nie etwas gesagt, aber sie sah es trotzdem.

Meine Frau entglitt mir, oder genauer gesagt, mir entglitt, was uns früher verbunden hatte. Isa war in ihrer bescheidenen Art noch immer wunderbar. Das Schönste ist ihr Blick, ich meine nicht nur die graublauen Augen, sondern auch ihre Lider, die Wimpern und die Brauen wie zarte, kerzengerade Pinselstriche, die ihre kühle Iris so melancholisch aussehen lassen wie den Blick einer Madonna von Raffael. Der Schönheitssinn verändert sich mit den Jahren, aber für mich blieb Isa genauso schön wie früher. Früher, das war die Zeit vor Jonathans Geburt. Wie alle jungen Paare liebten wir uns damals fast jeden Tag, in einem halbbewussten Zustand und ohne die geringste Ahnung, dass damit eines Tages Schluss sein würde. Nach zwanzig Jahren muss man sich nicht mehr unbedingt im anderen verlieren, das ist ja gar nicht zu machen, sich den lieben langen Tag zu befummeln, miteinander zu schmusen und sich abzuküssen, endlos in der Vergangenheit des anderen zu wühlen und sich ihn ganz und gar einzuverleiben. Unendlich viel Zeit ging dafür drauf, und ich kann nur wehmütig daran zurückdenken. Aber das muss nicht mehr sein. Es ist die Frage, ob man sich noch besser kennenlernen kann, ob eine Beziehung nach ein paar Jahren nicht mehr durch das definiert ist, was man geteilt, sondern was man vor dem anderen verborgen hat. Ich musste nicht in die Vergangenheit zurück, ich wollte Isas neue Geheimnisse kennen, ich würde ihr jeden Fehltritt mit ihren drögen Kollegen von der Uni verzeihen. Nur allzu gern! Ich verzehrte mich danach, ihr großherzig etwas zu vergeben. Was würde ich nicht für ein Streicheln tun, dafür, mich für die Länge eines Kusses in ihrer Seele zu versenken. Ich würde einen Mord begehen, allein für ein paar liebe Worte oder ein herzliches Lachen. Isa ist die Liebe meines Lebens, und so etwas wird einem nur ein Mal geschenkt. Was mir meine Mutter hatte sagen wollen, stand unmissverständlich auf der Karte: Gib nicht auf, halt fest, was dir geschenkt wurde.

Gut, Mutter, wenn du meinst.

Oh, und, Tiddo, mein Lieber …

Ja, Mutter?

Gib das Geld aus. Island ist schrecklich teuer. Und dann denkt noch kurz an mich.

Ich denk auch so an dich, auch ohne Geld.

Der Pilot teilte mit, dass der Landeanflug auf Keflavik gerade begonnen hatte. Wir tauchten aus dem für Flugreisende so trügerischen Sonnenschein in eine dicke graue Wolkendecke ein, auf dem Weg in eine fremde Welt.

3

Ich hatte noch nie ein Wohnmobil gefahren, mein Gott, was für ein Ungetüm! Außerdem sah das Ding noch funkelnagelneu aus. Diese blitzendweiße Karosse sollte ich also durchs Land kutschieren und unbeschädigt wieder zurückgeben – das erschien mir unmöglich. Ein paar alte Kratzer da und dort wären mir ehrlich gesagt lieber gewesen. Die junge Frau vom Autoverleih erklärte alles in einem englischen Singsang, ich starrte auf ihren schönen, ein bisschen großen Kopf – ihr Gesicht strotzte vor Gesundheit wie bei dem Milchmädchen von Vermeer, ihre Augen waren so blau wie Fjorde bei klarem Wetter, und durch den Akzent klang alles, was sie sagte, wie ein Gedicht. Isa ist schöner, dachte ich, denn das dachte ich vorsichtshalber immer mit dazu, wenn ich andere Frauen betrachtete, ihr Gesicht, ihre Augen. Ich nickte zu allem, was die Frau sagte, mehr, um es hinter mir zu haben, als um zu zeigen, dass ich alles richtig verstanden hatte. Schließlich musste ich mir nicht alles merken, denn ich hatte ja Isa, die speicherte alles, ich konnte mich blind auf sie verlassen. Sie stellte ein paar Fragen, zu Kraftstoffverbrauch, Gasbrenner und Elektrik. Die Frau überreichte ihr die Schlüssel – entweder waren wir hier in einem höchst emanzipierten Land oder Isa hatte wieder mal den fähigeren Eindruck gemacht. Die Frau hatte mich kein einziges Mal direkt angesehen und ich fragte mich, ob das eine isländische Angewohnheit war.

Jonathan stand die ganze Zeit daneben, geistesabwesend, wie morgens beim Warten an der Bushaltestelle. Sein dunkles Haar war eher lang und fiel ihm bis knapp über die Augenbrauen. Störrisches Haar über einem kindlichen Gesicht mit einer noch rührend weichen Kinnpartie. Er sieht nett aus, wie fast alle Dreizehnjährigen nicht besonders hübsch, aber nett. Einer von diesen Jungs, in die man nicht hineinschauen kann. Man hofft natürlich, man ist ständig am Hoffen, man hat Erwartungen, die man unausgesprochen lässt. Jonathan war ein klein wenig sonderlich, das ließ sich nicht leugnen. Manchmal meine ich, dass ich Fremde, wie die Frau von der Autovermietung, binnen fünf Minuten besser durchschauen kann als mein eigenes Kind. Mein Sohn entfernt sich allmählich und das lässt sich nicht ändern, nicht von mir und nicht von ihm. Ich ging zu ihm hin, legte einen Arm um ihn und zog ihn an mich heran. Ein Angriff oder eine Umarmung, als ob ich mich nicht entscheiden könnte. Er gab keinen Ton von sich, ließ es einfach über sich ergehen.

»Wer ist denn dieser Fremde?«, fragte ich. »Was sucht er hier? Ha-ha-ha.«

Ich lachte nicht, ich sagte ha-ha-ha. Man könnte versuchen zu erklären, warum man so etwas tut, aber dann wird man seines Lebens nicht mehr froh. Man macht etwas Dummes und bleibt dann dabei, um nicht völlig das Gesicht zu verlieren, oder nicht? Ich hielt ihn also fest, Jonathans Haare kitzelten meinen Unterarm und das erinnerte mich daran, dass mein Pullover noch in dem kleinen Büro lag. Den durfte ich nicht vergessen. Island kennt kein Erbarmen mit Leuten, die ihren Pullover verbummeln. Ich überlegte, ob Isa es vielleicht komisch fand, wenn ich jetzt meine Mutter anrufen würde.

»Du fährst zuerst?«, fragte Isa.

»Hmmmm.« Jonathan stöhnte in meinem Klammergriff.

»Tiddo!«

Wenn sie meinen Namen ausspricht, fühle ich mich meist wie ein Kind, höchst selten wie ein Mann, nie wie ein Geliebter. Ich ließ Jonathan los, er fiel fast auf die Nase, sein Skizzenbuch landete auf dem Boden.

»Ja klar, ich fahre, kein Problem.«

Ich schlug Jonathan auf die Schulter, als eine Art Versöhnungsangebot, und ließ ihn los. Er hob den Block auf und steckte ihn in seine Jackentasche. Mein Atem ging gejagt, keuchend, ein Gefühl, als würde mir die Kehle abgedrückt. Vielleicht war die Luft hier ja dünner, am 66. nördlichen Breitengrad.

Es regnete noch immer, und vor den Bergen, die der Karte nach da sein mussten, hing dicker Nebel. Steinfelder sahen wir, links und rechts, bis sie von feuchten Schwaden verschluckt wurden. Die Nationalstraße 1 wurde hinter Reykjavík zweispurig, einer Stadt, von der wir auch nichts sahen. Geländewagen überholten uns, Reisebusse kamen uns entgegen. Was hatte ich denn erwartet? Trolle und Hexen? Wenn wir durch ein Schlagloch fuhren, tanzten die Plastikteller und -tassen in den Einbauschränken.

4

Ein Gemälde hat Isa und mich zusammengebracht. Jede Liebe hat eine Geschichte, das hier scheint mir ein schöner Eröffnungssatz für unsere zu sein. Es war nicht gerade romantisch, das Gemälde, aber eines, das man nicht schnell vergisst – Barnett Newmans *Cathedra*. Ein paar Quadratmeter blaue Farbe auf einer Leinwand, wenn man es respektlos ausdrückt. Eine spirituelle Erfahrung, sagen die Wohlmeinenden, eine Darstellung des Himmelsgewölbes, der Thron Gottes, das Geheimnis des Lebens. Ich hatte irgendwo gelesen, dass man es aus der Nähe ansehen muss, ohne zu zwinkern, dann werde man in den blauen Pigmentschichten ertrinken. Angeblich war das Gemälde bedeutungsschwanger. Ich halte diese Bezeichnung für unglücklich. Man fragt sich dabei doch sofort, wann die Bedeutung denn endlich geboren wird. Nachdem ich das Blau eine Weile aus nächster Nähe angestarrt hatte, trat ich noch ein Schrittchen näher, ich konnte meine Nase fast auf die Leinwand drücken, versuchte, nicht das Bild zu sehen, sondern etwas, das sich dahinter befinden musste, die Tiefsee, die Ewigkeit, was weiß ich. Nicht weit von mir entfernt stand eine junge Frau und starrte genauso wie ich, und auch sie blieb lange stehen. Hinter uns warteten Leute darauf, dass wir endlich verschwinden, damit auch sie ertrinken könnten. Ich spürte ihre Blicke in meinem Rücken, kümmerte mich aber nicht darum, die Frau neben mir war genauso standhaft.

Wir widerstanden dem Druck, und wir schauten, ohne zu sehen. Na ja, was sie sah, wusste ich zu dem Zeitpunkt nicht, man kann schließlich auf dasselbe schauen und trotzdem etwas anderes sehen, selbst wenn es nur eine strahlendblaue Fläche ist. Aber mir wurde ein bisschen schwindlig davon. Na komm schon, blaue Farbe, dachte ich, enthülle dein Geheimnis.

»Stehen wir vielleicht zu nah dran?«, fragte sie.

Ich wollte etwas Witziges antworten, wurde aber nervös und mir fiel nichts ein. Wir traten gleichzeitig zwei Schritte zurück, ich machte verstohlen noch zwei Schrittchen zur Seite, so dass ich näher bei ihr stand.

»Was siehst du?«, fragte ich.

Sie antwortete nicht. Feine Gesichtszüge, blaugraue Augen, suchend, forschend. Sie schüttelte den Kopf.

»Es ist echt schön, aber es sagt mir nicht viel.«

Ich betrachtete sie verstohlen von der Seite, das Bild wurde zum blauen Schleier, es interessierte mich nicht mehr. Mir gefiel ihr Gesicht. Dunkelblonde Locken, die bis knapp über die Schultern fielen, links über der Stirn hatte sie einen charmanten Wirbel, wodurch sich ihr Haar nicht in der Mitte teilte. Eigentlich nichts Besonderes, solche Haare sieht man bei Hunderten von Frauen, aber diese Hunderte standen nicht neben mir.

Der Blick ihrer großen Augen war weder herausfordernd noch selbstbewusst, sondern aufmerksam und neugierig, sie wollten verstehen, was sie sahen, und schienen sich gleichzeitig für ihre Begriffsstutzigkeit zu entschuldigen.

»Vielleicht will es gar nicht unbedingt etwas bedeuten«, sagte sie, »nur etwas bewirken.«

»Müde Füße und Durst«, sagte ich. »Das ist es, was so ein Museum immer bewirkt.«

Sie sah mich an, als würde sie mich erst jetzt wahrnehmen. Sie schlug die Augen nieder, zum Küssen, dieser sanfte, nach unten gerichtete Blick.

»Ich weiß eigentlich nicht, was ich hier will.« Der Anflug eines Lächelns, nicht kokett oder berechnend, sondern schüchtern und schlicht bezaubernd.

»Ich auch nicht«, sagte ich, und das war die Wahrheit, denn ich spielte damals ja gerade mit dem Gedanken, Kunstgeschichte zu studieren, weil mir nach einem abgebrochenen BWL-Studium eine sinnentleerte Zukunft im Büro Angst machte.

Doch nachdem ich jetzt dieser Frau begegnet war, überfiel mich eine ganz andere Angst – dass es eine Zukunft ohne sie sein würde.

»Hast du Lust auf einen Kaffee?«, fragte ich. »Dann lass uns doch eine Tasse trinken. Oder bist du nicht allein?«

Sie antwortete, sie sei allein, ein Satz, in dem sich Kummer verbarg, der mir aber in diesem Augenblick wie Musik in den Ohren klang. Ich weiß noch, dass ich mich leicht fühlte auf der großen, imposanten Treppe, meinetwegen konnten alle Bilder von den Wänden fallen, und gleichzeitig waren sie eins wie das andere Freunde, denn ich konnte über sie sprechen, und diese Frau mit dem netten Gesicht ließ mich erzählen. Es berührte mich, und ich fühlte mich dabei groß und stark. Wir tranken Kaffee, sie fragte alles Mögliche über Künstler, wo sie herkamen, nach Jahreszahlen, dies und das, ich weiß wirklich nicht mehr, was ich alles an Antworten gab, es muss eine peinliche Menge Unsinn dabei gewesen sein, obwohl ich mich noch erinnere, dass sie mich mehrmals mit der Frage unterbrach: »Du weißt das auch nicht genau, stimmt's?« und ein paarmal mit »Woher weißt du das?«. Nicht um mich in Frage zu stellen, es war eine Prüfung. Ich konnte ihr kein einziges Zitat oder auch nur eine belegbare Quelle nennen. Nach einer Weile stellte ich fest, dass ich nichts mit Sicherheit sagen konnte, selbst die Datierungen der bedeutendsten Werke von Malewitsch oder Matisse waren keine harten Fakten mehr. In dieser halben Stunde Kaffeetrinken hatte ich so gut wie ständig das Wort geführt und dennoch hatte sie das Gespräch gelenkt. Sie war das außergewöhnlichste Geschöpf, dem ich je begegnet war.

»Hier, warte«, sagte ich schnell und besorgt, als sie aufstand (sie stand ohne Ankündigung auf, nicht wegen des Effekts, sie war einfach so), »ruf mich doch mal an, wenn du Lust hast, noch weiterzureden.« Ich schrieb meinen Namen und meine Telefonnummer auf ein leeres Zuckertütchen. Sie nahm es, Zuckerkörnchen rieselten auf den Tisch zwischen uns. »Oder darf ich dich einmal anrufen?«, fragte ich.

»Ich ruf dich an«, antwortete sie. »Tschüs Tiddo, danke für den Kaffee und die Unterhaltung.«

Ich wusste nicht einmal, wie sie hieß.

Sie rief mich nicht an, sie rief mich schrecklich lange nicht an, sie würde mich nie anrufen! Drei Wochen gingen vorüber, und obwohl ich natürlich nicht den ganzen Tag an sie dachte, wurden meine Versuche, mich an ihre Augen und ihr Gesicht zu erinnern, immer verzweifelter. Dann endlich meldete sie sich. »Hier ist Isa.« Ich wiederholte ihren Namen, um meine Nerven zu beruhigen. Es war der Tag, nachdem *Cathedra* im Stedelijk Museum von einem Verrückten mit einem Teppichmesser schwer beschädigt worden war. Sie fragte, ob ich es schon gehört hätte. Ich wusste von nichts und war zu verblüfft, um zu erfassen, was sie sagte.

»Das hast doch nicht etwa du gemacht?«

»Ich? Was hab ich gemacht?«

»Das Gemälde zerstört.«

»Natürlich nicht. Ich weiß nicht einmal, wovon du sprichst.«

»Ich bin die Frau aus dem Museum. Wir haben uns zusammen das Bild angesehen.«

»Mein Gott, natürlich, wie könnte ich das vergessen? Ich meine, was ist denn mit dem Bild?«

Sie erzählte mir in aller Ruhe, was geschehen war, und ich genoss es, ihre Stimme zu hören. Ihren Namen. Ich hätte jubeln können. Das Bild interessierte mich überhaupt nicht. *Cathedra* war angegriffen worden. Das waren ihre Worte: angegriffen worden. Drei meterlange, horizontale Schnitte in die Leinwand, ein paar schnelle, vertikale Hiebe. Ein Massaker. Und nur diesem aufgeschlitzten Bild hatte ich ihren Anruf zu verdanken. Wie man ein Gemälde doch liebgewinnen kann, wenn es zerfetzt ist!

»Sag mal, Isa.« Es war toll, ihren Namen auszusprechen.

»Hast du wirklich gedacht, dass ich das war?«

»Nein, nein, ich habe es in den Nachrichten gehört und musste an dich denken. Vielleicht wollte ich die Möglichkeit ausschließen.«

Die Möglichkeit ausschließen, mir schien dieser Spaß eher fragwürdig. Später habe ich das anders betrachtet. Wie das mit dem Zuckertütchen. Damals dachte ich noch, sie hätte es aufgehoben, aber nein, sie hatte sich meine Nummer gemerkt. In ihre Datenbank eingespeichert, wie sie es ziemlich nerdig ausdrückte. Ein Jahr darauf zogen wir zusammen, in Delft, wo sie an ihrer Doktorarbeit schrieb. Sie war dreiundzwanzig, beide Eltern waren bereits gestorben, die Mutter an Brustkrebs, der Vater an einem Schlaganfall, sie hatte einen zwölf Jahre älteren Bruder, der in San Francisco lebte. »Ich bin allein«, wieder hörte ich sie das sagen an dem Tag im Museum, es hatte sich angehört, als sei das immer so gewesen. Ich bewunderte alles an ihr. Isa war ein Mensch, der nicht vom Schicksal überwältigt wurde, sondern der in der Lage war, sein Leben in die Hand zu nehmen, und das obwohl sie schon mit neunzehn Waise geworden war. Für sie war es selbstverständlich, dass wir zusammenleben würden und dass dieses Leben dann so wäre, wie es jetzt war. Wie unglaublich mir das alles vorkam, das Haus, das wir zusammen kauften, Jonathans Geburt, für sie schien das alles völlig logisch zu sein. Sie genoss es genau wie ich, aber man konnte an ihrem Blick und ihrem Gang sehen, dass sie bei allem dachte: Natürlich geht das so, was hattest du denn gedacht, Tiddo? Ich fühlte mich als Teil von etwas Größerem, als Teil eines kosmischen Plans, den Isa entschlüsselt hatte und in dem ich offenbar ein kleines Rädchen war. Zwei Jahre nach Jonathans Geburt hatte Isa ihre erste Fehlgeburt, gut ein halbes Jahr später die zweite. Ein Sturm tobte über unserem Haus, riss am Dach, bis es wie ein Schiffsrumpf knarrte, doch das änderte nichts an Isas Grundeinstellung zum Leben. Auch Rückschläge gehörten ihrer Meinung nach zum natürlichen Lauf der Dinge, der Tod ihrer Eltern hatte sie das gelehrt. Rückschläge würden uns nie voneinander trennen können.

Es war ein Gemälde, das uns zusammengebracht hatte, ein zerstörtes Gemälde. Ohne dieses Bild hätten sich unsere Wege nie gekreuzt. Für mich war und blieb das ein Wunder. Ohne den geringsten ironischen oder relativierenden Nebengedanken. Für sie mochte es selbstverständlich sein, aber wie sollten zwei Menschen wie Isa und ich im wahren Leben zueinander finden, wenn nicht durch eine göttliche Fügung?

5

Die Nacht kam ohne die barmherzige Dunkelheit, die einen grauen Tag zudecken und vergessen machen kann. Der Regen auf dem Dach des Wohnmobils hörte sich an wie eine verstimmte Pauke, auf der einer nervös mit den Fingerspitzen trommelt. Neben mir atmete Isa ganz entspannt, als ob sie auch im Schlaf alles im Griff hätte, ihren Körper, ihre Träume. Wir lagen in der Schlafkabine über dem Fahrersitz eng nebeneinander, ohne dass sich unsere Körper berührten. Das fahle Nachtlicht fiel durch ein kleines, längliches Seitenfenster direkt über unseren Köpfen, denn das Fensterrollo verweigerte den Dienst. Jonathan lag hinten, im unteren Teil des Stockbetts. Wenn er sich umdrehte, schaukelten wir sachte mit, wie in einem schwankenden Boot.

Dass ich keinen Schlaf finden würde, hätte ich mir denken können.

Unser Camper stand auf einem Platz mit mindestens dreißig anderen Fahrzeugen und ein paar Kuppelzelten. Als Campingplatz konnte man es nicht recht bezeichnen, es war ein schlammiges, flaches Gelände mit einer Blockhütte gleich vorn beim Eingang, wo nur kaltes Wasser aus der Leitung kam. Angeblich lag der Platz nicht weit von den Geysiren entfernt, und auch nicht weit vom Gullfoss, dem Goldenen Wasserfall. Wir waren in das Land eingedrungen, ohne etwas davon zu sehen, wir mussten eben davon ausgehen, dass es hier tatsächlich diese Geysire und Wasserfälle gab und nicht nur Nebel und böse Geister. Irgendwann in der Nacht hörte der Regen auf. Die darauffolgende Stille machte die fremde, abwesende Dunkelheit noch unwirklicher. Isa drehte sich auf den Bauch. Sekundenlang streichelte ihr Fuß an meiner Wade entlang, zufällig. Wie wunderbar wäre es jetzt, meine Hand auf ihren Hintern zu legen und sie einmal liebevoll zu kneifen. Ob sie es wohl merkte, das mit der Hand? Aus Versehen, es ließe sich plausibel erklären, denn wir lagen wie die Ölsardinen nebeneinander. Jonathan schlief fünf Meter entfernt auf seiner Pritsche, aber das störte doch nicht? Das hier war meine Familie. Nicht kleinzukriegen.

Ich hatte noch immer nicht geschlafen.

Es muss schon gegen Morgen gewesen sein, als ich durch das schmale Fensterchen die Berge aufscheinen sah, die Wolken zogen allmählich weg. Die Beklemmung der Nacht verschwand, als ich die Umrisse der grünen Hänge sah, es war, als ob ich endlich atmen konnte. Mich überkam eine Leichtigkeit, ausgelöst vom Schlafmangel und von reiner, schlichter Heiterkeit. Ich konnte nichts dagegen tun. Sanft streichelte ich Isas Haar, kletterte dann vom Schlafabteil nach unten. Ich stellte Kaffeewasser auf und summte eine selbsterdachte Melodie. Die Uhr über der Tür zeigte halb sieben. Ich hörte zu summen auf, um Jonathan nicht zu wecken. In Gedanken summte ich weiter, denn wir waren in Urlaub in einem Land, das dalag, als müsse es erst noch entdeckt werden. Jedenfalls konnte ich mir das vorstellen, wenn ich hinaussah, auf die Berge – dass das Land noch unentdeckt war, dass man dort als erster Mensch Millionen von Schritten machen konnte.

6

Das Erste, was einem bei den Geysiren auffiel, waren die Chinesen. Um uns herum dampfte und qualmte die Erde, und aus jeder Wolke tauchten Chinesen auf. In Trauben drängten sie sich bis ans Seil, das die Touristen in sicherem Abstand zum Geysir halten soll. Sie streckten ihre Handys und Selfiesticks in die Höhe, minutenlang, denn der Geysir spuckte etwa alle fünf Minuten, aber sicher war das nicht, es konnte auch zehn dauern. Chinesen, die mit der Wassersäule auf dem Foto sein wollten, warteten mit festgefrorenem Lächeln auf den Ausbruch, mit ausgestrecktem Arm machten sie das V-Zeichen. Die große Geduld hatten sie bestimmt im Tao gelernt oder in ihren irrsinnig langen Staus, die Tage dauern können. Der Geysir hieß Strokkur, ein Name, den man nur Riesen oder Geysiren gibt. Ein Stück entfernt lag sein großer Bruder, der »alte« Geysir, der dem Naturphänomen den Namen gegeben hatte, aber inzwischen so gut wie erloschen war, weil man in der Zeit, als der Tourismus aufkam, große Mengen Seife hineingeschüttet hatte, um ihn noch höher und spektakulärer spucken zu lassen. Das wusste Isa, sie erwähnte auch die Quelle – den Reiseführer, den ich während des

Flugs zu lesen versucht und kein Wort davon behalten hatte.

Wir erschraken alle drei, als eine Wassersäule mit dumpfem Dröhnen aus der Erde schoss, sicher vierzig Meter hoch. Der Dampf stieg langsam noch höher in den Himmel hinauf. Genau wie viele andere riefen wir »Aaah«, diese dümmliche Reaktion ließ sich nicht unterdrücken. Vor Schreck bewegten viele Chinesen ihr Handy, einer ließ es sogar fallen, oder ihr Lächeln erstarrte zu einer entsetzten Miene, so dass das Foto wiederholt werden musste. Es war bemerkenswert, dass uns ein Spektakel dermaßen beeindruckte, das eigens für die chinesischen Touristen erdacht zu sein schien. Jonathan wollte den Ausbruch mindestens fünfmal sehen und zeichnete dabei in sein Buch. Als wir endlich aufbrachen, hatten den ersten Chinesen schon dreimal andere Chinesen Platz gemacht. Ich fand nicht, dass sich alle Asiaten ähnlich sehen, wie manchmal behauptet wird, sie unterschieden sich vor allem durch ihre bunte Kleidung und die merkwürdigen Schuhe voneinander, ganz im Gegensatz zu den Europäern, die Rucksäcke trugen und sich allesamt für einen fahlen Outdoorlook entschieden hatten. Während mir solche Dinge auffielen, beäugte Isa den Boden, zerrieb rostfarbene Erde zwischen den Fingern und roch daran; sie ließ ihre Hand durch das türkisfarbene, heiße Wasser gleiten, schnupperte erneut, kostete und schoss unzählige Fotos von der Heißwasserquelle und dem umgebenden Erdreich. Jonathan zeichnete. Ich wollte sehen, was genau, aber er klappte sein Buch schnell zu.

»Wahnsinn, so viele Chinesen hier, nicht wahr?«, sagte ich.

Er reagierte nicht, also tat ich, als hätte ich Isa gemeint.

»Nicht wahr, Isa? Massenhaft Chinesen.«

»Woher weißt du das?«, fragte Isa.

»Was?«

»Dass es Chinesen sind. Nicht Koreaner oder Japaner.«

Kurz darauf sah ich eine alte Frau direkt vor mir gehen, die mich von hinten an meine Mutter erinnerte; sie lief richtig schnell in ihren rosaroten Sneakern. Als sie sich umdrehte, hatte sie ein echtes Trollgesicht. Plötzlich sah ich nur noch alte Leute mit Sportschuhen und Käppis, die Englisch mit stark amerikanischem Akzent sprachen. Der Geysir hatte die Chinesen verschlungen und dafür Amerikaner ausgespuckt, denn so merkwürdige Dinge konnten hier in diesem Land geschehen, oder schienen zumindest vorstellbar. Plausible Erklärungen, wie etwa, dass aus der Hauptstadt neue Busse eingetroffen waren, fielen einem erst später ein.

»Der Boden fühlt sich komisch an«, sagte Jonathan. Er stampfte auf einem Stück roter Erde.

»Der Erdmantel ist dünner«, sagte Isa, »und das Gestein ist porös.«

»Von den vielen Chinesen, die drüberlaufen«, sagte ich.

»Er hat eine total andere Zusammensetzung«, fuhr Isa fort.

Einen Moment dachte ich, dass sie von meiner Zusammensetzung sprach.

»Es passiert hier so viel unter deinen Füßen.«

»Sollen wir gehen?«, fragte ich.

»Tiddo, du sollst mich nicht hetzen. Wir haben ein Vermögen für diese Reise ausgegeben, jetzt will ich mir auch alles genau ansehen. Und hör mit diesen Chinesen auf.«

Das »wir« stimmte nicht ganz, denn Isa hatte den größten Teil bezahlt. Sie hatte darauf bestanden, dass sich mein Beitrag auf ein paar Einkäufe und ab und zu einen Kaffee beschränkte. Bei den Preisen, die ich hier sah, musste ich fürchten, schon am ersten Tag den Umschlag meiner Mutter anbrechen zu müssen.

Beim Gullfoss, zehn Kilometer weiter, war noch mehr los. Reisebusse krochen über das Gelände, zischend, wenn sie ihre Ladung ablieferten. Wir mussten warten, bis in dem Gewimmel für unseren Camper ein Parkplatz frei wurde. Auf der Straße fuhr sich das Fahrzeug leicht, aber beim Parken hatte man das Gefühl, einen Panzer zu lenken. Isa stieg aus, um mir zu helfen, das Wohnmobil ohne Beulen in einen Parkplatz zu manövrieren. Es gibt Ehen, die am »beim Einparken helfen« zerbrechen, aber meine gehörte nicht dazu, denn ich halte mich genau an das, was Isa sagt. Wie zuvor bei den Geysiren gab es auch hier einen riesigen, modernen Souvenirshop, der mit warmen Wollsachen vollgehängt war. Isa und Jonathan liefen gleich zum Wasserfall, ich ging zuerst kurz in den Laden und probierte dort eine fünftausend Kronen teure Mütze auf. Die Isländerpullover kosteten umgerechnet an die zweihundert Euro, T-Shirts mit dem Aufdruck »*Don't like the weather in Iceland? Wait five minutes*« vierzig Euro. Wie konnte ein Wasserfall so außergewöhnlich sein, um so viel sündhaft teuren Plunder zu rechtfertigen?

Aber Wasserfälle müssen nichts rechtfertigen, das ist das Schöne an ihnen. Zuerst sah ich einen Fluss, der in den Felsen verschwand, danach öffnete sich die Felswand, zumindest sah es so aus, als ob nicht ich ginge, sondern die Felsen sich mechanisch voneinander weg bewegten. Dadurch wurde der Wasserfall sichtbar. Eigentlich waren es zwei rechtwinklig zueinander stehende Wasserfälle, größer als alle, die ich je gesehen hatte; der erste ließ das Wasser etwa zehn Meter herunterstürzen, der zweite schleuderte es noch einmal mindestens zwanzig Meter in die Tiefe. Um ihm näher zu kommen, konnte man über eine Eisentreppe hinabsteigen, und das war das Einzige, was ich wollte, der Wasserfall zog mich magisch an, Nebelarme legten sich um meinen Nacken, zwangen mich, die Augen zusammenzukneifen, wollte ich etwas sehen. Fallen, mich mit dem Wasser hinabstürzen, das erschien mir höchst verlockend. Ich schüttelte die Verzauberung ab, suchte Isa, wollte wie damals vor *Cathedra* neben ihr stehen, zusammen schauen, aber ich konnte ihre rote, wasserdichte Jacke nirgendwo entdecken. Ich fing ein paar Worte eines Reiseleiters auf, der, um das Tosen zu übertönen, mit lauter Stimme einem

Touristenpulk Rede und Antwort stand. Jede Sekunde stürzen hier fünfhunderttausend Liter Wasser in die Tiefe, sagte er, das entspricht in etwa dreißig vollen Tankwagen. Ich versuchte mir vorzustellen, wie hier pro Sekunde dreißig Tankwagen in den Abgrund stürzten.

Der Pfad führte weiter nach unten, wurde nass und glitschig. Das zerstäubte Wasser landete wie kalter Puder auf meinem Gesicht. Plötzlich stand ich neben Isa. Sie war auf dem Pfad stehengeblieben, um den Wegrand zu fotografieren.

»Was siehst du?«, stellte ich sie auf die Probe.

Sie drehte sich halb um.

»Lupinen«, sagte sie und zeigte auf einen lila Blütenkelch. »Man sieht sie hier überall.«

Isa hatte offensichtlich keine Ahnung, dass ich mich auf unsere erste Begegnung bezog, auf das, was ich damals gesagt hatte. Suggestion ist eine starke Waffe, es sei denn, sie verpufft. Oder man schießt sich ins eigene Knie. Isa ging zurück, in einem Strom von Touristen. Ich lehnte mich an das Seil und ließ mich von allen Seiten vom Sprühnebel benetzen. Menschen drängten sich hinter mir vorbei. Nach ein paar Minuten begann ich zu zittern. Ich wandte mich um, wischte mein Gesicht trocken und wurde automatisch von der trägen Touristenkarawane mitgezogen, die mich wieder zum Ausgangspunkt zurückbrachte.

Jonathan und Isa standen nebeneinander vor der Informationstafel.

»Papa, hier steht, dass das Wasser, das hier runterstürzt, in einer Sekunde zwanzig Tankwagen füllen kann!«

»Dreißig«, sagte ich.

»Nein zwanzig.«

»Da steht zwanzig«, sagte Isa.

»Sollen wir los?«, fragte ich. Die Sonne brach durch die Wolken.

Ein Regenbogen zeigte sich über dem Wasserfall, der wie eine dicke Daunendecke zwischen den Felsen aufleuchtete. Im Norden wurde eine Eiskappe sichtbar, umringt von schwarzen Bergen.

»Ja, okay«, sagte Isa.

Sie näherte ihr Gesicht dem meinen, pustete sanft gegen meinen Hals, »naaa, Liebster«, ihr warmer Atem in meinem Ohr. »Wir gehen.«

Das bildete ich mir wenigstens ein, dass sie das sagte. Ich konnte es mir vorstellen, es fiel mir nicht schwerer als das Visualisieren herunterstürzender Tankwagen.

Der Campingplatz lag neben einer Reitbahn. Hinter dem Wohnmobil staksten die edlen Pferde gelangweilt auf ihrer Weide herum, die viel größer war als unser Zeltplatz. Von Pferderassen habe ich keine Ahnung, die Tiere hatten ein glänzendes, kastanienbraunes Fell und hoben sich prachtvoll von den grünen Bergen hinter ihnen ab. Nach dem Abendessen stand ich eine Weile draußen, hinter dem Wohnmobil, und schoss mit meinem Handy ein paar Fotos. Die Fotos wurden nichts, man konnte die Pferde kaum sehen. Dann tippte ich die

Nummer meiner Mutter ein und hielt das Telefon locker ans Ohr. Ich zählte mit: eins, zwei, drei, vier, fünf, wie eine Beschwörung. Ansonsten war mein Kopf merkwürdig leer. Ja, das machen Berge mit einem, sie saugen einen aus. Als das Telefon zum siebten Mal klingelte, legte ich auf.

7

Am nächsten Tag wollten wir uns vom beliebten Golden Circle weg zur Südküste bewegen, Richtung Gletscher. Das Wetter hatte sich gebessert, so dass wir lauter neue Dinge sahen. Beispielsweise, dass das Land grün war, in Hunderten von Grüntönen, aber nur wenige Kilometer weiter schlagartig grau wie verbrannte Kohle und ohne Leben. Es fiel auch auf, dass viele Tramper an der Straße standen, nicht mit Pappschildern und ihrem Ziel darauf, sondern einfach mit hochgerecktem Daumen. Junge Backpacker ohne Ziel, »Nehmt uns doch ein Stückchen mit«, sagten die Daumen, »ganz egal wohin.« Sie sahen auch fröhlich aus, hatten offenbar gelernt, dass sich Lächeln und Winken lohnt, wenn man mitgenommen werden möchte. Die fröhlichen Gesichter, die lakonischen Daumen, ich fand das aufdringlich, gezielt und raffiniert luden sie einem Schuldgefühle auf: »Du nimmst mich nicht mit? Schade, du weißt nicht, was du verpasst, kein Problem, schönen Tag noch, und, vielleicht begegnen wir uns noch einmal …« Es war die Sorte von jungen Typen, die um die Essenszeit klingeln und gleich mit einem »Wir wünschen Ihnen einen wunderschönen guten Abend. Wussten Sie schon, dass Millionen unschuldiger Kinder an Aids sterben?« mit der Tür ins Haus fallen.

»Sollen wir nicht ein paar mitnehmen?«, fragte Isa, nachdem wir erneut eines dieser Grüppchen passiert hatten.

»Ich denk nicht dran.«

»Warum nicht?«

»Alles Schmarotzer. Die sollen sich 'ne Busfahrkarte kaufen.«

»Nein, sie nutzen die Gelegenheit und schauen, wo das Schicksal sie hinbringt.«

»Wer's glaubt! Sie nutzen dich aus und schauen, wo dein Geldbeutel sie hinbringt.«

»Komm, reg dich ab.«

Sie hatte recht. Ich war gereizt, und es war zu hoffen, dass sich das heute noch legte. Aber Anhalter waren und blieben Schmarotzer, und nur Idioten warten darauf, wo das Schicksal sie hinbringt. Es passte auch gar nicht zu Isa, sich dem Schicksal anzuvertrauen, deshalb verstand ich ihre Sympathie für diese Tramper nicht so recht.

»Ich habe einfach keine Lust dazu. Wir haben es doch gemütlich zu dritt.«

»Anhalter mitnehmen kann besondere Begegnungen und interessante Gespräche mit sich bringen.«

»Viele Horrorgeschichten handeln von Anhaltern.«

Isa schenkte mir ein wohlwollendes Lächeln, für mich fühlte es sich gönnerhaft an. Wir passierten den Eyjafjallajökull, den Vulkan, der vor ein paar Jahren den gesamten europäischen Flugverkehr lahmgelegt hatte; jetzt lag er hell glänzend in der Sonne, sich keiner Schuld bewusst. Gegen Abend hielten wir in einem Küstendorf namens Vík. Weniger Touristen, und komplett tote Hose. Die Landschaft verschlug einem den Atem, die Berge waren sanfte, mit einem grünen Teppich bedeckte Hügel, hier und da stachen aus dem friedlichen Bild schwarze Felsspitzen gemein scharf heraus, als ob Trolle ihre falschen Zähne fletschten und man sich besser nicht in Sicherheit wiegen sollte. Unzählige Vögel, Dreizehenmöwen und Küstenseeschwalben, kreisten um die steil aus dem Meer aufragenden Felsen. Die Seeschwalben wollten ihr schrilles, aufreizendes Kreischen einfach nicht einstellen. Wir aßen Spaghetti, dazu gab es Dickmilch. Das Zeug prickelte auf der Zunge und erinnerte mich an den Buttermilchbrei, den meine Mutter uns früher vorsetzte und den man mit einem Berg braunem Zucker durchaus essen konnte. Hier hieß brauner Zucker »Púðursykur«, und das fand Jonathan lustig. Isa erklärte ihm nach dem Essen, wie bestimmte Säuren des schwefelhaltigen Wassers das Gestein angreifen und so weit auflösen können, dass nichts als Schlamm übrig bleibt; sie zeigte ihm Fotos von Lupinen und anderen Blumen. Ich fragte mich, wie ich das hinkriegen sollte – in einem Wohnmobil an meiner Beziehung zu arbeiten. Man könnte an weniger verzweifeln. Ich glaube, ich hatte mir vorgestellt, dass die Erhabenheit Islands das für mich erledigen, dass das Land uns im Staunen vereinen würde, so wie es damals dieses merkwürdige blaue Gemälde getan hatte. Die

Vorstellung, dass ich auch selbst etwas tun müsste, hatte ich tunlichst ausgeblendet.

»Woran denkst du?«, fragte Isa plötzlich. »Was ist denn mit dir los?«

Ich murmelte etwas, über die Sitzbänke im Wohnmobil, dass mir davon der Rücken weh täte. Sie sah mich an, als ob ich ein Fremder wäre, oder ein müder, alter Zirkusbär.

»Du musst mal deine Mutter anrufen«, sagte Isa. »Sie wartet garantiert auf ein Lebenszeichen.«

»Ich rufe sie morgen an, daheim ist es schon zwei Stunden später, also ich denke, dass sie schon im Bett liegt.«

Etwa eine Stunde später gaben wir uns vor dem Schlafengehen einen trockenen Kuss, ich streichelte ihren nackten Oberschenkel, wie versehentlich.

»Gefällt dir der Urlaub?«, fragte ich und ließ meine Finger über ihren Rücken wandern.

»Ich bin todmüde«, seufzte sie. Sie schlief ein und ich bereitete mich auf eine lange Nacht vor, ohne Dunkelheit, aber voller Geister. Es begann wieder zu regnen und das freute mich, denn die Seeschwalben stellten schlagartig ihr Kreischen ein.

8

Am nächsten Morgen nieselte es noch, das erinnerte an die neblige Gischt des Gullfoss, genauso fein, der Regen tanzte im Wind, und man hörte ihn nicht einmal auf das Dach des Wohnmobils fallen. Die Küstenseeschwalben ließen sich vom Nieselregen nicht stören, sie flatterten schon lange wieder nervös kreischend herum. Die tägliche Routine in Sachen Wohnmobil-Hygiene begann mir zu gefallen: Schmutzwasser loswerden, Frischwasser tanken, mit dem Wasserschlauch in einem Aufwasch die Windschutzscheibe und die Kabine abspritzen, die Chemietoilette leeren und putzen, während Isa drinnen fegte und aufräumte. Eine neue Routine, das war gut.

»Hast du schon deine Mutter angerufen?«, fragte Isa, als wir abfahrbereit waren.

»O shit. Heute Nachmittag«, gab ich zurück, »heute Nachmittag rufe ich sie an«, und zu Jonathan: »Heute fahren wir zu den Gletschern.«

»Cool«, sagte Jonathan.

Neben der Campingplatzausfahrt standen schon wieder Tramper, vier Mann, Spanier oder Italiener. Ich fühlte, wie Isa zu mir hersah: Sollen wir sie nicht mitnehmen? Aber wie sollten wir vier Anhalter mit Rucksäcken unterbringen? Auch an der Hauptstraße im Dorf reckten Leute den Daumen hoch, sie winkten, als klar-wurde, dass ich nicht anhalten würde. Was erwarteten die denn? Dass wir zurückwinkten? Der Regen wurde wieder stärker, all die schönen grünen Berge waren schon wieder verschwunden, als ob sie heute frei hätten. Die Scheibenwischer mussten unablässig das Wasser beiseiteschieben, damit die Sicht gut blieb. Das Städtchen Vík lag ein paar Kilometer hinter uns, als ich neben einem großen Verkehrsschild, auf dem mit LEDs Temperatur und Windgeschwindigkeit angezeigt wurden, einen einsamen Anhalter stehen sah. Dann ging alles sehr schnell, zuerst registrierte ich, dass es eine Frau war, eigentlich ein Mädchen, mit dunklem, strähnigem Haar, triefnass. Draußen hatte es zehn Grad und der Wind kam aus Südwesten, mit sechs Metern pro Sekunde.

»Anhalten«, sagte Isa. »Jetzt. Halt an.«

Ich nahm Gas zurück, verzögerte, wir fuhren an dem winkenden Mädchen vorbei.

»Wir können sie nicht hier stehen lassen. Nicht bei dem Wetter.«

Ich bremste und fuhr an den Straßenrand, der Schotter knirschte unter den Rädern, der Proviant verrutschte und machte sich in den Schränken selbständig, es hatte etwas von einer Notlandung, aber wir standen. Isa öffnete die Tür, das Mädchen kam mit lachendem Gesicht auf uns zugelaufen, ich sah sie im Rückspiegel.

»*Hi*«, sagte Isa. »*Where do you have to go?*«

»*Skaftafell?*«, fragte das Mädchen. »*Is that okay?*«

Ihr Akzent klang nach Osteuropa, slawisch, ihre Augen waren pechschwarz.

»*Fine*«, sagte Isa.

Sie stieg aus und öffnete von außen die hintere Tür.

»*You can sit in the back, opposite Jonathan.*«

»*Hi Jonathan*«, sagte das Mädchen lässig, wie junge Leute meinen, mit Kindern reden zu müssen. Dann sah ich im Spiegel eine zweite Gestalt auftauchen. Sie hatte sich hinter dem Verkehrsschild versteckt.

»*Oh, sorry, he is my friend*«, sagte sie verlegen. »*He go to Skaftafell too … is okay?*«

Die Gestalt entpuppte sich als ein Mann, ein baumlanger Kerl mit einer Mütze, unter der sein blondes Haar ein klein wenig hervorblitzte. Auch Isa schien kurz überrascht zu sein, erholte sich aber schnell und ließ sich nichts anmerken.

»*Oh, sure, no problem. We have room for two.*«

Der Mann nahm seine Mütze ab und gab Isa die Hand. Sein blondes Haar war eigentlich rötlich. Er nannte seinen Namen, sogar zweimal, ich verstand ihn nicht, aber er war so höflich, gleich den Kopf in den Fahrerraum zu stecken und mir eine Hand hinzustrecken. Ich beugte mich zu ihm hin und ergriff seine Hand, groß wie eine Kohlenschaufel, sie machte mich zum Kind, zu einem zappelnden, unsicheren Wesen. »*Hello Sir, I'm …*« Wieder verstand ich den Namen nicht, er war kurz und klang skandinavisch. Das »Sir« machte mich wieder zum Erwachsenen. Ich nannte meinen Namen, wollte eine lockere Bemerkung machen, ob er ein Gespenst aus einem Trickfilm sei oder ein flüchtiger Bankräuber, aber mir klang das alles nicht witzig genug. Sein Stoppelbart war pitschnass, an seinen Augenbrauen hingen Regentropfen, genau wie an der langen Haarsträhne, die ihm ins Gesicht fiel. Er war schön und riesengroß. Und er hatte das Haar, das ich früher immer haben wollte, glatt, halblang und widerspenstig genug, um es mit der Hand so nach hinten schleudern zu können, dass es einen Moment so blieb, um ihm dann lässig wieder ins Gesicht zu fallen. Das Mädchen konnte nicht im Entferntesten mit ihm mithalten, seine Präsenz degradierte sie auf der Stelle zur Statistin dieser Szene. War sie nicht ein bisschen jung für ihn? Isa führte sie in den Wohnbereich. Die junge Frau entschuldigte sich, sie werde alles nass machen, Isa sagte, das sei nicht weiter schlimm. Isa bestimmte auch, dass der Mann vorn sitzen solle, weil er so groß war. *Big*, sagte sie, nicht *tall*. Sagte sie es bewundernd? »Ich kann durchaus hinten neben Jonathan sitzen.« Sie sprach den Namen unseres Sohns englisch aus, das klang gut.

»*Hi Jonathan*«, sagte der Mann, während er neben mir Platz nahm und seinen Rucksack zwischen den zwei Sitzen nach hinten schob.

»*Sorry, I didn't catch your name*«, sagte ich.

»*Svein. Svein Sigurðsson. Haha, weird name, I know.*«

Wieder schob er seine Haare nach hinten, wieder fielen sie lässig nach vorn.

»*No, no, nice name. You are from Iceland?*«

»*America. But my parents are from Iceland. I was*

born here. It is a weird name. Svein. You have no idea how weird people in America find my name.«

»Svein.« Ich schmeckte den Namen auf meiner Zunge.

»*Swine*«, sagte er. »*You see?*«

Ja, ich hatte es schon kapiert. Er hatte inzwischen seine Jacke ausgezogen. War das etwa eine Tätowierung auf der Innenseite seines Unterarms?

»Wie heißt deine Freundin?«

»Gabi«, sagte er. Er suchte ihren Blick, fand ihn aber nicht, weil sie gegenüber von Jonathan saß und deshalb mit dem Rücken zu uns.

»Gabi«, wiederholte ich und fragte dann, wo sie herkam. Die Antwort war nicht richtig zu hören, weil ich wieder Gas gegeben hatte, der Motor war laut und der Inhalt der Einbauschränke wurde durcheinandergerüttelt. Deshalb fragte ich nach, diesmal bei Svein.

»*Eh, France. Paris. Paris.*« Er sprach es aus wie Amerikaner, wenn sie versuchen, Französisch zu sprechen. *Pahriee*, darin lag ein ganzes Jahrhundert Filmstereotypen: leichtsinniges Gehabe, Wein, flatternde Kleider und fluffige Kekse. Ich sah in den Rückspiegel, warf Isa einen spöttischen Blick zu, wegen dieses *Pahriee*. Ich glaube nicht, dass sie es gehört hatte. Svein begann zu lachen und neigte sich zu mir her.

»*Sorry Tiddo*«, flüsterte er. Es klang komisch amerikanisch, *Tiddooh*. »Ich will ehrlich sein. Ich habe keine Ahnung, wo sie herkommt. Ich hatte sie bis vor einer halben Stunde noch nie gesehen.« Und danach wieder laut: »So geht das nun mal, nicht wahr, das Trampen.«

Es klang keineswegs schuldbewusst, eher triumphierend. Einen Moment blieb es still, als erwarte er von mir ein verständnisvolles Nicken. Aber ich war noch nie getrampt, deshalb wusste ich solche Sachen nicht.

»*You know*«, fuhr er in seinem typisch lockeren Amerikanisch fort, dem Akzent, der keinen Widerspruch duldet und für starke Persönlichkeiten gemacht zu sein scheint. »Regel Nummer eins, stell dich außerhalb der Ortsgrenze an die Straße, damit du einsam und verlassen wirkst. Regel zwei, am besten im Regen, damit du Mitleid erregst. Regel drei …«

Wieder hielt er inne, vermutlich, um mir erneut die Gelegenheit zu geben, mich mit ihm zu verbünden. Das Verrückte war, es machte ihn nicht unsympathisch, im Gegenteil, ich bewunderte ihn für diese Dreistigkeit.

»Regel drei?«, fragte ich.

»Du musst eine Frau sein … und wenn das nicht geht: zusammen mit einer Frau. *That's how you do it, buddy*!«

Er lachte ziemlich laut. Ich lachte nicht mit, warf ihm einen strengen Blick zu, um ihm zu zeigen, dass ich in knapp fünf Minuten nicht sein Buddy geworden war. Da konnte einer noch so tolle Haare haben, so ging das nicht, nicht in dem Land, wo ich herkam, und meiner Meinung auch nicht in dem Land, durch das wir gerade fuhren.

»Sie war einverstanden«, sagte er wieder leicht zu mir geneigt, damit man es auf der Rückbank nicht hören sollte. »Wirklich.«

»Dein Glück«, kommentierte ich. Sekundenlang blieb es still, er hatte zweifellos gemerkt, dass mir wenig an seinen Trampertricks lag. Ich fragte mich, ob er vorbestraft war oder vielleicht sogar schon im Gefängnis gesessen hatte. Oder uns ausrauben wollte.

»Don't worry«, fuhr er fort. Konnte er Gedanken lesen? »Ich bin ein Anhalter, an dem du deine Freude haben wirst. Seid ihr auf dem Weg nach Skaftafell?«

Ich nickte. Ein Anhalter, an dem du deine Freude haben wirst, das klang wie ein Pornofilm aus den Siebzigern, aber ich muss zugeben, dass meine Neugier geweckt war. Er erzählte, er habe früher auf den Gletschern Reisegruppen geführt und könne es organisieren, dass wir auf den Gletscher dürften, ohne dafür ein Vermögen ausgeben zu müssen. Sogar ohne einen Cent zu zahlen. Er kannte Leute. Ich wartete mit einer Antwort, in der Hoffnung, dass mir vernünftige Einwände einfallen würden, überzeugende Argumente, die gegen dieses Angebot sprachen. Ohne Erfolg.

»Okay«, sagte ich. »Das klingt prima. Nun, wir werden sehen.«

Er nickte mir aufmunternd zu, der große Svein. Er nahm eine kleine Dose aus der Hosentasche, drehte den Deckel, nahm ein wenig von dem braunen Pulver zwischen Daumen und Zeigefinger und legte es gekonnt in die Kuhle zwischen Handgelenk und Handballen der Hand, mit der er die Dose hielt. Zuerst verschloss er das Behältnis, dann zog er das Pulver mit einem Schniefen hoch.

»Haaaa«, machte er. »*Nice!*« Dann nieste er zweimal kurz.

»Möchtest du auch?«, fragte er.

»Was ist das? Was machst du da?«

»*Don't worry, it's only snuff. Nothing illegal. Not even unhealthy.*«

»Snuff?«

Schnupftabak, war das nicht diese schlechte Angewohnheit aus dem 18. Jahrhundert?

»Mal probieren? Den Unterarm gerade halten. Schau, so. Ja, du kannst den Arm einfach am Lenkrad lassen.«

Er schraubte das Döschen wieder auf.

»Nein, nein, kommt nicht in Frage.«

»*It's nice*. Es gibt dir einen kurzen Kick, einen *upper*. Ist nicht ungesund, macht nicht süchtig. *Totally innocent.*«

»Danke, lieber nicht.«

»In Island ist *snuff* wieder hip, weißt du. Hier schnupft man seit Jahrhunderten. Weil man bei dem Wind keine Zigarette ankriegt. Haha. Das dagegen fliegt dir gleich in die Nase.«

Ich spähte in den Spiegel, ob Isa auf die Schnupftabakgeschichte reagierte. Soweit ich es beurteilen konnte, sah sie aus dem Fenster. Inzwischen hatte der Regen aufgehört, am Himmel war sogar ein ziemlich großes Stück Blau zu sehen. Als die Sonne plötzlich grell durchbrach, sagte Svein: »*Don't like the weather in Iceland? Wait five minutes!*« Sein Lachen schallte durch den Wagen, sein tiefes, herzliches Lachen bekamen wir als Zugabe zu dem angestaubten Spruch, den man hier für Touristen auf T-Shirts druckte. Gabi schlief inzwischen, mit der Wange an der Scheibe, ich konnte ihren Hinterkopf im Seitenspiegel sehen und meinte, ihr nasses Haar zu riechen. Wir fuhren durch eine bizarre Steinlandschaft. So weit das Auge reichte, war links und rechts, vor uns und hinter uns, eine Wüste aus runden, zusammengeklumpten Steinen, die mit einem hauchdünnen, gelbgrünen Flor überzogen zu sein schienen.

»Lava«, sagte Svein laut, Richtung Rückbank. »Überall. Vom Laki-Vulkan.« Er deutete in meine Richtung, als ob mir kurz die Rolle des Vulkans zugeteilt würde. »Dreißig Kilometer landeinwärts. 1783 ausgebrochen. Ein Katastrophenjahr. Die Lava strömte neun Monate lang. Fünfhundert Quadratkilometer mit Lava überzogen. Schwefelgase töteten alles Vieh. Die Riesen aus der Edda waren erwacht, *and they were pissed.*« Mit seinen Stakkatosätzen klang er wie das Voiceover in einem Filmtrailer, er machte mit beiden Armen eine ausholende Bewegung, so dass er mit der einen Hand das Türfenster und mit der anderen meinen Kopf traf. Es störte ihn nicht, er entschuldigte sich nicht einmal.

»I can tell you a million things about Iceland«, sagte er zu Isa.

»Wächst Moos auf der Lava?«, fragte sie gleich. Offenbar sah sie in Svein sofort den Fachmann. Ach, wenn sie mich nur einmal solche Sachen fragte, obwohl sie genau wusste, dass ich es nicht wusste, aber es wäre so schön, es dann gemeinsam nicht zu wissen.

»Ist es nicht wundervoll?«, fragte Svein pathetisch. »Eine samtige Schicht gelbgrünes Moos. So weit das Auge reicht. *Magic!* Das ganze Land hier ist magisch«, setzte er flüsternd für mich hinzu, wieder in diesem verschwörerischen Ton, als ob er der Zauberer wäre, der all diese magischen Kräfte beherrschte. Wir passierten ein Verkehrsschild, auf dem ein Parkplatz mit Aussichtspunkt angezeigt war.

»Ich will kurz halten«, sagte Isa. »Mich einen Augenblick umsehen. Fotos machen.«

»Prima Idee«, kommentierte Svein, offenbar absolut überzeugt, dass ich ihn hier nicht stehenlassen würde. Ich ging vom Gas und bog von der Straße ab. Der Parkplatz war geräumig und völlig leer, Svein sprang als Erster aus dem Fahrzeug. Ich spürte die Sonne auf dem Gesicht, eine frische Brise wehte, ich hatte einen Pullover an, aber eigentlich brauchte man ihn nicht, es war erfrischend, im Freien zu stehen. Wenn es nicht regnete, gefiel mir dieses Land in jeder Hinsicht. Wir ließen Gabi im Wohnmobil weiterschlafen, Svein legte ohne jede Zurückhaltung den Arm um Jonathan und führte ihn über einen mäandernden Pfad, der durch das bemooste Lavafeld führte. Neben meinem Sohn wirkte der Mann wie ein Riese. Svein lachte, zeigte auf Dinge. Ich sah Jonathan ab und zu nicken.

»Tja, mein Junge«, sagte Isa. »Es kann durchaus eine Bereicherung sein, einen Anhalter mitzunehmen. Wenn wir was erzählen, hört Jonathan kaum hin. Jetzt ist er ganz Ohr und verbessert dazu noch sein Englisch.«

Es rührte mich, dass sie »mein Junge« sagte. Das war lange her. Es drückte unsere Beziehung gut aus, dieses »mein Junge«: ich war ein Kind, sie eine Frau; ich wunderte und irrte mich ständig, sie brachte mir Gleichmut und Vernunft bei. Keine Liebe ist sich gleich, davon bin ich überzeugt. Das hier war unsere, man kann sie seltsam oder spießig nennen, aber es war alles, was ich hatte, alles, was ich zu verlieren drohte. Sie nahm meine Hand, es dauerte einen Augenblick, bis unsere Hände zum vertrauten Griff gefunden hatten, die Finger ineinandergeschlungen. Ich drückte, sie drückte zurück. Jetzt wird alles gut, dachte ich, das ist genug, für jetzt. Es schien mir eine gute Gelegenheit, Sveins Angebot einer Gletscherwanderung anzusprechen. Ich betonte, dass es sonst vierzigtausend Kronen kosten würde.

»Svein als Fremdenführer, denkst du, das ist vernünftig?«

»Warum nicht? Für Jonathan ist es toll. Svein kann von Freunden die Ausrüstung leihen.«

Isas Augen wurden schmal, in den sanften, melancholischen Blick schlich sich Argwohn.

»Komm, gib dir einen Ruck! Ich bin doch ganz deiner Meinung, eine bereichernde Erfahrung, so ein Anhalter.«

Sie lächelte. Mir sprangen fast die Tränen in die Augen. Ich gab ihre Hand frei und legte einen Arm um sie, sie ließ es zu, ihr Körper gab nach, entspannte sich ein wenig, und ich fühlte mich glücklich. Ich sagte ihr nicht, wie es unser Anhalter mit List und Tücke geschafft hatte, dass wir ihn mitnahmen; dass er Gabi als Köder benutzt hatte, dass er das Mädchen nicht einmal kannte. Dass er mit Schnupftabak rummachte und mir auch schon welchen angeboten hatte. All das würde Isa garantiert nicht mögen. Das hatte der Kerl prima hingekriegt – er hatte mich zu seinem Verbündeten gemacht. Aber gut, das war mir egal. Er saß in meinem Auto, er war von meinem Wohlwollen abhängig. Eigentlich wollte ich diesen Schnupftabak schon gern mal probieren.

9

Nach dem riesigen Lavafeld verwandelte sich die Landschaft in eine endlose, dunkelgraue Sandwüste. Die Straße führte über unzählige Stahlungetüme, mit denen die Flüsse und Tümpel überbrückt waren. Der Himmel war inzwischen blitzblank, mit ein paar freundlichen Schäfchenwolken und viel Sonne. In der Ferne beherrschte die Eiskappe des Vatnajökull das Bild. Svein fragte, womit ich meine Brötchen verdiene, und ich sagte ihm die Wahrheit. Wenn ich erzähle, dass ich in einem Büro arbeite, das für die Verwaltung von Bildungseinrichtungen zuständig ist, bekomme ich selten eine befriedigende Reaktion. Meine Güte, sehe ich sie denken, aber das sagen sie nicht, sie fragen: »Oh, macht das Spaß?« oder: »Hast du dort genug Aufstiegschancen?« Die Zyniker schlagen mir auf die Schulter und sagen: »Ach, es ist doch nur ein Job.« Svein reagierte überhaupt nicht so.

»*Okay!*«, sagte er. »*Nice! That sounds like a pretty decent job, Tiddo!*«

Es klang ehrlich, sogar ein bisschen, als ob er neidisch auf so einen ruhigen Bürojob wäre. Ich fragte, wie er sein Geld verdiene. Auch das war bei mir eine eingeschliffene Reaktion, den Ball möglichst schnell dem anderen zurückzuspielen.

»Ich mache alles Mögliche, ein paar Geschäfte da, ein paar dort, du weißt schon. Nichts Besonderes.«

Holländer blasen sich gern zu Zeppelin-Format auf, wenn sie von ihrer Arbeit sprechen, Svein hielt sich lieber bedeckt über die Art von Arbeit, die er verrichtete. Es schien mir nicht undenkbar, dass er miese kleine Jobs hatte, aber er schnitt damit wenigstens nicht auf und fing auch nicht an, von Aufstiegschancen zu reden. Er erzählte, dass sein Vater ein Leben lang in einer Fischkonservenfabrik gearbeitet hatte und dass die meisten Isländer heute ihr Geld im Tourismus verdienten. Arbeit, so verstand ich es, hatte für Svein nichts mit Status und Selbstentfaltung zu tun, sondern mit dem harten Kampf ums Dasein. Ich fand diese Sichtweise erfrischend.

»Hast du übrigens gewusst, dass die Hälfte der isländischen Bevölkerung Gedichte schreibt?«

»Ich weiß nichts über Isländer.«

»Es ist nur schade, dass die andere Hälfte sie nicht lesen will. Noch schlimmer, sie hassen diese Schrottgedichte. Das ist die Hälfte, die beim Fußball bleibt, weil man dort am leichtesten an Bier kommt. Jedes Kaff mit hundert Einwohnern hat seinen eigenen Fußballverein.«

»Hast du Fußball gespielt?«, fragte ich.

»Ich war Torhüter. Ich habe mit einem schwarzen Stift Runen auf den Torpfosten gemalt. Dafür habe ich ein paarmal Strafe gezahlt.«

»War das auf deinem Unterarm eine Tätowierung? Sie sah für mich auch wie ein Runenzeichen aus.«

Svein krempelte den Ärmel seines Holzfällerhemds hoch. Sein Unterarm war ungefähr so dick wie meine Wade. Er enthüllte eine Art Steuerruder, aus dem acht identische Arme ragten, jeder Arm endete in einem Dreizack.

»Ægishjálmur«, sagte er.

»Was sagst du?«

»*Ægishjálmur. The helm of awe.*«

»Klingt gut«, sagte ich. »Was bedeutet das?«

»Viel. Es ist allumfassend.«

Ich glaube, dass man sich vor Leuten in Acht nehmen muss, die Worte wie »allumfassend« in den Mund nehmen. Aber nach seinem Grinsen zu urteilen, schien auch Svein es nicht sehr ernst zu meinen.

»Das Steuerruder flößt Feinden Respekt ein«, fuhr er fort. »Früher malten die Männer die Runen auf ihre Schilde und auf den Helm, zwischen die Augen. Das machte sie unbesiegbar. Es hält das Böse fern, beschützt den Träger, macht ihn unverwundbar.«

»So so, du bist also unverwundbar.«

»Die Runen auf den Torpfosten haben jedenfalls wenig gebracht«, lachte er. »Aber dieser Tätowierung vertraue ich voll und ganz. Ich habe auch eine in meiner Handfläche. Nicht gesehen?«

Er streckte seine rechte Hand aus, die Hand, die ich geschüttelt hatte. Ich fröstelte. Es war ein simples Pluszeichen mit erneut einem Dreizack an jedem Ende.

»Ist das auch eine Art, äh, Ægis …«

»Ægishjálmur, ja, aber diese Variante an dieser Stelle bedeutet etwas ganz anderes.«

Er feixte, scheinbar bösartig, und gab ein röchelndes Geräusch von sich.

»Mit dem hier gewinnt man die Liebe des Mädchens, das man sich in den Kopf gesetzt hat.« Er sprach viel leiser als soeben. »Das muss natürlich geheim bleiben.« Er schloss die Hand, als ob er damit das Runenzeichen festhielte, damit es nicht mehr entwischen konnte. Inzwischen wusste ich nicht mehr, was an diesem Gerede für ihn dran war. Die Straße führte von der Küste weg, hin zu den Bergen. Drei riesige Gletscherzungen, die sich vom Vatnajökull ins Tal krümmten, schimmerten in der Sonne.

»Skaftafell«, rief Svein nach hinten. Auch Gabi drehte sich schließlich um, um etwas von dem Spektaktel mitzubekommen.

»Gut geschlafen, Liebes?«, fragte er das Mädchen, von dem er nicht wusste, aus welchem Land es kam. Darauf wandte er sich wieder Jonathan zu: *»Hey buddy, like to do some ice-walking?«*

»Yes!«, sagte Jonathan.

So hatte er jeden freundlich um den Finger gewickelt.

10

Der Campingplatz von Skaftafell war schlammig und pfützenübersät. Die von den viel zu schweren Allrad-Campern hinterlassenen Spuren im Gras waren mit Wasser vollgelaufen. Wer zu den Toilettenblocks wollte, musste Stiefel haben oder einen unerschütterlichen Humor. Svein schien es nicht zu stören, er schlenderte mit seinem Gepäck durch den Schlamm, als ob er auf einem ordentlichen Gehsteig ginge.

»Das Gelände für die Zelte liegt höher«, sagte er zu Gabi, er deutete auf einen imaginären Platz. Hatte er überhaupt ein Zelt? Wir hatten verabredet, dass er uns zum Informationszentrum mitnehmen sollte, von wo aus alle Exkursionen zum Gletscher aufbrachen. Gabi ging schon mal vor, irgendwo ihr Zelt aufbauen, und auch Isa entschied sich im letzten Augenblick dagegen.

»Isa bedeutet im Isländischen Eis«, sagte Svein. Er nahm eine Prise Schnupftabak. »Natürlich kommst du mit.«

»Ich wandere lieber zum Svartifoss-Wasserfall.«

»Ah, der ist auch wunderschön. Aber du solltest lieber mit mir gehen.« Er nieste zweimal, trockene, kräftige Stöße.

»Das werde ich nicht. Ich will schon seit Jahren die sechseckigen Basaltsäulen um den Wasserfall sehen. Die Vorliebe der Natur für Geometrie, das finde ich faszinierend.«

»Die Vorliebe der Natur für Geometrie, tsss. Du kannst das gut ausdrücken. Und du weißt, was du willst«, sagte Svein. »Das gefällt mir.«

Ich versuchte mir eine Welt vorzustellen, in der auch ich so etwas ungestraft zu Isa sagte. Svein nieste noch einmal und eilte mit großen Schritten davon, in der Annahme, dass wir ihm folgten. Aber Jonathan und ich waren noch unschlüssig.

»Pass gut auf«, sagte Isa leise, aber mit großem Nachdruck zu mir. »Lass Jona nicht aus den Augen.«

»Nein, wird schon schiefgehen.«

»Versprich es.«

»Versprochen.«

»Let's go, guys«, sagte Svein, der mit einem Fuß in einer Schlammpfütze stand.

Ich fand, dass es sich unsicher anhörte und er plötzlich wie die Parodie eines Backpackers aus einem Werbespot wirkte. Ihm war der Spaß natürlich ein bisschen vergangen, wenn offenbar der geschlossene Familienrat nötig war, um abzuklären, ob wir ihn begleiten wollten oder nicht. Menschen sind gern großzügig, wird diese Großzügigkeit aber zurückhaltend angenommen, dann verliert ihr Angebot an Glanz und sie haben keine allzu große Lust mehr, sich besonders zu engagieren. Für Svein traf das genauso zu wie für jeden anderen, und das nahm mich erneut für ihn ein: Hier stand kein unantastbarer Wikingerhalbgott, sondern einfach ein Mensch, der wie die meisten von uns nur ein bisschen improvisierte. Zum ersten Mal fühlte ich mich überlegen. Ich hatte eine Familie und ein Wohnmobil, er hatte nichts, nur zwei hässliche Tätowierungen und eine Alibi-Freundin, die ihn keines Blickes würdigte. Ja, er könnte gut mein Freund sein, und auf dem Gletscher würde ich ihn um eine Prise Schnupftabak bitten.

Beim Infozentrum ließ Svein uns warten, weil er, wie er sagte, etwas regeln wollte. Auf dem Gelände wimmelte es von Touristen. Es gab drei Parkplätze, überall standen Busse und um die kitschigen Blockhütten der kleinen Unternehmen, die Gletschertouren organisierten, drängten sich die Chinesen. Merkwürdig, auf der langen Fahrt durch die Lavafelder war nirgendwo ein Chinese zu entdecken gewesen, nicht einmal Reisebusse hatte ich gesehen, und hier wimmelte es erneut von ihnen, als würden sie durch Vulkankrater und unterirdische Gänge zur nächsten Touristenattraktion transportiert. Der Gletscher ragte hinter den Büdchen empor, grau und schmutzig vom Schutt, den er unterwegs aufgehäuft und mitgeschleift hatte, der Gletscher, der Anlass dafür, dass wir hier zu Hunderten (zu Tausenden?) standen, um seine Kälte auf der Haut zu spüren und seinen Untergang aus nächster Nähe mitzuerleben. Svein hatte uns keine Märchen erzählt. Er kam mit drei Paar Steigeisen für unsere Wanderschuhe zurück.

»*Crampons*«, sagte er mit einem breiten Lachen. »Ohne geht's nicht.«

»Keine *ice-axes*?«, fragte ich.

»Nicht nötig. Die Dinger geben sie nur aus, weil die Touristen dann Fotos von sich machen können, mit hochgereckten Pickeln. Alles Theater. Überhaupt nicht *flott*.«

»Nicht was?«

»*Flott*. Pardon, das ist ein isländisches Wort, das man nicht übersetzen kann. Cool, hip, geil. Wenn Isländer irgendetwas sein wollen, dann ist das *flott*. Aber ohne zu reden. Für einen Isländer rede ich viel zu viel. Es fällt schwer, zur Einsilbigkeit zurückzufinden. Ich bin schließlich Amerikaner geworden.«

Der Wanderweg zum Gletscher war nur ein Trampelpfad durch ein Geröllfeld. So weit das Auge reichte, sah man Kies und grauen Sand, vom Gletscher zurückgelassene Sedimente. Dass sich der Gletscher im Lauf der Jahre weit zurückgezogen hatte, war deutlich zu erkennen. Svein ging zügig voran, ich folgte im Windschatten seines großen Körpers. Jonathan ging ein Stückchen weiter hinter uns.

»Er ist ein guter Junge, dein Sohn«, sagte Svein.

Es klang nicht spöttisch. Ich konnte Sveins Gesicht gut beobachten, schräg von der Seite, nein, ich sah keine Spur von Spott. Ein eckiger, wettergegerbter, ernster Wikingerschädel. Seine Worte hallten nach, mir stiegen fast Tränen in die Augen. Lieber, unverdorbener Jonathan: Es gab jemanden, der das bemerkt hatte. Entwaffnet von seinen Worten wurde ich gleich gesprächig.

»Ja, das stimmt. Es ist nur so verrückt … ich kenne ihn immer weniger. Ich weiß schon fast nicht mehr, wie er ist, wir reden nie richtig miteinander.«

»Ach, wie alt ist er denn?«

»Dreizehn.«

»Na, dann kommt das noch. Ihr müsst zusammen etwas unternehmen, das ist wichtig. Mein Vater hat mich im Kanu mitgenommen, wir sind in einer Woche hundert Kilometer stromabwärts gepaddelt. Wir haben Feuer gemacht und Bier getrunken. Ich war zehn. Das machten wir dann jedes Jahr, bis ich lieber mit Freunden unterwegs war.«

Geschichten über Kameradschaft zwischen Vater und Sohn machen mich immer misstrauisch. Ich glaube sie nicht. Mein Vater unternahm nie etwas mit mir, und das war gut so. Außer Radrennen, aber das auch nicht lange. Ich habe ein paar Radtouren lang an seinem Hinterrad gehangen; das Einzige, woran ich mich erinnere, sind seine mageren Beine in einer Sporthose, seine Enttäuschung, weil ich bei seinem Tempo nicht mithalten konnte, und meine Scham, als das Rad wieder zum Verkauf angeboten wurde. Mein Vater hatte offenbar auch nie das Bedürfnis gehabt zu wissen, wer ich war. Dann bekam er einen Herzinfarkt, und es war zu spät. Jetzt wanderte ich mit meinem Sohn auf einen Gletscher, doch ob uns das einander wieder näher brachte, da hatte ich meine Zweifel. Hinterher war es vermutlich für uns beide, als ob jeder von uns seinen eigenen Gletscher bestiegen hätte.

»Wenn ich euch so sehe, zu dritt …«, setzte Svein kurz darauf an. Jonathan war noch weiter zurückgefallen.

Ja was, wenn man uns zu dritt sieht? Ich saugte seine Worte auf und fieberte nach mehr. Doch es kam nichts mehr. Was meinte er damit? Wir mussten über einen glatt scheinenden Felsen klettern und das forderte meine Aufmerksamkeit so sehr, dass ich nicht mehr fragen konnte. Die Steigeisen stießen gegen meinen Hintern, ich keuchte wie ein Ochse, während Svein keinerlei Geräusch von sich gab. Wie alt war er eigentlich? Als er ins Auto stieg, sah er wie zwanzig aus, doch von Stunde zu Stunde wirkte sein Gesicht älter, Krähenfüße, Falten um den Mund und zwei parallele Furchen auf der Stirn. Aber der Kopf war großartig, auch weil sich das halblange Haar so wunderbar drumherum drapierte, ein Haarschopf, der seinem Kopf selbst mit Mütze noch einen gewissen Glanz gab. Er hatte die Ärmel hochgekrempelt, die Tätowierung mit dem Steuerrad war gut zu sehen, ich konnte den Blick kaum abwenden. Wir blieben stehen, um auf Jonathan zu warten.

»Was ist eigentlich dein Plan, Svein?«

Er blickte um sich, als ob dieser Plan genau hier entstünde.

»Wir wandern zu einer Stelle, wo wir leicht auf den Gletscher kommen. Aber nicht bei den anderen Touristen.«

»Ich meine, in diesen Ferien.«

»Ferien? Nein, nein, ich bin nicht in Ferien. Ich bin auf Verwandtenbesuch. In Seyðisfjörður.«

»Per Anhalter?«

»Warum nicht? Ich habe keine Eile. Aber, musst du wissen, das ist nicht alles. Es ist so. Der Zufall bringt mich ins Leben von Menschen. Obwohl, der Zufall … eher die Naturkräfte. Ich glaube, dass diese Begegnungen, in diesem Land, Teil der Natur sind. Ich werde gelenkt. Deshalb fahre ich per Anhalter.«

Rätselhafte Worte, die nicht zu seiner ausgekochten Methode, Autos anzuhalten, passten.

»Ich helfe Menschen.«

Jonathan hatte uns eingeholt, Svein neigte sich zu mir, seine Stimme klang leise, aber noch schärfer als gerade eben. »Das ist meine Berufung. Versteh mich nicht falsch, ich habe keinen Jesuskomplex, ich bin kein Heiliger. Aber Menschen zu helfen, ihnen zu Erkenntnissen zu verhelfen, das ist meine Aufgabe. Es gibt meinem Leben einen Sinn. Ich bin nicht umsonst hier. Nein, ich bin kein Guru, nicht so ein *bullshitter,* du weißt schon. Ich weiß meist selbst nicht, welche Hilfe die Leute brauchen und zu welchen Einsichten sie kommen müssen. Ægishjálmur führt mich.«

Er bohrte den Zeigefinger dort in seinen rechten Unterarm, wo die Tätowierung war.

»Ich bin kein Anhalter.« Seine Stimme wurde noch tiefer. »Ich bin ein Wegweiser.«

Der Ernst, den er ausstrahlte, jagte mir einen Schauder über den Rücken. Am Anfang hatte ich ihn als Hipster eingeschätzt, der Ironie zu seiner Lebenshaltung erklärt hat, der sogar Musik, Liebe, Sex, Schmerz, Hass und

Tod als Ironie begreift. Hier hatte ich mich offenkundig getäuscht. Ein grotesker Gedanke schoss mir durch den Kopf: dass diese Naturkräfte Svein geschickt haben könnten, um mich zu retten, Isa und mich, unsere Beziehung. Zu Hause, in den Niederlanden, hätte ich das alles für völligen Blödsinn gehalten, aber versuch mal, angesichts eines kilometerlangen, turmhohen Gletschers, der sich wie eine blau-weiße Autobahn durch die Berge windet, dabei Millionen Tonnen Stein zermalmt und am Fuß der Berge liegengelassen hat, etwas wegzulächeln – wo bleibt dann deine Skepsis? Vor allem dann, wenn deine Frau eine Sphinx ist, dein Sohn ein Unbekannter und deine Mutter, tja, nicht daheim ist, obwohl sie es hätte sein sollen. Ich legte meinen Arm um Jonathan.

»Na, mein Junge, gefällt es dir?«

»Wie weit ist es noch?«, fragte er. Es rührte mich, dass er mich fragte, mich, der doch nichts wusste, und nicht Svein, der alles wusste. Wie weit es noch ist, das ist das Einzige, was ein Dreizehnjähriger auf einer Wanderung wissen will, und er fragt es seinen Vater.

»Wir müssen noch über diesen Hügel«, sagte Svein, »und dann noch ein kleines Stück weiter, sonst sind wir umringt von den Chinesen.«

Er zog das Döschen Schnupftabak aus der Tasche, nahm ein wenig von dem braunen Zeugs zwischen Daumen und Zeigefinger und ließ das Pulver bedächtig in die kleine Kuhle zwischen Daumen und Handgelenk fallen. Er betrachtete es kurz, als ob er einen Segensspruch oder ein Gebet murmeln wolle, und zog es dann mit einem Mal hoch. Dann reichte er mir das Döschen. Ich machte eine abwehrende Geste, ich wollte das Zeug nicht in Jonathans Beisein probieren. Aber meine Neugier wuchs. Auch Jonathan schaute voller Interesse zu.

»It ain't cocaine, kid. It's perfectly innocent.«

Er ist in der zweiten Klasse der Sekundarstufe, wollte ich sagen, er versteht wahrscheinlich nur »*cocaine*«. Aber Svein war schon weitergegangen. Mein Arm lag noch um Jonathan, deshalb schob ich ihn vor mir her, froh, dass der Arm, dass diese halbe Umarmung auf diese Weise einen Sinn bekam.

Der Hügel, auf den Svein gezeigt hatte, war eher ein übergroßer Felsbrocken. Schwierigere Wegabschnitte waren mit Seilen und Eisenstäben gesichert, was einem beim Aufstieg Halt bot. Jenseits des Felsens, etwa zweihundert Meter entfernt, standen Unmengen von Touristen. Am unteren Ende des Gletschers legten sie gerade ihre Steigeisen an oder lauschten dem Bergführer. Mit einem Schlag hatte der Gletscher sein Geheimnis verloren, das Eis war nur ein Geschäftsmodell.

Wieder schien Svein meine Gedanken zu lesen.

»Die Bergführer erzählen gern, wie weit das Eis früher reichte. Und dass man in gut zehn Jahren überhaupt keinen Gletscher mehr sehen wird. Die europäischen Touristen bekommen dann immer einen besorgten, schuldbewussten Blick, die Chinesen nicken immer ein bisschen, es interessiert sie einen Dreck. Schuldgefühl oder Gleichgültigkeit, tja, für einen Gletscher macht das keinen großen Unterschied.«

Hoch oben auf der Gletscherzunge bewegte sich eine Schar Touristen ordentlich in Reih und Glied über das Eis, die Gruppe schob sich manchmal zusammen oder zog sich wieder auseinander, wie der Körper einer schwarzen Raupe. Wir wanderten um die Gletscherzunge herum, bis der Berg sie unseren Blicken entzog. Mindestens einen Kilometer lang trotteten wir weiter, ich wollte nicht zugeben, dass ich allmählich müde wurde. Vor uns tauchte eine zweite Gletscherzunge auf, offensichtlich eine Abspaltung des großen, von Touristen überlaufenen Gletschers. Und hier, kein Mensch weit und breit.

»Wir sind da.«

Das Ende der Gletscherzunge war schmutziggrau wie der Schnee in der Stadt, weiter oben wurde sie blau und weiß, aber mitten durch den Gletscher lief, wie eine dicke Ader, eine Spur aus dunkelgrauem Geröll. Auf einem flachen Abschnitt mit ein paar braunen Pfützen und Steinschlag schnallten wir uns die Eisen unter die Schuhe, genau wie Svein es vormachte. Er zeigte uns auch, wie man auf dem Eis gehen muss: Immer die Füße fest ins Eis bohren, wodurch man ein bisschen wie eine Ente watschelte. Angeblich war es nirgendwo so steil, dass wir Hände und Füße brauchen würden, deshalb wären wirklich keine Eispickel nötig, beschwor er uns noch einmal. Ich sah zu dem Gletscher empor. Wie oft muss man etwas behaupten, bis die Zuhörer anfangen, das Gegenteil zu glauben? Svein erklärte weiter, dass wir hintereinander gehen sollten, damit er den Neigungsgrad, die Eisbeschaffenheit und die *Crevasses* im Blick behalten könne. Crevasses waren Spalten im Gletschereis, die manchmal sehr tief klafften. Svein setzte als Erster den Fuß auf das Eis, ich bedeutete Jonathan, ihm zu folgen, und bildete das Schlusslicht. Das Gehen fiel erstaunlich leicht, als ob wir Insekten mit Klebefüßen wären, die Steigung betrug an einigen Stellen bestimmt dreißig Prozent, aber ich fürchtete keine Sekunde, dass ich fallen oder abrutschen könnte. Bei jedem Schritt auf der kristallinen Eisschicht war ein dumpfes und zugleich knisterndes Geräusch zu hören. Mit jedem Schritt hatte ich das Gefühl, den Gletscher zu beschädigen, mit jedem Schritt bohrten wir die Eisen in ein riesiges, verwundetes Tier.

Wir gingen schweigend und konzentiert, und ich muss sagen – es war überwältigend. Wo auf der Welt kann man auf einem Gletscher wandern und gleichzeitig unter sich das Meer sehen? Vom Atlantischen Ozean trennte uns nur eine Ebene aus grauem Sand und Schlammlöchern. Ab und zu wies Svein auf eine Gletscherspalte hin. Groß waren sie nicht, aber tückisch, denn wenn man hineinstürzte, wurde man eingeklemmt. Oder man rutschte hundert Meter weiter, bis unter den Gletscher, feixte Svein. »Wie in *Ice Age*«, nickte Jonathan, für den Gefahr noch etwas aus einem Trickfilm war: Man beult sich wieder aus, schüttelt ein paarmal den Kopf und geht weiter, ohne die geringste Schramme und mit einem Pflaster, das ganz von selbst an der Stelle erscheint, wo es einem weh tut. Ich dachte darüber nach, was Svein über seine Berufung gesagt hatte. Eben noch schien es mir eine unwiderlegbare Wahrheit zu sein, dass er hier sei, um »Menschen zu helfen«. Aber jetzt, wo sich der Gletscher, über den wir wanderten, auch nur als eine schutzlose, poröse Eisfläche erwies, kamen mir Zweifel an seiner Geschichte. Ob er das alles selbst glaubte? Es ist merkwürdig, wie die Wildnis, die unbezwungene Natur einen dazu bringen kann, wunderliche Dinge zu glauben. Ähnlich fest wie die Steigeisen im Eis Halt haben, so habe ich jetzt die Natur unter meiner Kontrolle. Das waren damals meine Gedanken, und sie erschienen mir mächtig und wahr.

Dann kam ein Abschnitt mit mehr Spalten in der Eisoberfläche und das Gehen wurde mühsamer. Kleine Bäche folgten dem Weg des geringsten Widerstands durch das Eis und verschwanden wieder irgendwo in einer Gletscherspalte. Wir marschierten direkt auf eine Mauer aus bizarr geformten Eisschollen zu, die einem dicht gestaffelten Geisterheer glichen. Svein hielt inne, nahm seinen Rucksack ab und holte eine leere Wasserflasche heraus. Er hielt sie hoch, bückte sich zu dem Bach zu unseren Füßen und ließ die Flasche halb voll laufen.

»So etwas habt ihr noch nie gekostet.« Er reichte mir die kleine Flasche, ich trank. Das Wasser war kalt und schien Sand zu enthalten. Sonst schmeckte ich nichts.

»Es ist vielleicht eine Million Jahre alt, das Wasser.«

»Alles Wasser ist Millionen Jahre alt«, sagte ich. »Ist denn auf diesem Planeten je neues Wasser dazugekommen?«

Jonathan nahm einen Schluck, verzog angeekelt das Gesicht, als ob eine Million Jahre altes Wasser auf jeden Fall verdorben sein müsse.

»Darf ich mal kurz dorthin?«

Ich sah nicht genau, wo er hinzeigte.

»*Be careful*«, sagte Svein.

»Sei vorsichtig«, sagte ich, als ob ich es nur übersetzte.

Ich dachte an Isa, ihre einsame Pilgerwanderung zu einem Wasserfall. Ob sie wohl schon da war? Hätte ich sie begleiten sollen? Wieder schien Svein meine Gedanken zu lesen.

»Isa ist eine außergewöhnliche Frau«, sagte er. »Wie lange seid ihr zusammen?«

»Zwanzig Jahre.«

Er pfiff. Es sollte bestimmt eine Art Bewunderung ausdrücken. Er schraubte den Deckel vom Schnupftabak und reichte mir die kleine Dose. Ich nahm ein bisschen von dem Pulver und legte es auf mein Handgelenk, genau wie Svein es immer machte. Jonathan konnte es schließlich nicht sehen. Ohne nur eine Sekunde nachzudenken, zog ich das Pulver hoch, durch beide Nasenlöcher zugleich. Zunächst tat sich nichts, dann fuhr ein Schmerzstoß durch meine Nasenhöhle, der Schmerz blieb zwischen den Augen hängen und flaute dort zu einem angenehm prickelnden, leicht drückenden Gefühl ab, begleitet von Eukalyptusgeruch. Früher hatte ich bei Erkältungen gelegentlich den Kopf über ein Wick-Dampfbad gehalten, es war dasselbe Gefühl. Ich musste grinsen. Dann begannen meine Augen zu tränen und die Nase zu laufen. Ich nieste mehrmals. Svein reichte mir ein Papiertaschentuch, ich schneuzte die Hälfte des braunen Pulvers wieder heraus. Wie eine angenehme Erinnerung blieb ein leicht brennendes Gefühl in meiner Nasenhöhle. In diesem Augenblick knallte ein Gewehrschuss, gefolgt von einem dumpfen Grollen. Svein hob die Hand.

»Der Gletscher bricht. Früher verkündete dieses Geräusch die Ankunft des Sommers. Die Leute dachten dann, dass die Trolle aus ihrem Winterschlaf erwachten und wüste Schreie ausstießen. Danach würden sie wieder auf Jagd gehen und den Menschen die Ernten und die Schafe rauben. Aber alles war besser als der gnadenlose Winter, in dem man sich manchmal nur an den Eingeweiden frisch aufgeschnittener Seehunde wärmen konnte. Kennst du die Geschichte von der Frau, die den Helden Thormóður mit einer warmen Robbenleber wieder lebendig machen wollte?«

Natürlich kannte ich die Geschichte nicht. Er wartete meine Antwort auch nicht ab, sondern begann von verrückten Helden zu erzählen, von dummen Raufbolden, von Untreue, von Schreckenswintern und wahrer Liebe.

»Drei Nächte lang liegt sie neben ihrem erfrorenen Liebhaber«, beendete er seine Geschichte. »Dann geht sie und kommt nie mehr zurück.«

Was war das nur für ein komischer Kauz? Und der erfrorene Liebhaber, war das etwa ich? Würde Isa weggehen? Ich begann zu glauben, dass Svein Sigurðsson

Dinge *sah*, und hatte plötzlich das Bedürfnis, ihm meine Probleme anzuvertrauen.

»Es läuft nicht so gut zwischen uns. Wir haben schon seit acht Jahren keinen Sex mehr.«

Ich erschrak über meine Worte, es war, als hätte sie ein anderer ausgesprochen. Hatte dieses merkwürdige Zeichen auf seiner Hand etwas damit zu tun? Ich schnäuzte noch einen Rest braunes Pulver in das Taschentuch.

»Shit, das habe ich noch nie jemandem erzählt. Warum um alles in der Welt erzähle ich dir das jetzt?«

Svein nickte, als ob er es schon längst wüsste und nur darauf gewartet hätte, dass ich es endlich zur Sprache brachte.

»Okay«, sagte er. »Das ist nicht gut. Du willst also mit deiner eigenen Frau vögeln.«

Er sagte es nicht missbilligend, eher trocken, *a shag with your own wife*, aber ich hörte trotzdem Spott und Unverständnis heraus: Sex mit der eigenen Frau, so etwas macht man höchstens aus Mangel an Alternativen, das ist es doch, was jetzt jeder denkt. Jeder außer mir.

»Mein Gott, na und … verdammt, wo ist Jonathan?«

»Er ist da drüben. Warte.«

Svein stiefelte sofort mit großen Schritten in die Richtung, in die er zeigte. Jeder Tritt bohrte sich ins Eis. Anscheinend war die Situation ernst, vor Schreck blieb ich wie angewurzelt stehen, wortwörtlich, denn während meines Klagelieds hatten sich meine Steigeisen fest im Boden verankert. Sekundenlang herrschte vollkommene Stille, genauso vollkommen wie mein totaler Untergang, der hier Gestalt annahm. Jonathan war in eine Gletscherspalte gerutscht. Ich würde es Isa sagen müssen, und danach müsste ich versuchen weiterzuatmen, müsste in der Hölle meiner Gedanken weiterleben, in totaler Einsamkeit. Das war nichts, was ich wirklich dachte, es war eher ein stockender Rhythmus in meinem Körper, der mich so empfinden ließ, als ob diese Gedanken von einem unterdrückten Atemzug ausgelöst würden, von einem verzögerten Herzschlag, vom Blut, das in meinen Adern erstarrt war. Ich musste etwas tun, vom Denken allein kam Jonathan nicht zurück. Verdammt. Ich riss mich aus dem Eis los und stakste ungelenk zu dem steilen Buckel, hinter dem Svein inzwischen verschwunden war.

»Jona!«, rief ich.

Rufen, das war immerhin etwas und deshalb besser als nichts tun. »Jonathan!«

Ich hörte Svein noch sagen, dass wir keine Eispickel bräuchten. Beim Steilhang angelangt, rammte ich die vorragenden Spitzen der Steigeisen ins Eis, als würde ich einem Riesen einen Tritt ans Schienbein verpassen. Ich zog meinen Körper hoch, stieß mit Wucht beide Eisen in das harsche Eis und versuchte so nach oben zu kommen. Nach dem dritten Schritt hing ich fest, ich konnte meinen Fuß nicht mehr aus dem Eis ziehen.

»Hilfe!«

Ich konnte mich nicht erinnern, jemals »Hilfe« gerufen zu haben. Es war peinlich, noch nie hatte ich mich so machtlos gefühlt. Ich hatte gerade mal einen Meter

Steilhang geschafft, aber wenn ich stürzte, würde ich auf dem Eis bis zu den Felsen weiterschlittern, oder mich würde eine Gletscherspalte stoppen. Ich presste mich an die schräge Eiswand, versuchte, mit den Händen Halt zu finden. Das Eis war nicht nur bröckelig, sondern an den Kanten auch messerscharf. Handschuhe, daran hatte ich keine Sekunde gedacht, genauso wenig wie an eine Mütze. Wo war bloß Jonathan, hing er auch irgendwo fest, vielleicht sogar auf viel gefährlicheren Eisklippen? Das Rufen ließ ich jetzt bleiben. Ich musste mich eben irgendwie selbst retten, oder krepieren, wen würde das kümmern? Ich schloss die Augen und begann zu summen. Du müsstest mich jetzt mal sehen, Mutter.

»Lass los, lass dich fallen«, sagte Svein. Ich ließ los, wurde wie ein Kind hochgehoben, schwebte und stand einen Lidschlag später neben meinem Sohn. Das war alles.

»Das war nicht besonders *flott*, was?«, sagte ich.

Svein reagierte nicht. Vielleicht begriff er nicht, was ich sagte.

»Jonathan, verdammt nochmal. Wo warst du nur?«

»Na, da hinten, nur ganz kurz.« Er deutete auf eine Stelle hinter mir, eine Stelle, die für mich unerreichbar war.

»Allmächtiger, was hast du denn dort gemacht?«

»Nur gezeichnet.«

Verdammt! An dir ist nichts normal, Jonathan, wärst du doch wenigstens, wärst du nur um Himmels willen ein bisschen normal, und ein bisschen mitteilsamer, damit wir uns nicht ständig Sorgen machen müssten. Diese Worte lagen mir auf der Zunge, aber ich hielt mich zurück.

Den langen Rückweg über den provisorischen Wanderweg legten wir schweigend zurück, bis wir beim Informationszentrum herauskamen.

»Svein«, begann ich. »Hör mal, alles, was ich gesagt habe, musst du vergessen.«

Ich las Unverständnis in seinen Augen, sie wirkten mit einem Mal noch eisiger als sonst.

»Verstehst du?«, fuhr ich fort. »Ich habe nichts gesagt.«

»Was gesagt? Haben wir was gesagt?«

Auf seinem Gesicht breitete sich ein breites Grinsen aus, die Falten um seine Augen waren einfach perfekt. Gerade, als ich ebenfalls lachen wollte, gefror sein Lächeln.

»Du willst also nicht, dass ich dir helfe?«, fragte er, während er mich mit eisigem Blick betrachtete.

»Helfen? Worum geht es denn?«

Ich löste mich von seinen hypnotisierenden Augen.

»Jona, bedankst du dich bei Svein für den Ausflug?«

»*Thank you*«, sagte Jonathan.

»*You're a tough cookie, Jonathan.*« Sein Ton war total verändert, ebenso sein Gesichtsausdruck. »Hör mal, ich bringe die Sachen zurück. Seh ich dich morgen?«

Er fragte es Jonathan, der darauf natürlich keine Antwort wusste. Jonathan sah zu mir, ich zögerte.

»Morgen?«, fragte ich, um Zeit zu gewinnen.

»Ich würde morgen gern nach Osten mitfahren, geht das vielleicht?«

»Oh, natürlich.«

Er streckte seine Hand aus, ich ergriff sie und meine Hand verschwand wieder ganz und gar in seiner. Er zog mich zu sich und ich ließ es zu.

»Tiddo, mein Freund«, flüsterte er mir ins Ohr. »Wegen der Hilfe … wenn du willst, dass ich dir helfe, mit Isa, dann brauchst du nichts zu sagen. Du musst nur eines tun. Schau.« Er legte die Zeigefinger gegeneinander und machte so ein Kreuz. »*That's the sign.*«

Ich wandte mich von ihm ab, um mich seinem Bann zu entziehen.

»Wiedersehn, Jonathan!« rief er. »*High five.*«

Jonathan klatschte wie gewünscht die hochgereckte Hand ab und dankte ihm noch einmal, diesmal aus eigener Initiative.

Wir gingen zusammen zum Campingplatz. Ich weiß nicht, warum ich mich im letzten Moment noch einmal umdrehte, beobachtete dann aber etwas Merkwürdiges: Svein war keineswegs zu den kleinen Gebäuden gegangen, um die Sachen zurückzubringen, sondern steuerte direkt auf einen Müllcontainer zu, in den er die Steigeisen warf, ohne einen Blick zurück. Schnell schaute ich wieder nach vorn und wünschte, ich hätte es nicht gesehen.

11

Gegen sechs kamen wir ausgehungert zum Wohnmobil. Isa saß trotz des morastigen Grasbodens auf einem Klappstuhl, sie las in einer Fachzeitschrift.

»Ich habe deine Mutter angerufen«, war das Erste, was sie sagte.

Ich weiß nicht, warum mich das so erschreckte. Das Blut schoss mir in den Kopf, dann begann das Herzrasen. Ich fing an zu keuchen, wollte aber nicht, dass auffiel, weshalb mir die Luft wegblieb. Etwas stimmte nicht, es konnte nicht anders sein.

»Oh … äh«, stammelte ich schließlich.

»Deine Mutter angerufen, ja. Du hattest schon gestern versprochen, sie zu kontaktieren, und jetzt seid ihr wieder ewig nicht zurückgekommen, deshalb dachte ich, sag ihr doch kurz, dass alles gut ist. Du weißt, welche Sorgen sie sich oft macht.«

»Aha, und wie geht es ihr?«

»Sie hat nicht abgenommen. Was ich komisch finde, denn es war um die Essenszeit.«

»Ich rufe sie gleich an.«

Nach dem Herzrasen begannen meine Hände zu zittern. Ich vergrub sie schnell in den Hosentaschen.

»Nein Tiddo, versuch es doch jetzt kurz. Es ist hier zwei Stunden früher. Gleich liegt sie im Bett.«

Ich blieb stehen, wartete, dass das Zittern aufhörte. Ich hatte keine Ahnung, was in mich gefahren war.

»Ist was?«

»Nein, nein, ich ruf ja an. Drinnen.«

»Gut, dann komm ich mit rein, ich fange schon mit dem Kochen an.«

Ich setzte mich an den Tisch, trödelte noch ein bisschen mit dem Telefon in der Hand. Isa begann, in den Küchenschränkchen zu suchen, Jonathan kam auch dazu und legte sich hinten im Wohnmobil auf sein Bett. Volles Haus, alle würden mithören, während ich mit meiner Mutter telefonierte. Ich tippte ihre Nummer ein, die Nummer, die mit dem größten Teil meines Lebens und noch immer mit einem grauen Telefonapparat mit Wählscheibe verbunden war. Sie nahm nicht ab. Ich stellte mir vor, wie es im Haus klingelte. Nimm ab, alte Frau, dachte ich respektlos. Nimm verdammt nochmal ab.

Sie ging nicht ran.

»Hallo Mama! Da bin ich endlich.«

Das sagte ich ohne Zögern, laut und deutlich. Einen Moment lang schien es eine gute Idee zu sein, aber nur bis ich es ausgesprochen hatte. Nun konnte ich nicht mehr zurück.

»Alles prima, ja, ein wunderbares Land«, fuhr ich fort.

…

»Kalt? Nein, könnte schlimmer sein, um die zwölf Grad.«

…

»Die Geysire natürlich, großartige Wasserfälle … viel los, ja … Es gibt viele Chinesen hier … ja, Chinesen, haha. Heute sind wir auf einem Gletscher gewandert … nein, nein, mit diesen Eisendingern unter den Schuhen … wie geht es dir?«

…

»Tiddo.«

»Moment mal, Mama, Isa sagt was.«

»Stell kurz auf Lautsprecher«, sagte Isa.

»Auf Lautsprecher? Warum?«

»Für Jonathan. Dann kann er auch mit seiner Oma reden.«

»Er sitzt dort hinten, auf seinem Bett.«

»Da kann er prima hören. Er kann auch kurz … komm mal her!«

»Ich weiß nicht …«, stammelte ich. »Die Verbindung ist nicht besonders. Mama? Mama, ja die Verbindung ist nicht besonders. Muss halt über den Ozean. Ja. Moment …«

»Versuch es einfach.« Isa setzte sich mir gegenüber, mit einem Schneidebrett und Tomaten.

»Okay, okay. Mama, ich stell dich kurz auf Lautsprecher, Moment mal. Moment. Vielleicht funktioniert es nicht richtig, aber ich versuch es einfach mal, Mama.«

Wenn Isa das schwarze Display sah, auf dem ich jetzt völlig sinnlos herumtippte, würde sie Hackfleisch aus mir machen. Ich tippte ein bisschen, sagte Hallo, lauschte in den Apparat. »Mama?«, fragte ich noch einmal.

»Sie ist weg«, sagte ich erstaunt. »Keine Verbindung.«

»Komisch«, sagte Isa. Sie wischte sich die Hände am Geschirrtuch ab und drehte sich zu mir um. »Darf ich mal sehen?«

Ich ließ das Handy fallen, es knallte auf den Kunststoffboden des Wohnmobils.

»Shit, shit! Verdammt.«

»Hat das Glas jetzt einen Riss, Pap?«, fragte Jonathan.

Ich hoffte es. Ich hoffte, dass das ganze Ding nicht mehr ging. Ich hob das Handy auf, aber es war nichts kaputt. Schnell drückte ich auf den Aus-Knopf.

»Schwarz«, sagte ich. »Mal sehn, ob ich das Mistding wieder in Gang kriege.«

»Wie ärgerlich für deine Mutter«, sagte Isa. »Sie wird sich doch keine Sorgen machen?«

»Ach was«, sagte ich. »Sie weiß jetzt wenigstens, dass hier alles okay ist, oder nicht?«

»Hat sie dir noch gesagt, wo sie war, als ich angerufen habe?«

Das ist Isa. Kein Detail entgeht ihrer Aufmerksamkeit.

»Wo sie war? Nein, hat sie nicht gesagt. Was macht das schon aus.«

»Was hat sie denn gesagt?«

»Gesagt? Nichts, ich habe vor allem geredet. Das hast du doch gehört.«

»Ja, aber du hast gefragt, wie es ihr geht. Was hat sie darauf gesagt?«

»Dass es ihr gutgeht.«

»Hat sie nicht gesagt, wo sie war?«

»Mein Gott, ich weiß es nicht mehr. Warum sollte sie sagen, wo sie gewesen ist?«

Ich blaffte sie an, denn ich ärgerte mich.

»Hör mal Tiddo, ich verstehe ja, dass du dich ärgerst, wenn dein Telefon den Geist aufgibt, aber so redet keiner mit mir. Gehst du bitte nach draußen, wenn du dich so aufführen willst?«

Ein beherrscht ausgesprochener Tadel kann einen Abgrund an Ärger vertuschen. Aber meine Güte, doch nicht bei Isa? Ich tat, was sie sagte, denn sie hatte recht. Sie konnte nicht wissen, wie nervös ich war und dass ich dieses Theater nur zu ihrer Beruhigung aufgeführt hatte. Die Angst packte mich, ich stand kurz vor einer Depression. Jetzt täte mir so eine Prise Schnupftabak gut. Aber wo war Svein? Der Campingplatz war mit Wohnmobilen vollgestellt, die meisten noch viel größer als unseres. Dicke Männer beugten sich über ihre Gasgrills, ein kleiner Junge saß mit seinem Kettcar in einem Schlammloch fest, er machte pumpende Bewegungen mit dem Oberkörper, von hinten nach vorn, um wieder in Gang zu kommen. Ein junges Ehepaar dokterte an der Schlafkabine seines Pick-ups herum, sie umkreisten das Teil, als ob es sich dadurch von selbst aufklappen würde. Auf dem nahegelegenen Platz standen zwanzig gleich aussehende militärgrüne Kuppelzelte. Ich sah keine Chinesen, denn Chinesen zelten nicht.

12

Natürlich fand ich keinen Schlaf, obwohl ich völlig geschafft war. Das Telefonat mit meiner Mutter ging mir ständig durch den Kopf. Es war etwas Seltsames passiert, in meinen Gedanken war es ein echter Dialog geworden, ich konnte ihre Fragen und ihre Antworten erinnern. Ist es dort sehr kalt? Was hast du gesehen? Ach, alle Nachbarn sind im Urlaub, hier ist es sehr still …

Aber es war nicht ihre Stimme. Ihre eigene Stimme war durch meine Imitation ihrer Stimme ersetzt worden, ich prägte mir Worte ein, die sie am Telefon nicht gesprochen hatte, aber ich konnte diese Worte hören. Wie konnte das sein? Nicht einmal den kürzesten Satz, den sie je zu mir gesagt hat, habe ich mir gemerkt! Dagegen konnte ich mich sehr gut daran erinnern, wie sie früher zu mir war. Sie korrigierte immer streng mein Benehmen und ließ mich nach einer solchen Gardinenpredigt mitunter stundenlang im Ungewissen, ob sie mir je verzeihen würde. Manchmal ließ sie mich einen ganzen Tag zwischen Hoffnung und Furcht baumeln, bis sie mich wieder an sich zog, womit sowohl die Rüge als auch die Versöhnung ein so großes Gewicht bekamen, dass ich vor Erleichterung Tränen vergoss. In der Regel beeinflusste sie meine Entwicklung, ohne je Erwartungen hinsichtlich meiner Zukunft auszusprechen. Sie wollte mir immer etwas beibringen, verlangte aber nicht, dass ich es mir merkte. Sie war Lehrerin, arbeitete ehrenamtlich in der Bücherei, führte den Haushalt und musste ständig die Schwarzseherei und Kribbeligkeit meines Vaters ausgleichen. Er liebte sie, und er war ihr zur Last. Einer ihrer Ticks war, dass es im Haus ordentlich sein musste. Wir hatten keine teuren Möbel, aber alles war einmal neu gewesen und hatte für immer wie neu auszusehen. Wenn ein Freund zum Spielen kam, legte sie eine Schondecke aufs Sofa. Aber unsere Limonade mussten wir trotzdem in der Küche austrinken und am besten sofort, damit wir sie nicht umstoßen konnten. Sie war schon nett zu meinen Freunden, aber das brachte nichts, denn die paar netten Worte sind schnell vergessen, die Decke aber bestimmt nicht. Meine Freunde kamen nicht gern zu uns, das war mir damals nicht bewusst, wir verabredeten uns einfach bei ihnen. Meine Mutter hat einen Putzfimmel, und das muss ihr früher im Weg gewesen sein, denn gleichzeitig wollte sie beliebt sein oder wenigstens nett gefunden werden. Wenn einem wichtig ist, was andere von einem halten, sollte man besser keine Schondecke auf die Couch legen.

Svein schien sich wirklich keine Sekunde für das Urteil anderer zu interessieren. Vielleicht war es doch kein Zufall, dass wir ihn heute mitgenommen hatten, vielleicht war es tatsächlich Vorsehung oder die Macht von Ægishjálmur, wie auch immer. Dieses Land zwang einen, mit den sonderbarsten Phänomenen zu rechnen. Ich hatte mich übrigens Svein gegenüber peinlich blamiert. Er hatte mein Geschwätz vernichtend auf den Punkt gebracht: »Du willst mit deiner eigenen Frau vögeln.« Und ich hatte nicht widersprochen. Als ob es nur um Vögeln ginge! Wir leben von der Aufmerksamkeit anderer, wir wenden uns ihr zu wie Blumen der Sonne. Eine Berührung ist eine Form der Aufmerksamkeit, die schon fast göttlich ist. Isas Aufmerksamkeit, eine Berührung von ihr, das war mein tiefster Wunsch. Eine Liebkosung, ein Seufzer, ein Kuss. Okay, hin und wieder vögeln wäre auch nicht schlecht. Aber eins habe ich herausgefunden: Man kann jahrelang keinen Sex haben und trotzdem jeden Tag von neuem denken – vielleicht ist heute der Tag. Wie man in einem aussichtslosen Krieg jeden Tag von neuem hofft, dass heute Frieden ist, und nicht morgen oder in einer Woche. Was aber auch bedeutet, dass man jeden Tag von neuem enttäuscht wird. Das alles ging mir zu Isa durch den Kopf, während sie nur zwanzig Zentimeter von mir entfernt lag und leise atmete. Ich konnte die Hand ausstrecken und sie berühren, ihre Schenkel berühren. Aber ich tat es nicht.

Es war eine lange, dunkle Nacht.

13

Zum Frühstück aßen wir abgepacktes Brot mit Honig und Marmelade, ich kochte einen halbwegs genießbaren Kaffee und fühlte mich trotz der schlechten Nacht so beflügelt, dass ich Isa fast einen Kuss auf den Nacken gegeben hätte. Jonathan saß neben mir an dem kleinen Tischchen, und um ihm meine Zuneigung zu zeigen, stupste ich gegen seine Schulter. Ich hatte vor etwa einem Jahr damit aufgehört, ihm einen Kuss zu geben, aus Angst, er könnte es vielleicht kindisch finden. Das bereute ich inzwischen, denn wenn man einmal damit aufgehört hat, seinem Sohn täglich einen Kuss zu geben, kann man nicht mehr zurück. Das war's dann. Isa erzählte vom Gletschersee Jökulsárlón, den sie besichtigen wollte, und dass wir es heute bis zu der kleinen Hafenstadt Höfn schaffen könnten. Das war mir als der geeignete Augenblick erschienen, um zu sagen, was noch zu sagen war.

»Ich habe Svein versprochen, dass er mitfahren kann.«

Isa blieb sekundenlang still, seufzte dann übertrieben auf.

»Was soll der Seufzer?«

»Ich habe nicht besonders viel Lust auf diesen Svein, wenn ich ehrlich bin.«

»Oh, warum nicht? Ich dachte, du findest ihn nett.«

»Ich halte ihn für einen Maulhelden. Und er lügt. Dass Gabi seine Freundin ist, ist eine reine Lüge.«

»Ach ja? Und woher weißt du das?«, fragte ich scheinheilig.

»Ich habe gestern mit ihr gesprochen, nach meiner Wanderung zum Svartifoss. Gabi ist von ihren Freunden weggelaufen, sie hatten sich gestritten, aber jetzt will sie wieder zurück. Sie hat diesen Svein gar nicht gekannt, als er sie bat, zusammen zu trampen. Sie war der Köder.«

»Na und, ist doch logisch? Einen baumlangen Wikinger nimmt man nicht so schnell mit. Und diese Gabi siehst du nie wieder, während Svein uns auf den Gletscher mitgenommen hat. Hat uns zweihundert Euro gespart.«

»Er hat es uns aufgedrängt.«

»Es ist genau, was du gesagt hast – eine bereichernde Erfahrung, so ein Tramper.«

»Fang nicht schon wieder damit an, Tiddo, wir sollten unsere Zeit nicht mit Machtspielchen verschwenden.«

»Okay, entschuldige. Tut mir leid, aber ich hab's ihm versprochen.«

»Kannst du deinen Herrn Anhalter dann wenigstens darüber in Kenntnis setzen, dass wir los wollen? Oder müssen wir warten, bis er uns heute Nachmittag irgendwann mit seinem Besuch beehrt?«

Ich war kurz davor zu beichten, dass ich keine Ahnung hatte, wo er die Nacht verbrachte, dass er die Steigeisen weggeworfen hatte, dass er Jonathan auf dem Gletscher hatte weglaufen lassen und komisches Zeug über isländische Runen erzählte. Und ich war kurz davor, mich von ihm loszusagen, damit ich mit Isa einer Meinung sein konnte, was unserem Verhältnis möglicherweise zugutekäme. Sollte Svein doch der Teufel holen, wir würden einfach losfahren. In diesem Moment riss er die Tür des Wohnmobils auf, ein Windstoß fuhr herein und wirbelte durch unsere Haare. Es war, als ob ihn der kräftige Südwind hergetrieben hätte, unseren Normannen. In vollem Hipster-Ornat stand er da, mit Rucksack und Mütze, und die Haare blitzten wieder zum Neidischwerden darunter hervor.

»Guten Morgen!«, sagte er laut.

»Hallo Svein!«, sagte Jonathan begeistert.

»Hey Jonathan! *Dude*. Fahren wir schon los? Hier riecht's nach Kaffee!«

Ich reichte ihm eine Tasse Kaffee, fragte, ob er sitzen wolle, er blieb stehen und erkundigte sich, wie wir geschlafen hätten. Er habe bei Freunden übernachtet, weil es zwischen Gabi und ihm nicht so gut lief. Freunde, wo sollten die denn wohnen? Hier gab es nichts außer dem Campingplatz. Isa schnaubte verächtlich. Wir beließen es dabei. Svein fragte meinen Sohn, ob er noch etwas gezeichnet habe, und der holte ohne Zögern sein Skizzenbuch hervor. Herr im Himmel, wie voll wirkte das Wohnmobil mit diesem Riesen. Er öffnete sogar den Kühlschrank, was ich ziemlich dreist fand.

»Esst ihr etwa Dickmilch?« Er machte ein angewidertes Gesicht. »Das ist was für verrückte isländische Grasbauern.« Er drückte die Kühlschranktür wieder zu.

»Ist das in Island oder in Amerika üblich, den Kühlschrank zu inspizieren, sobald man irgendwo reinkommt?«, fragte ich.

Isa nahm es von der praktischen Seite: »Ich habe keine große Lust, wieder die ganze Fahrt hinten zu sitzen.«

»Kein Problem«, sagte Svein, »ich sitze hinten. Dann kann ich mir gleich einen großen Teller Dickmilch nehmen, wenn ich Appetit kriege.«

Ich sah an Isas Gesicht, dass ihr das auch nicht passte, dieser schräge Vogel den ganzen Tag auf der Rückbank neben ihrem Sohn und gleich neben dem Kühlschrank.

»Tiddo, du gehst nach hinten. Heute fahre ich. Und du, Svein, du sitzt neben mir und erzählst mir ein bisschen was über dieses Land.«

»*Well, well …*«

Der Ton, in dem er das sagte, kam mir fürchterlich herablassend vor, normalerweise würde Isa so etwas nicht unkommentiert hinnehmen. In diesem Augenblick beging ich eine Dummheit. Es muss ein Impuls gewesen sein, ich kann es beim besten Willen nicht mehr sagen, vielleicht war es sein dominantes Verhalten und mein Ärger darüber, dass Isa es nicht bemerkte, oder vielleicht war ich auch schlicht neugierig, was passieren würde. Kurz und gut, als er mich ansah, machte ich mit beiden Mittelfingern ein Kreuz.

14

Wir fuhren nach Osten. Ein tückischer Seitenwind blies, der sich mitunter zu legen schien, dann wieder auffrischte, so stark, dass er am Wohnmobil rüttelte, scheinbar in der Absicht, es einfach von der Straße zu drücken. Ich sah, dass Isa jedes Mal, wenn der Wind tobte, krampfhaft das Lenkrad umklammerte. Svein schien es nicht zu kümmern, er redete ohne Punkt und Komma, was unter diesen Bedingungen beruhigend wirkte. Von dem, was er erzählte, bekam ich wenig mit, aber er beschränkte sich eindeutig nicht auf die Fakten, wie Isa ihn gebeten hatte. Ich fing etwas über eine Hexe auf, die mit Trollen um einen toten Wal kämpfte. Isa ging kaum auf seinen Humbug ein. Durch das Seitenfenster konnte ich die Gletscher sehen, die Vorstellung, dass man in einem Camper auf einer geteerten Straße fuhr und dabei gleichzeitig links vom Auto einen Gletscher nach dem anderen zum Greifen nah vorüberziehen sieht, fand ich irgendwie bewegend. In den Alpen muss man sich mit dem Lift bis auf dreitausend Meter Höhe transportieren lassen, und dann ist man immer noch nicht dort, wo man hin wollte. Leider wurde mir schlecht vom aus dem Seitenfenster Schauen, deshalb ließ ich es sein. Die

Gletscher waren schließlich noch eine Weile da, noch an die fünf Jahre, wenigstens nach den letzten Prognosen. Durch die Windschutzscheibe sah ich auch nicht viel: in der Ferne Berge, Schnee und die Ringstraße wie ein langes Band durch eine kahle, schroffe Landschaft. Rechts von mir die Küchenschubladen und ein kleines Fenster, das zu hoch angebracht war: Über dem Meer war der Himmel klar. Die Vorstellung, den ganzen Tag lang durch diese Plastikscheiben hinauszusehen, war nicht sehr verlockend, und weil Svein so laut war, konnte ich auch nicht mit Jonathan reden. Ich sinnierte darüber, was passiert wäre, wenn ich an jenem Morgen gar nicht mehr bei meiner Mutter vorbeigeschaut hätte. Angenommen, ich hätte es bei einem telefonischen Gruß am Vorabend belassen? Wir wären genauso abgereist, wie wir es getan hatten, und ich hätte sie gestern nach einigem Drängen angerufen. Sie hätte nicht abgenommen und ich hätte mich gefragt, ob sie vielleicht irgendwo unterwegs war. Wir wären jetzt am selben Punkt, noch nicht besonders beunruhigt. Hätte ich die Nachbarn angerufen? Ich habe nicht einmal eine Telefonnummer von denen, außerdem waren sie wahrscheinlich ebenfalls im Urlaub. Ich habe keine Ahnung, wen ich sonst anrufen könnte mit der Bitte, einmal kurz nach ihr zu sehen.

Früher als erwartet waren wir am Gletschersee. Leider wimmelte es dort wieder von Autos und Touristen. Wir bahnten uns vorbei an Menschen und Verkaufsbuden einen Weg zum Seeufer. Eisschollen trieben wie moderne Skulpturen im blaugrünen Wasser, lautlos und unnahbar. Der Gletscher, von dem sie abgebrochen waren, schwebte wie eine weiße Nebelschwade in der Ferne, es konnte genauso gut ein Ungeheuer sein, das Eisschollen ausspie. Selbst wenn es eine Million Eisbrocken ausspeien würde, selbst dann hätte kein einziger auch nur annähernd dieselbe Form. Auch farblich wären sie nicht gleich, die Schattierungen von Tiefblau, Weiß, Grau und die schwarzen Sandadern, sie alle boten unzählige Möglichkeiten. Für mich bestand das Besondere darin, dass sich in den Formen unmöglich eine Ähnlichkeit mit Dingen, Menschen oder Tieren finden ließ – etwas, das ich bei modernen Skulpturen automatisch versuche. Deshalb waren diese hier perfekte abstrakte Eisskulpturen, so etwas konnte nur der Zufall formen. Der Zufall, an den Svein nicht glaubte, aber ich. Svein quatschte Isa schon wieder die Ohren voll, als ob man den Anblick durch Reden noch wundersamer machen könnte. Ich näherte mich ihnen und hörte, dass er die Filme aufzählte, die hier gedreht worden waren. James Bond, Batman. Actionfilme hatten Isa noch nie interessiert, deshalb verstand ich nicht, warum sie ihm so gleichmütig zuhörte.

Der Gletschersee war vielleicht der schönste, den ich je gesehen hatte, nur ließ ich mich immer wieder von fotografierenden Chinesen ablenken. Es sind Menschen, sagte ich mir immer wieder, Menschen mit einem Bedürfnis und einer besorgten Mutter. Jonathan saß am Ufer und zeichnete. Wie gern hätte ich wieder etwas von seinem unbefangenen Blick, aber mir spukten ständig diese Chinesen durch den Kopf. Wütend machten mich diese streng inszenierten Selfies. Und warum? Weil sie den See mit ihren Fotos lächerlich machten. Ein Ehrfurcht gebietendes Naturphänomen wurde zum läppischen Bildhintergrund für das Display ihres Handys. Und ab in den Bus zum nächsten Hintergrund. Am liebsten würde ich ihnen sogar das Hinschauen verbieten!

»Chinesen sind nette Leute«, sagte ich laut. Denn die Macht des Wortes ist groß und rätselhaft. Isa wollte Svein vermutlich kurz los sein, denn sie ließ ihn ziemlich abrupt stehen. Ich nahm ihren Platz neben ihm ein. Eine junge Asiatin in einer Kunstpelzjacke mit Leopardenmuster streckte ihr Handy in die Höhe und machte mit der anderen Hand das Victoryzeichen. Ihre Telefonhülle hatte die Form eines Meerschweinchens. Sie trat ein paar Schritte zur Seite (sie trug rosa Sneakers), jetzt verdeckte sie uns die Aussicht. Sie machte ein weiteres Foto.

»Tiddo, Mann!«

»Was denn?«

»Warum starrst du so? Gefällt sie dir?«

»Gefallen? Ich kann keinen Chinesen mehr sehen. Man kann in diesem Land kein Foto machen ohne einen Chinesen darauf. Überall verderben sie einem die Aussicht.«

»*Tiddo, dude. That is racist.*«

Ich konnte keine Silbe mehr herausbringen, das Weinen war mir näher als das Lachen. Es war ein Witz, wollte ich sagen. Ein Scherz. Die hilflose Verteidigung schlechter Menschen, die zu weit gegangen sind.

»Aber ich habe gute Nachrichten«, fuhr Svein fort. »Das hier ist der äußerste Punkt. Weiter kommen sie nicht. Die Busse kehren hier um und fahren nach Reykjavík zurück. *This is it, for the Chinese.*«

Er schlug mir auf die Schulter und begann laut zu lachen.

»Fucking Chinese.«

Ich grinste ein wenig, traute dem Frieden aber noch nicht. Schlagartig war meine Abneigung gegen Chinesen weg, sie hatte sich in Scham verwandelt. In dem Versuch, die Magie des Jökulsárlón wiederzufinden, näherte ich mich dem Ufer, wo Jonathan saß. Sieh dir diesen See an und du brauchst nichts mehr. Es gibt nichts als den See, diese stille Vollkommenheit, man muss sich nichts mehr wünschen, nichts mehr anstreben, deine Lügen und dein Geschwätz sind genauso viel wert wie deine großen Wahrheiten, nämlich – nichts. Ich merkte, dass ich Jonathan beneidete, um seine Hingabe. Wer zeichnet, sieht genau hin. Wer fotografiert, wirft blind ein Netz aus. Wer ausdruckslos starrt wie ich, fängt gar nichts.

Im Souvenirshop, wo man die immer gleichen T-Shirts und Pullover kaufen konnte, holte Svein Eis am Stiel. Er bestand darauf zu bezahlen. Für den Preis dieser Eiscreme – einem Fake-Magnum – hätte er ein Jahresabo für den Bus nach Höfn kaufen können, aber er behauptete, er habe Rabatt bekommen, weil er einen der Mitarbeiter kannte. Rabatt auf Eis, dazu sagte ich lieber nichts. Weil ein heftiger Regenschauer einsetzte, flüchteten wir uns ins Wohnmobil. Auch Isa war der Verlockung erlegen. Vier Personen, die an ihrem Stieleis lecken, in einem Camper, im Regen. Jonathan und ich standen, Svein und Isa saßen sich am Tisch gegenüber. Bei so viel Miteinander wurde mir richtig warm ums Herz. Svein sah mit seinem Eis ein bisschen blöde aus, nicht wie einer, dem es gelingt, Rabatt für sein Eis auszuhandeln. Isa zog ihm die Mütze ab, Svein griff an seinen Kopf und stieß einen Schrei aus. »Ungehobelt«, sagte Isa. Sie warf die Mütze mit spitzen Fingern neben sich. Sein Haar strich an seinem Eis entlang, jetzt leckte er gleichzeitig am Eis und an der Strähne. Während ich das beobachtete, fiel ein großes Stück Schokolade von meinem Eis genau auf meinen Schuh. Auch das trug zur allgemeinen Erheiterung bei. Die schmelzende Schokolade wurde gleich von den Fasern meines Sportschuhs aufgesaugt. Ich wünschte, dass es eine Welt gäbe, in der Leute wegen eines kleinen Missgeschicks wie diesem hier nicht lachten. Warfen sich Isa und Svein lachend Blicke zu? Was sollte ich davon halten? Ich wischte mir die Schokolade vom Schuh, wobei auch noch Eis auf meinen anderen Schuh tropfte. Das alles war überaus peinlich. Jonathan, Isa und Svein beobachteten die ganze Zeit amüsiert mein albernes Herumgehampel. Und dabei klebte, nebenbei erwähnt, in Sveins Haaren Eis. Hatten sie ein Bündnis geschlossen, vereint in ihrer herablassenden Verachtung für einen Clown, der durch den Zirkus stolpert? Oder bedeutete es im Gegenteil, dass ich der

Dreh- und Angelpunkt unserer Gemeinschaft war, der Zement – war ich das Einzige, was sie verbinden konnte, die Wissenschaftlerin und den Märchenerzähler?

Die Landschaft zwischen der Gletscherlagune und dem etwa achtzig Kilometer entfernten Hafenstädtchen Höfn war durchgängig von einer solchen Erhabenheit, dass man es schon bald nicht mehr wahrnahm – zumindest ich nicht, weil mir vom ständigen Halsverdrehen beim Blick aus dem Seitenfenster hoffnungslos schlecht wurde. Ein Gletscher nach dem anderen reckte sich uns entgegen, ohne wirklich nah zu sein. Einen Augenblick lang glitzerte die Sonne auf dem Eis, im nächsten war alles in dicken Wolken versunken. Ich sah nichts als ein verrostetes Schild, das einen Trip mit Schneemobilen oder Geländewagen anzupreisen versuchte, aber es gab keinerlei Anzeichen von Massentourismus. Svein saß vorn neben Isa und erzählte genüsslich von einem Riesen, aus dessen Achsel Götter geboren wurden, ich konnte ihn nicht richtig hören und verlor wegen meiner zunehmenden Reisekrankheit die Konzentration. Bis Isa unseren Anhalter unterbrach und ziemlich schrill fragte, womit er eigentlich seinen Lebensunterhalt verdiene.

»Ich verkaufe alte Fitnessgeräte.«

»Fitnessgeräte?«

»Laufbänder, Rudermaschinen, Stepper, Spinning-Bikes. Fitnessstudios wollen immer das Neueste. Aber Hunderte, Tausende von Firmen und Schulen kaufen gern ältere Modelle.« Dieser Handel laufe dann über ihn, berichtete er, er kaufe die Geräte von Fitness-Studios und Trainingszentren auf und verkaufe sie dann weiter.

»Aha«, sagte Isa. »Macht das Spaß?«

Svein erklärte, dass Arbeit in Amerika keinen Spaß zu machen brauche. Dass das eine schräge europäische Auffassung sei, Arbeit, die Spaß macht. Diese Ansicht gefiel mir und bestätigte, was ich schon vorher über ihn gedacht hatte: Er wäre der Letzte, der mich verurteilte, weil ich einen blöden Job hatte.

»Okay, äh, gibt dir die Arbeit … was du darin suchst?«, fragte Isa.

»Ich suche in meiner Arbeit nichts. Damit lässt sich gutes Geld verdienen. Jeder macht Work-outs. Gehst du nicht ins Fitnessstudio?«

»Ich?«, fragte Isa. »Wofür hältst du mich?«

»Du hast einen guten Körper. Nicht schlaff. Kräftig und fit. Das kommt nicht von selbst.«

»Das kommt wohl von selbst. Einfach nicht jeden Tag solche Portionen Eis essen und keinen Wein trinken.«

Weil Isa am Steuer saß, konnte ich kaum etwas von ihr sehen, aber ich spürte, dass die Worte ihr schmeichelten. Warum konnte er achtlos so ein Kompliment machen, ich dagegen, wenn ich etwas über ihren Körper sagte … ich sagte nie etwas über ihren Körper, fiel mir ein. Jetzt berührte Svein ihre Schulter, sehr vertraulich, wie es eine gute Freundin täte.

»Oh, und ich habe übrigens auch einen kleinen Tattoo-Laden. Nicht kommerziell, eher für Freunde und Bekannte. Also, wenn du eine schöne Tätowierung willst, beispielsweise direkt über deinem Hintern, dann …«

»Hör mal, bist du des Teufels?!«

»Vielleicht einen hübschen kleinen Delphin?«

»Idiot!«

Sie lachte, gab ihm einen Schubs und zog damit gleichzeitig am Lenkrad. Das Wohnmobil schwankte und das Besteck klapperte in der Schublade.

»Heh«, rief ich. Jetzt fühlte ich mich wirklich krank. Zugleich mit meinem Magen füllte sich mein Kopf mit flüssigem Blei. Sie hatten gelacht. Über die Vorstellung von einer Tätowierung auf ihrem Hintern.

»Pass bloß auf!«, sagte Svein todernst. »Ich werde von Ægishjálmur beschützt …«

Er zog seinen Hemdsärmel hoch und entblößte die Tätowierung vom Helm des Ægir.

»Hast du das selbst gestochen?«

»Na klar! Gefällt es dir?«

Isa begann in etwas zu belehrendem Ton zu erklären, dass für sie Runen- oder Tribaltattoos ein Zeichen von Leere seien, seelenlose Symbolik. Sie führte die Hipsterkultur an, und Ironie als Lebenshaltung. Nachdem sie fertig war mit ihrem Vortrag, blieb es eine Weile still.

»Ich will, dass du das zurücknimmst«, sagte Svein. Es klang drohend.

»Wie bitte?«

»Das ist kein Witz.« Er streckte ihr seinen tätowierten Arm hin. »Ich werde von Ægishjálmur beschützt. Seine Kraft strahlt auf euch aus. Davon profitiert auch ihr. Mach dich nie mehr über das Symbol lustig. Du überschreitest eine Grenze.«

»Oh, tut mir leid. Ich wusste nicht, dass es eine Religion ist.« Isa schien von seiner Standpauke nicht besonders beeindruckt, nicht wie ich es war. Ich erstarrte fast in Ehrfurcht, mir brach der Schweiß aus.

»Anhalten!« rief ich. »Bitte anhalten.«

»Was ist denn?«, rief Isa.

»Ich muss ...«

Sie bremste, mit zwei Rädern auf dem Schotter des schmalen Randstreifens kamen wir zum Stehen.

»Ich stehe halb auf der Straße, Tiddo. Was ...«

Ich löste den Sicherheitsgurt und stolperte zur Badkabine. Dort reiherte ich in die Chemietoilette.

Achtzig Autokilometer sind in Island ziemlich viel, vor allem, wenn dir schlecht ist und ein Anhalter mit deiner Frau flirtet. Jetzt erzählte Isa von ihrer Arbeit. Typisch Isa, sie versuchte gar nicht, kurz und womöglich unterhaltsam zu berichten. Sie konnte sich einfach nicht vorstellen, dass jemand einen Bericht über *Green Fluorescent Proteins* uninteressant finden könnte. Sie erklärte umständlich, was ein fluoriszierendes Protein war, wie dieses Eiweiß in der Aequorea victoria, der Kristallqualle, im Ozean bei Nordamerika entdeckt worden war und wie es in der Molekularbiologie Verwendung gefunden hatte. Natürlich informierte sie Svein auch bis ins kleinste Detail über ihre derzeitige Forschungsarbeit: die Herstellung von Antikörpern in fluoriszierenden

Proteinen. Svein, der Heuchler, lauschte atemlos den für ihn zweifellos unbegreiflichen Ausführungen; ab und zu fiel ihm diese Haarsträhne ins Gesicht und verdammt, er wusste, dass er damit umwerfend aussah. Jonathan war eingeschlafen, sein Kopf sank auf meine Schulter. Seine Lehrer hielten ihn für einen ganz normalen Jungen. Vor einem halben Jahr hatte er erzählt, dass er sich in der Schule immer bemühte, als Erster das Klassenzimmer zu betreten, damit er vorn sitzen konnte, allein. Ich hatte ihn nach dem Grund gefragt und er hatte geantwortet, dass er es schrecklich finde, wie seine Klassenkameraden ihn ansehen, wenn sie denken, dass er sich womöglich neben sie setzen könnte. Über solche Themen, darüber mussten wir reden, auch dafür waren diese Ferien da. Sein Skizzenbuch lag vor ihm, es gelang mir, es zu nehmen, ohne ihn zu wecken. Als Letztes hatte er Eisschollen gezeichnet, das konnte ich erkennen, aber jede Eisscholle war zu einem hungrigen Monster geworden, mit aufgerissenem Rachen. In diesem Rachen verschwanden Menschen, winzig wie Ameisen.

15

Höfn war ein bisschen größer und nicht ganz so hässlich wie das, was ich bisher gesehen hatte. Man sprach es »Höpn« aus, brachte Svein uns bei, und es bedeutete schlicht »Hafen«. Die Lage an der kleinen Bucht war absurd malerisch. Dass dort kein einziges schönes Gebäude stand, konnte man so einem Dorf nicht übelnehmen, es lag einfach in seiner ganzen prachtvollen Hässlichkeit da, und das hatte etwas Sympathisches. Ich konnte mir durchaus vorstellen, hier mit meiner Familie zu wohnen und glücklich zu werden. Reykjavík lag gut vierhundert Kilometer entfernt, also musste man nie ins Theater oder in ein Konzert. Die Aussicht auf vier oder fünf Gletscher, kilometerweit weg, war die schönste, die ich je von einem Küstenort aus gesehen hatte. Im Süden das Meer, im Norden die Gletscher. All das sah man vom Campingplatz aus, der auf einem kleinen, leicht abschüssigen Hügel lag. Svein fragte, ob es mir wieder ein bisschen bessergehe. Die Frage war freundlich gemeint, aber mir wäre es lieber gewesen, Isa hätte gefragt. Ich antwortete, mir gehe es ausgezeichnet, mir sei einfach übel geworden vom Hintensitzen. Svein wollte uns unbedingt zum Essen in ein Restaurant am Hafen mitnehmen, er könne dort einen Preisnachlass bekommen, denn er kenne den Eigentümer. Ich sagte, dass es absolut nicht in Frage käme, für uns mitzuzahlen, denn er fahre zwar mit uns, aber für den Gegenwert einer solchen Einladung könne er genauso gut nach Afrika fliegen. Es kam ein bisschen ungehalten heraus, fürchte ich, als ob ich mir wünschte, dass er tatsächlich nach Afrika fliegt, ohne ein Ticket für den Rückflug. Wir einigten uns darauf, dass er für sich selbst zahlen und uns ein Getränk ausgeben würde. Svein ließ sich unwillig darauf ein. »*You are Dutch*«, beendete er die Diskussion. »*I get that.*«

Das Restaurant, ein Haus mit Wellblechdach, stand auf einem Deich mit Blick auf den Hafen. Innen lauter Holz, dunkel gebeizte Balken, skandinavische Gemütlichkeit, die man leicht mit Melancholie und Depression verwechseln konnte. Wir aßen Hummer, Kaisergranat, mit Salat und einer Ofenkartoffel. Es war das teuerste Essen-bei-dem-man-hungrig-vom-Tisch-aufsteht, das ich je hatte. Die Kaiserhummer waren wirklich köstlich und stammten dazu noch von dem Schiff, das draußen im Hafen lag. Der Wein kostete zehntausend Kronen. Isa erzählte noch immer von ihrer Arbeit, und Svein lauschte mit unverminderter Aufmerksamkeit. Er hatte seine Mütze ganz von allein abgenommen. Jonathan zeichnete einen Riesenhummer in sein Heft. Zwischen den Scheren hielt das Tier winzig kleine, zappelnde Körperchen, komplett schwarz. Er arbeitete immer zuerst mit Bleistift und zog dann die gut getroffenen Linien mit einem schwarzen

Fineliner nach, wodurch seine Zeichnungen irgendwie an Comics erinnerten. Svein bestellte ohne mit der Wimper zu zucken eine weitere Flasche Wein. Wenn er den Eigentümer kannte, warum war der noch nicht an unseren Tisch gekommen? Svein trank übrigens mit Abstand den meisten Wein.

»Gib mir mal den Stift«, sagte Svein zu Jonathan.

Mit erwartungsvollem Blick tat mein Sohn, worum er gebeten wurde. Der Anhalter packte Jonathans Arm und legte ihn ausgestreckt auf den Tisch, mit der Handfläche nach oben.

»Mach eine Faust.«

Jonathan tat es. Svein malte mit dem Fineliner einen kerzengeraden, etwa zehn Zentimeter langen Strich auf den Unterarm. Im rechten Winkel dazu zog er einen zweiten, exakt gleich langen.

»Svein«, protestierte Isa. Er überhörte es, und sie griff nicht ein. Binnen einer Minute war ein perfekter Helm des Ægir auf Jonathans Arm zu sehen.

»Jetzt bist du geschützt.«

»Wovor?«

Ich fand, das war eine gute Frage meines Sohns. Da hast du eine Spritze, jetzt bist du geschützt.

»Ja«, sagte ich. »Wovor, Svein? Vor Masern? Polio?«

»Vor dem Bösen dieser Welt, liebster Tiddo.«

Ich sah, dass ich ihn beleidigt hatte.

»Was ist das Böse dieser Welt?«, fragte ich. Ließ ich mich von seiner vagen Mystik mitreißen, oder war die Frage kritisch gemeint? Ich wusste es selbst nicht.

»Das«, sagte Svein mit erhobenem Finger, »das sind wir meist selbst.«

Nachdem die Rechnung bezahlt war (ich hatte nicht den Eindruck, dass wir Rabatt bekommen hatten, aber Svein behauptete, der Wirt habe nur eine Flasche Wein auf die Rechnung gesetzt), schlenderten wir zum Wohnmobil zurück. Ich ging mit Svein voran, er bot mir Schnupftabak an und ich nahm eine Prise, die ich besser vertrug als beim ersten Versuch. Ein wunderbares Brennen füllte meinen Kopf, schien durch die kleinste Ritze in meinem Schädel zu dringen. Lauter Windungen, die sich öffneten, um durchgepustet zu werden. Ein leichter Schmerz blieb, dann war es vorbei, ich musste niesen und mir liefen die Tränen.

»Ich brauche noch einen Tag«, sagte Svein. Seine dunkle Stimme war leise, aber ohrenbetäubend, wie die letzten Noten einer Arie. Zuerst begriff ich nicht, was er meinte, und versuchte, seine Bemerkung auf die Fitnessgeräte zu beziehen.

»Einen Tag«, sagte ich, um Zeit zu gewinnen.

»Bist du glücklich, Tiddo? Mit ihr?«

»Ja«, sagte ich bestimmt. »Nein.«

»Wärst du glücklich ohne sie?«

»Nein«, sagte ich entschieden.

»Sie ist eine faszinierende Frau. Als sie von ihrer Arbeit erzählte, *the story with the proteins*? Tsss, eine Frau, der man kaum folgen kann, für die man sich enorm anstrengen muss, ist so *fucking sexy*.«

War das so? Isas Arbeit begreifen zu wollen hatte ich

längst aufgegeben. Und eine Frau, die klüger ist als man selbst, ist auch nicht sexy. Man verliebt sich hoffnungslos, heiratet, kriegt ein Kind, danach zwei Fehlgeburten, und auf einmal ist da nichts mehr, weil man nie mehr zusammen lacht, nichts mehr teilt und vergisst, sich zu berühren. Aber ich hatte keine Lust, es ihm zu erklären.

»*You know*, wovon sie geredet hat. Von ihrer Arbeit. Eigentlich bin ich so ein fluoriszierendes Protein.«

Mein Gott, was faselte er da wieder für einen Unsinn? War das eine Form der Manipulation, die ich noch nicht kannte? Svein als Protein.

»Ein fluoriszierendes Protein. Ich bin gewissermaßen in eure Zelle eingedrungen und leuchte dort alles aus. Damit alles klar wird. Das ist der Grund, warum mich das Schicksal auf euren Weg gebracht hat. Um Dinge sichtbar zu machen.«

»Ach so, na gut«, sagte ich artig. Dass er sich nicht schämte, solchen Nonsens zu reden, war doch unerhört. »Krieg ich noch eine Prise?«

Er reichte mir das Döschen. Ich schraubte den Deckel ab, nahm ein wenig Schnupftabak zwischen Daumen und Zeigefinger und zog ihn von dort in meine Nase. Au. Das tat gut.

»Behalte es doch«, sagte er. »Ich habe noch mehr.«

Er fing wieder an, eine Geschichte zu erzählen, vom Helden Thormóður, der zwei Frauen kennenlernt, eine mit dunklen Haaren und wilden braunen Augen, die andere mit heller Haut und Augen wie Spiegel. »›Womit willst du ihn beschenken?‹, fragt die Dunkle. Die Blonde mit der Sonne in den Augen verspricht ihm ein glückliches Leben, einen Bauernhof mit hundert Tieren, Diener, zwei schöne Töchter wie helle Sterne, und sie selbst wird die Sonne sein. Die dunkle Frau sagt: ›Ich bringe ihm die größte Armut, die ein Mensch ertragen kann, ich schenke ihm drei Töchter, dunkel wie der Tod, ihre Namen sind Nacht, Stille und Einsamkeit. Trotzdem wird er zu meinen Füßen ein größeres Glück finden, als Himmel oder Erde ihm je geben könnten, bis die Welt endet und die Götter gestorben sind.‹ Nun, für welche entscheidest du dich, Tiddo?«

Wie er meinen holländischen Namen aussprach, das nahm mich noch immer für ihn ein. Jedes Mal, wenn ich zu ihm aufsah, war ich beeindruckt, trotz des uferlosen Blödsinns, den er von sich gab. Dieser angespannte Kiefer, mit noch etwas längeren blonden Stoppeln. Das Mützchen, das seiner Schönheit ein wenig das Einschüchternde nahm. Er sagte nichts. Die Sonne war hinter den Bergen versunken, ohne die Helligkeit mitzunehmen. Die fernen Gletscher schimmerten stumpf im Abendlicht, der wolkenlose Himmel war dunkelblau. Man hätte uns den ganzen Tag über für eine kleine Familie halten können, mit Svein als Onkel oder Jonathans älteren Halbbruder, doch nun stellte sich die praktische Frage, wo Svein eigentlich schlafen würde. Es war Isa, die diese Frage tatsächlich aussprach.

»*O fuck*«, sagte Svein. »Das hab ich doch glatt vergessen.« Er begann zu lachen, um uns zu zeigen, dass er sich diesen Schnitzer bereits verziehen hatte. Wir standen betreten daneben, als ob es unsere Aufgabe wäre, ihn an den Ernst der Lage zu erinnern.

»Macht euch keine Gedanken, wirklich, ich muss mal kurz telefonieren. Das ist gleich geregelt.«

Svein ging, mit dem Telefon am Ohr, in Richtung der kleinen Toilettenanlage. Ich dachte: Du lügst. Du wolltest bei uns schlafen, im Hochbett über Jonathan. Sein Telefonat dauerte nicht lang. Er sagte, dass er eine Nacht bei einer befreundeten Familie übernachten könne. Wenn wir ihn morgen früh noch ein Stück mitnähmen, bis zu den Ostfjorden, dann wäre das *supernice.*

»Wir brechen um zehn auf«, sagte Isa. Sie war schneller, als ich gedacht und womöglich auch gehofft hatte.

Svein verließ das Gelände, in der Ferne hinter ihm leuchteten die Gletscher im Abendlicht auf. Er lief aus dem Bild wie ein Schauspieler, der die Bühne hinter sich leer zurücklässt. Isa schickte Jonathan ins Bett, danach schauten wir zusammen noch eine Weile auf die fernen Berge, wie die Abendsonne unter der Eiskappe des Vatnajökull verschwand.

»Schön«, sagte ich, und sie stimmte zu. Fünf Gletscher nebeneinander, drei waren von unserem Standplatz noch gut zu sehen, jeder für sich glitt einsam in seinem eigenen Tal zu der stillen Bucht hinab, oben im Hochland waren alle drei an der riesigen Eiskappe festgeschmiedet. Auf dem Bild vor uns stand alles still, aber die Gletscher bewegten sich, brachen, schabten und schliffen sich ab in Zeiteinheiten, die wir Menschen nicht wahrnehmen können. Isa schmiegte ihren Kopf an meine Schulter und seufzte. Ein Zittern durchfuhr mich, Gänsehaut bis zu den Waden. Ich legte meinen Arm um ihre Taille, es war wunderbar, ihre biegsamen Hüften zu spüren, und mir ging das Herz über, wegen ihrer Hüften und wegen der Berge und Gletscher. Es ist doch nicht umsonst gewesen, dachte ich.

»Weißt du noch, Isa, dass wir vor diesem Gemälde standen und nicht verstanden, was es bedeuten sollte? Du hast damals gesagt, dass es vielleicht etwas auslösen müsse. Wenn man auf diese Berge schaut ...«

»Was für ein Bild?«

»*Cathedra!*«

Sie begann zu lachen. Ihre Locken wippten neckisch an meinem Hals entlang.

»Oh, dieses aufgeschlitzte Bild. Das ist lange her. Wie kommst du so plötzlich da drauf?«

Ich konnte es mir jetzt nicht erlauben, meine Enttäuschung zu zeigen.

»Sag mal, findest du es eigentlich okay?«, fragte Isa.

Ich begriff nicht, was sie meinte. Ob ich die Berge okay fand? Oder dass wir so dastanden, sie mit ihrem Kopf auf meiner Schulter, dass ihre Locken verführerisch meinen Hals kitzelten?

»Wegen Svein? Dass er morgen noch ein Stück mit uns fährt?«, fuhr sie fort.

»Oh, das! Ja sicher, kein Problem. Ist doch unterhaltsam?«

»Ach, ich weiß nicht.« Sie hob den Kopf von meiner Schulter und legte stattdessen ihre Hand darauf. Sie rieb sogar kurz. »Ich denke, Jonathan wird es bestimmt gefallen.«

Es ging gut, alles ging sehr gut. Das sagte ich mir, und verdammt, es fiel nicht schwer, daran zu glauben.

Ein paar Minuten später lagen wir in unserer Schlafkoje. »Vergiss nicht, morgen noch mal deine Mutter anzurufen«, sagte Isa. »Es muss doch komisch für sie gewesen sein, dass das Gespräch so plötzlich weg war.«

Sie gab mir einen Kuss auf die Stirn und drehte sich um. Ich streichelte ihre Locken, die auf dem Kissen lagen. Ich musste versuchen, das Gefühl von grade eben festzuhalten. Sveins Geschichte über diese Frauen spukte mir immer noch durch den Kopf. Die dunkle Femme fatale und die blonde Hingebungsvolle. Welche von den zweien war Isa? Sie hatte von beiden etwas. Hatte er das etwa gemeint? Dass man keine Wahl hat? Vielleicht meinte er gar nichts damit und hörte sich nur gern reden. An diesem Abend schlief ich vor Isa ein und verpasste damit ihr süßes Atmen.

16

Liebe Mutter,

nur in Gedanken schreibe ich diesen Brief, aber ich werde trotzdem versuchen, meine Sätze so zu formulieren, als ob ich sie wirklich schreibe. Das bin ich meiner Mutter schließlich schuldig, präzise zu denken und zu schreiben. Präzise zu schreiben bedeutet, präzise zu denken. Wissen Sie, das habe ich irgendwo gelesen. Ich sieze gern, nicht um Distanz herzustellen, sondern im Gegenteil, um mir die Liebe und die Hochachtung, die ich als Kind empfand, in Erinnerung zu rufen. Ich weiß nicht mehr, wann ich mit dem Duzen anfing, es muss ein Akt der Rebellion gewesen sein, ich wollte garantiert sehen, ob ich damit durchkam. Hat man erst einmal jemanden geduzt, dann kann man nicht mehr zurück, selbst wenn man es gern möchte. Das ist ein merkwürdiges Phänomen. Aber ich schweife ab, denn ich wollte berichten, wie es uns in Island ergeht. Schließlich haben Sie kräftig in diese Reise investiert! – Dafür noch meinen Dank, hatte ich das bisher versäumt? Nun, alles läuft wie am Schnürchen, wenn auch völlig anders, als ich erwartet hatte. Das Land ist atemberaubend, vor allem, seit wir die Touristenhorden hinter uns gelassen haben; aber das Land kann nicht zwei Menschen einander näherbringen; es liegt halt da und ist ein bisschen schön und ein bisschen griesgrämig, man kann es lange ansehen, doch was der andere sieht, das weiß man nicht genau, selbst wenn er neben einem steht. Aber mir geht es gut, das kann ich versichern. Heute Abend hat Isa ihren Kopf auf meine Schulter gelegt. Es tut sich also etwas, obwohl es nicht von selbst geht. Offenbar brauchte es jemanden als Katalysator. Dieser Jemand ist aufgetaucht, in der Person von Svein, einem Anhalter, den wir aufgelesen haben. Er ist ein echter Isländer, lebt aber derzeit in Amerika. Warum er hier per Autostopp unterwegs ist, durchschaue ich noch nicht richtig. Ich glaube, dass er es mit der Wahrheit nicht so genau nimmt. Aber in einem ist er aufrichtig: Er will helfen. Und ich glaube, dass er das auch kann. Er hat eine Gabe. Und wir haben auch schon einiges erreicht. Ich fühle, dass ich Isa näherkomme und sie mir auch. Ab und zu habe ich meine Zweifel, was Svein anbelangt, aber das sagt vielleicht mehr über mich als über ihn. Ich denke gelegentlich an die Decken, die Sie früher als Schutz über die Couch gebreitet haben. Svein habe ich ohne Schutzmaßnahmen an mich herangelassen, so muss man das eigentlich sehen.

Für das Geld habe ich noch keine Verwendung gefunden. Es steckt noch unberührt in dem Umschlag. Ich habe Isa auch nichts von dem Geld erzählt. Sie würde Sie anrufen wollen, um zu sagen, dass es doch heller

Wahnsinn sei und dass wir es nicht annehmen könnten. Das wäre natürlich schade.

Ich schicke diesen Brief ab und, schwuppdiwupp, weg ist er, er fliegt über den Ozean, segelt über die Dächer, dringt durch die Mauern – und weht so in die Gedanken meiner geliebten Mutter.

Alles Liebe,
Tiddo

17

Der nächste Morgen begann mit Streit. Ich kramte gerade halbnackt in dem Stapel Kleider, der auf der Sitzbank lag, nach meiner Hose. Ich erwischte sie an den Beinen, hielt sie dadurch kopfüber und die Schnupftabakdose rutschte aus der Hosentasche. Es klapperte auf dem Boden. Isa war sofort alarmiert.

»Was ist das?«

Ich suchte nach einer Ausrede: »Keine Ahnung, das hat mir jemand in die Tasche gesteckt«, aber ich kannte Isa, Isa schluckte keine Ausreden.

»Das ist Sveins Schnupftabak.«

Sie schien kurz aus der Fassung zu sein. Das konnte ich nachvollziehen, es war auch merkwürdig.

»Und was hast du damit zu tun?«

»Nichts, ich muss es, äh, zurückgeben.«

»Red nicht um den heißen Brei herum, Tiddo! Wieso hast du diese Dose?«

»Komm schon, es ist nichts, das Zeug ist völlig harmlos, beim Schnupfen denkt man natürlich gleich, äh …«

»Das denke ich in der Tat. Und du hast mir noch immer nicht erklärt, wie es bei dir gelandet ist und was du damit machst.« Erhobene Stimme. Stille. Scham, tiefe

Scham, dass Jonathan das mit anhören musste. Er stellte sich schlafend.

»Das lasse ich mir nicht bieten!«

Es war lange her, dass sie mich angeschrien hatte. Ich begreife nicht, warum Leute herumschreien, es ist das Einzige, was mich mit Sicherheit zum Ausrasten bringt. Verdammt nochmal, bei Ehebruch darf man herumschreien, ja, in flagranti ertappt. Ich bin nie fremdgegangen und zwar nicht, weil sich keine Gelegenheiten geboten hätten! Aber ich bin eine wirklich treue Seele (und obendrein noch ein Feigling, zugegeben), und ich liebe meine Frau und habe nie eine andere auch nur angerührt. Und dann wird einem wegen einem Döschen Schnupftabak eine Szene gemacht.

»Okay, okay!« Jetzt wurde ich in meiner Wut ebenfalls laut. »Du musst nicht herumschreien, ich stehe direkt neben dir!«

»Also, ich höre!«

»Er hat mir das Döschen gegeben. Ich habe es eingesteckt. Das ist alles.«

Sie starrte mich an, erwartete mehr.

»Ich habe es ein einziges Mal probiert. Es riecht nach Menthol. Man kriegt davon tränende Augen. Ich gebe es gleich zurück.«

»Es geht nicht nur um dieses Döschen. Es geht darum, dass du etwas vor mir verbirgst. Weißt du, was du damit sagst? Dass ich dir egal bin, Tiddo, das sagst du damit!«

Ruhe und den Überblick behalten, kein Kontra geben, ihr Gefühl anerkennen. Verdammt, ich schaffte es nicht, es fühlte sich an, als ob ich wieder ganz bei Null anfangen müsste.

»Das ist so erniedrigend für mich, Tiddo«, fuhr sie fort, »wenn du solche Sachen ohne mein Wissen machst. Als ob ich ein Goldfisch wäre, den du vollquatschst, wenn gerade kein anderer da ist.«

Ich ließ mich auf die Bank sinken, auf den Kleiderberg. Damit strahlte ich Gelassenheit aus und das Bewusstsein, dass es hier um Wichtigeres ging als um zerknitterte Wäsche.

»Wir haben diese Diskussion schon öfter geführt, Isa, es ist …«

»Gerade deshalb solltest du diese Diskussion endlich ernst nehmen. Statt dich mutlos und, und … desinteressiert auf die schmutzige Wäsche zu setzen.«

Ich stand wieder auf.

»Es tut mir leid, Isa, es war dumm, aber wirklich, es ist nichts …«

»Es geht überhaupt nicht um dieses blöde Döschen! Du begreifst es nicht. Ich denke nicht einmal, dass du Dinge absichtlich verbirgst, aber du sagst einfach nichts. Erzähl es mir doch einfach, damit ich nicht umsonst hier bin! Was hast du mir alles noch nicht erzählt?«

»Was für ein Schwachsinn!«, fiel ich aus meiner Rolle des geschlagenen Hundes. »Was ist das doch für ein unglaublicher Schwachsinn.«

Es erleichterte enorm, das Wort »Schwachsinn« auszusprechen, nicht laut, aber mit der Diktion eines Kindes, das einen Pistolenschuss nachahmt. Wie immer kam gleich nach dem Wutausbruch die Reue. Isa lief noch immer im BH herum, einem schönen, schwarzen Bügel-BH, in dem ihre Brüste noch lilienweißer und noch verbotener lockten. Gestern war es doch so gemütlich, wollte ich sagen, und du bist so schön. Aber damit beendet man keinen Streit.

»Was ich sage, ist also Schwachsinn?«

Meine Wut war schon wieder verflogen, ich fühlte, dass ich einen Rückzieher machen musste, um die Einrichtung des Wohnmobils zu retten.

»Ja, nein, ich erzähle ja auch Schwachsinn, du und ich, es ist einfach alles, ach …«

»Ja, Schwachsinn. Okay, aber schreib es dir hinter die Ohren: Dieser Svein kommt hier nicht mehr rein!«

Die Gelegenheit, wieder aus der Ecke herauszukommen, in die sie mich gedrängt hatte, ließ ich nicht verstreichen.

»Du hast es ihm versprochen, Isa. Dieses Mal hast du es ihm versprochen.«

In dem Augenblick kam mir Jonathan zu Hilfe.

»Ja, Mama, du hast es versprochen.«

Es waren die ersten Worte, die er an diesem Tag sprach. Nichts ist beschämender, als sich vor den Augen des eigenen Kindes zu streiten, außer heimlichem und leisem Streit, damit ihn das Kind nicht hört, das ist noch schlimmer. Damit gibt man im Flüsterton zu verstehen, dass es nie mehr gut wird. So waren wir nicht, wir stritten uns offen und hatten in den vergangenen Jahren gelernt, dass man kleine Zankereien nicht jedesmal gleich wieder schönreden muss. Die Zeit nahm ihnen die Schärfe, und dann konnten wir in aller Ruhe darüber sprechen. Nach dem Streit ging ich also eine Weile vor die Tür. Dann stand ich auch nicht im Weg, wenn sich Isa weiter anzog. Draußen sah es wieder super aus, langgezogene weiße Wolken, die Gletscher jenseits der Bucht badeten im Sonnenschein. Auf dem Campingplatz fuhr ein Junge Kettcar. Es war derselbe Knirps wie in Skaftafell. Auch auf diesem Platz blieb er in einer morastigen Pfütze hängen, und wieder wippte er mit dem Oberkörper vor und zurück, um freizukommen. Außerdem waren ein Dutzend grüne Kuppelzelte aufgebaut. War uns etwa der ganze Campingplatz von Skaftafell nachgereist?

Wir frühstückten, ich hatte Spiegeleier gebraten, um Jonathan zu beweisen, dass alles okay war, dass in unserer Familie ein kleiner Streit nichts weiter zu bedeuten hat, was er natürlich sehr gut wusste. Wir hatten auch Dickmilch mit braunem Zucker, aber seit Svein seinen Ekel demonstriert hatte, schmeckte sie mir auch nicht mehr. Das Prickeln auf der Zunge konnte nur eine Warnung für schon verdorben sein.

Svein polterte herein, wie gestern, und brachte auch heute den Wind mit.

»*Nice*, Eier!«, sagte er munter. Zur Dickmilch äußerte er sich nicht, und ich denke, dass er klug daran tat. Ich sagte, dass noch Eier übrig seien, und deutete auf die Bratpfanne auf dem Herd. Er griff sich, ohne zu fragen, eine Scheibe Brot, knallte den Rest Spiegelei darauf und begann gierig zu essen. Hatte er dort, wo er übernachtet hatte, kein Frühstück bekommen? Ich fand, dass er ziemlich zerknittert aussah, nicht, als ob er aus einem erquickenden Schlaf erwacht wäre, eher, als hätte er die Nacht in einem Umzugskarton an der Straße verbracht. Woran ich das sah, konnte ich nicht sagen, die Fältchen um seine Augen wirkten tiefer, die stahlblauen Augen weicher, eingesunkener. Außerdem stank er nach fettigen Haaren und nach Fisch. Er brauche noch einen Tag, das waren die letzten Worte, die er gestern Abend zu mir gesagt hatte. Einen Tag. Merkwürdig, ich fing an, mich auf diesen Tag zu freuen. Ohne Svein wäre dieser Tag verlorene Zeit gewesen, zerrieben in unserem Schweigen nach dem Streit. Jetzt war noch alles offen.

18

Isa ergriff wieder die Initiative, sie bestimmte, dass ich fahren und Svein neben mir sitzen solle. Das war mir recht, denn am Lenkrad konnte ich mich als Chef fühlen, auch über Svein, den langen, stinkenden Wikinger. Wir gingen im Höfner Supermarkt einkaufen. Svein schwatzte uns allerlei isländische Delikatessen auf, harte Kekse, die *Snúður* hießen, Roggenbrot und *Skyr* – eine Art Quark, der seiner Meinung nach besser schmeckte als Dickmilch. Den Stockfisch, den er uns in den Einkaufswagen legen wollte, musste er wieder zurückbringen. Wir trafen ihn später bei den Toilettenartikeln wieder, er sprühte gerade eine Dose Deo an seinem Hals leer. *»I guess I'll have to buy it now«*, war sein Kommentar. Offenbar hätte er die Dose einfach ins Regal zurückgestellt, wenn wir ihn nicht erwischt hätten. Isa begann zu lachen. Ich fragte mich, ob sie auch gelacht hätte, wenn sie mich dasselbe hätte tun sehen.

»Es ist, als ob man ein Kind dabeihätte«, sagte ich zu Isa in dem Versuch, mich locker und väterlich zu geben. Außer dem Deo kaufte Svein sechs Dosen Malzbier. Echtes Bier gab es hier nicht. Isa bezahlte an der Kasse ein kleines Vermögen und ich fühlte mich schuldig, weil ich noch kein einziges Mal die Einkäufe bezahlt hatte und der Umschlag mit Mutters Geld noch immer unten in meinem Koffer lag. Geld, das ich nicht einfach herausholen konnte. Kurz darauf ließen wir, auf dem Weg zu den Ostfjorden, die Südküste und die Gletscher hinter uns. Svein erzählte mir Geschichten vom Riesen Ymir, aus dem die Welt erschaffen wurde. Dieser Ymir war einst aus dem Ureis der Gletscher entstanden, die wegen der heißen Quellen geschmolzen waren. Ymir wurde von ein paar Grobianen getötet und aus seinem Körper entstand das Land, aus seinem Blut das Meer und die Zwerge Norðri, Austri, Vestri und Suðri machten aus seinem Schädel das Himmelsgewölbe. Ich wurde ganz genervt davon und hätte am liebsten gesagt, was für ein Schwachsinn das doch war, aber das würde Isa an unseren Streit erinnern. Es war besser, wenn die Atmosphäre entspannt blieb. Von hinten fragte Jonathan, der offenbar alles mithören konnte, ob dieser Ymir gut oder böse war.

»Böse«, sagte Svein. »Sehr böse.«

»Aber wenn es durch ihn das Land gibt, dann ist er doch gut?«

Es machte mich stolz, dass Jonathan so einen Satz auf Englisch zusammensetzen konnte, aber ich fürchtete gleichzeitig, dass er Sveins baren Unsinn wieder gutgläubig hinnehmen würde.

»Aus etwas Bösem kann etwas Gutes entstehen.«

Statt zu sagen, dass ich es für Geschwätz hielt, fragte ich, ob er diese unwahrscheinlichen Geschichten denn selbst glaube.

»Dies hier ist ein grausames Land aus Feuer und Eis«, predigte Svein mit erhobener Stimme, »das lässt sich nicht leugnen. Dass es hier Land gibt, kommt durch die Vulkane, die Magma aus dem Innersten der Erde spien. Das Feuer hat das Land geschaffen, das Eis hat es geformt und glattgeschliffen, und so haben wir heute Täler mit sanften Hängen und fischreiche Buchten. Ist es dann verwunderlich, wenn Menschen das Eis und das Feuer in der Gestalt merkwürdiger Götter und Riesen anbeten?«

Erschreckend merkwürdig ist das, wollte ich sagen, wenn es um den Hang des Menschen zum Anbeten geht, ist kein Ende der Merkwürdigkeit abzusehen. Aber ich verstand durchaus, dass er eine rhetorische Frage gestellt hatte, deren einziges Ziel es war, mich zum Schweigen zu bringen. Ernst und Ironie waren bei ihm eine ebenso merkwürdige Verbindung eingegangen wie Feuer und Eis in diesem Land – wenn man den Vergleich noch ein Stückchen weiterzog. Svein monologisierte noch eine Weile über Ymir, und wie Maden aus dessen schweißnassen Achselhöhlen herauskamen, die sich in Zwerge verwandelten, und wie aus seinen Füßen Menschen herauswuchsen. Meiner Meinung nach hatte er diesen Unfug schon einmal erzählt, obwohl ich nicht mehr wusste, wann. Vielleicht war er doch nicht der unerschöpfliche Quell von Geschichten, für den wir ihn hielten, sondern ein klägliches Brünnlein, aus dem, wie bei allen Menschen, immer dasselbe Wasser tröpfelte. Ich fürchtete, dass Jonathan das alles in kunstvolle Zeichnungen von

Riesenachseln umsetzen würde. Svein roch noch stark nach dem Deodorant, mit dem er sich in dem Laden eingestänkert hatte (und auf dem Parkplatz hatte er es noch einmal wiederholt, diesmal auch unter dem Pullover), vor allem, wenn er sich bewegte und gestikulierte, konnte man es nicht ausblenden.

»Wenn du das alles für Unsinn hältst, musst du zur Askja gehen.«

»Zu wem?«

Es war das erste Mal, dass er den großen Vulkankrater im Hochland erwähnte und dass es ein »mystischer Ort« sei. Wenn Isa das Wort »mystisch« hört, bekommt sie rote Flecken am Hals und sucht das Weite. Zum Glück hörte sie es nicht. Svein nannte zwei Seen, den großen Öskjuvatn und den kleinen Mineralsee Víti.

»Wenn du dort stehst, genau zwischen den beiden Seen, wirst du ein anderer Mensch.«

Er redete noch eine Weile weiter, über ganz andere Dinge wie Hákarl – fermentierten Gammelhai – und andere isländische Leckereien, ich hörte nur mit halbem Ohr hin und nach einer Weile wurde es still. Ich sah, dass er eingeschlafen war. Sein Kopf neigte sich nach rechts und lag fast auf seiner Schulter, sein breiter Mund stand offen. Kurz darauf hörte man ein lautes, unregelmäßiges Schnarchen. Ich sah nach hinten zu Isa und Jonathan, hungrig nach einem Blick des Einvernehmens, nach jenem Blick, den die Mitglieder einer Gruppe wechseln, wenn einer von ihnen schläft, und der den Bund der Wachen bestärkt, der Starken, die pflichtbewusst auf die Schwächeren aufpassen, auf die müden Schläfer. Aber Jonathan zeichnete und Isa sah aus dem Fenster. Zwischen uns wurde nichts gewechselt, nicht einmal ein Blick.

Mit dem schnarchenden Anhalter neben mir fuhr ich jetzt durch eine vollkommen veränderte Landschaft. Die Ringstraße schlängelte sich an der Fjordküste entlang, kahl und grau flankierten die Berge die linke Straßenseite wie eine alte Burgmauer. Am Ende des Fjords lagen weite, totenstille Täler mit einem oder zwei weißen Gehöften, mit Schafen und Heu, sonst gab es nichts. Stahlkonstruktionen, die wie Überbleibsel eines Militäreinsatzes wirkten, überbrückten die zahllosen Gletscherbäche. Umso mehr erwies sich die Ringstraße als eine Verbindung, die nur ein Verkehrsweg auf Zeit sein konnte. Eines Tages würden die Menschen hier wegmüssen, was hatten sie hier zu suchen, wie konnten sie dem ruhelosen Land und der ewig nagenden See noch länger standhalten? Gerade die Unmöglichkeit dieser Straße brachte mir das Gefühl von Ruhe und die Leere, nach der ich mich so gesehnt hatte. Die Geysire und Gletscher erschienen mir plötzlich wie Attraktionen in einem Vergnügungspark. Hier an der Ostküste bot die Erde keine Spektakel, war dadurch freilich umso unübersehbarer präsent. Ich drehte mich noch einmal um und sah, dass Isa und Jonathan ebenfalls eingenickt waren. Ich dachte über unseren Streit von heute früh nach. Wenn sie sich nichts aus mir machte, was störte sie sich dann an dieser kleinen Dose? Selbst wenn ich Zigarren rauchen oder

Kokain schnupfen würde, müsste es ihr doch egal sein, wenn ich ihr nichts bedeutete? Ich dachte an die Kathedrale von Chartres, die den elegantesten Innenraum aller gotischen Kathedralen hat, in der die Steinbögen wie Zweige aus den Säulen zu wachsen scheinen, um an der Decke zu einem innig verwobenen Gewölbe zusammenzukommen, und zwar um das Dach zu tragen, aus architektonischer Notwendigkeit, nicht als Koketterie. Es war Sommer, der verregnete Sommer nach der zweiten Fehlgeburt. Fehlgeburt klingt anders als »totgeborene Tochter«, aber es ist doch nicht sehr weit voneinander entfernt. Zumindest nicht für die Person, die so etwas mitmacht. Schon damals hatten wir angefangen, einander Dinge zu verschweigen. Jonathan übernachtete ein paar Tage bei meiner Mutter, wir nahmen uns eine kurze Auszeit. Isa fand Paris zu hektisch und zu frivol, sie verfiel in trübe Gedanken – die von extravaganten Lebenskünstlern bevölkerten Boulevards machten sie traurig. Wir fuhren weiter, fuhren durch das endlose, flache Land südlich von Paris, in dem die Kathedrale von Chartres wie eine Landmarke liegt. Ich weiß noch, wie ich diese Kirche betrat, in der Mitte stehenblieb, zu dieser Decke emporsah und mir die Tränen in die Augen schossen. Ich kämpfte dagegen an und überwand die sentimentale Anwandlung. Auf einem Pult, unweit des Eingangs, lag ein Gästebuch aus. Es war schon zur Hälfte vollgeschrieben. Ich blätterte ein bisschen, sah Namen, kurze Hilferufe mit Ausrufezeichen, da und dort eine etwas längere Geschichte. Der Stift hing an einer Schnur, ich musste die Schnur unter meinen Arm klemmen, damit sie mir beim Schreiben nicht im Weg war. Doch was sollte ich schreiben? Sollte ich mitteilen, dass ich mir gerade die stillen Tränen verkniffen hatte? Ausgelöst von den Hunderten Streben in einem Gewölbe, vom warmen, kostbaren Rot und Dunkelblau in den ergreifenden Bleiglasfenstern?

»In dieser wunderbaren Kathedrale …«, begann ich, ohne genau zu wissen, wie ich fortfahren sollte. Mir fiel nichts ein, ich strich den Satz und setzte mit einer neuen Zeile an, um zu sehen, was stattdessen kommen würde: »Grüß Dich, mein Kind, meine liebe Tochter.« Wieder stiegen mir die Tränen in die Augen, ach, was war das ständig für ein merkwürdiges Bedürfnis zu weinen. Ich fühlte Isa hinter mir, sie las über meine Schulter mit. Ich legte den Arm auf den einfältigen Satz, als wäre er die erste Zeile eines unvergleichlichen Gedichts, das vor neugierigen Blicken geschützt werden musste.

»Ist was?«, fragte sie.

»Ich kann nicht schreiben, wenn du zuschaust. Geh bitte einen Augenblick weg.«

Isa durfte das nicht lesen. Sie erlaubte mir nicht zu glauben, dass in ihrer Gebärmutter ein Mädchen gewachsen war, sie wollte es bei einem geschlechtslosen, namenlosen Embryo belassen. Typisch Isa, fand ich, selbst diese Tragödie mit nüchternem Blick zu betrachten. Ich begriff damals nicht, dass sie auf dem besten Weg in eine schwere Depression war. Wer will schon weg aus Paris? Ich strich auch diese Worte durch und schrieb nur meinen Namen und das Datum, voller Selbstmitleid und ohne einen Gedanken an Isa. Draußen im Regen fand ich sie wieder. Wir sprachen an diesem Tag nicht mehr miteinander, jeder seine eigene kleine Schmerzinsel. Sie war eine Waise, sie war verraten und von ihrem Körper im Stich gelassen worden, sie hatte nur mich, und ich war nicht für sie da. Ich begriff es nicht, es war, als würden mich meine eigenen, in der Kathedrale unterdrückten Tränen so aufwühlen, dass ich in eine Abwärtsspirale von immer mehr Selbstmitleid geriet. In dieser Nacht, als sie von mir abgewandt schlief, schwerer atmend als sonst, streichelte ich ihren Rücken, ihre Beine. Es war das letzte Mal, dass ich ihren Körper bewusst gestreichelt hatte.

Nach einem kleinen Dorf namens Djúpivogur – es hätte der Name eines dieser bösartigen Zwerge aus Sveins Geschichten sein können – bog die Straße ab nach Westen, um erneut die Küstenlinie mit einem dicken Strich zu markieren. Nach ein paar Kilometern wurde die Straße plötzlich einspurig. Die Hringvegur, die Nationalstraße 1, Islands Lebensader, wurde zu einer unbefestigten Schotterpiste.

Drohende Wolken schoben sich von Westen her über die Berge heran, aber kein Regen. Hinter uns schien noch die Sonne. Die Straße wirkte zuerst schön eben, aber beim Blick nach vorn sah man unzählige Schlaglöcher und Spurrillen. Ich wusste nicht recht, ob ich langsamer fahren oder besser die Geschwindigkeit beibehalten sollte, damit man über die Löcher hinwegflog.

»Weißt du, woraus die dunklen Wolken gemacht sind?«

Sveins Stimme klang rau, die schlechte Straße hatte ihn wachgerüttelt und hinten rührten sich auch Isa und Jonathan wieder.

»Aus dem Gedärm von Ymir, das die Zwerge in den Himmel geworfen haben.«

Er ließ ein kehliges Lachen hören, hustete und richtete sich auf.

»Es ist noch ein Stückchen bis Breiðdalsvík.« Jetzt hatte er seinen munteren Ton zurückgefunden. »Nettes Dorf, sehr ruhig, keine Touristen. Schön spazierengehen, schwimmen. Ist das eine Idee?«

19

Breiðdalsvík lag direkt an der Ringstraße, es bestand aus einem kleinen Hafen, den zwei schmale Straßen säumten. Hinter dem Dorf ragte ein langer Bergrücken wie eine riesige, halb weggesackte Mauer empor. Die niedrigen, hingeschusterten Häuser wirkten ziemlich verwahrlost, im Putz wucherten Algen, die Farbe blätterte ab. In den Vorgärten lagen Treibholz, altes Spielzeug und Motorteile herum. Der viele Müll und die Verwahrlosung verrieten eine gewisse herablassende Haltung, als wollten die Menschen die schiefen und krummen Berge noch an Gleichgültigkeit übertreffen: Schaut her, uns ist auch alles egal. Das machte Breiðdalsvík für mich zum schönsten Ort, an dem wir uns bisher niedergelassen hatten. Der Campingplatz lag hinter einem leerstehenden Hotel und war winzig, nichts als zwei von niedrigen Birken gesäumte Rasenstücke. Außer uns gab es dort noch keine weiteren Camper. Im Dorf war sowieso keine Menschenseele zu entdecken. Isa fragte, ob Svein hier etwa auch Bekannte habe. Er parierte ihren spöttischen Ton – er habe vor ein paar Jahren für die hiesige Sporthalle Fitnessgeräte besorgt – und zeigte auf ein großes Gebäude, das etwas höher am Dorfrand lag.

»Es gibt auch ein Schwimmbad«, sagte er. Und zu Jonathan: »Sollen wir hingehen?«

Jonathan nickte, er strahlte förmlich. Er tat mir so leid. Was hieß das für so einen Jungen, mit drei Erwachsenen im Schwimmbad zu sein, in einem ausgestorbenen Dorf? Ich wollte einen Arm um ihn legen, aber er lief schon zum Camper, um seine Badehose zu suchen.

»Schwimmbäder sind in Island so was wie Nachbarschaftszentren, wusstest du das? Hier wohnen hundertdreißig Menschen, und die legen sich abends alle in den Hot Pot. Man muss vorher aber nackt duschen.«

Letzeres sagte er zu Isa, die nicht darauf einging.

»Bei dir wäre eine Dusche nicht unangebracht«, gab sie zurück. »Sag mal, wo hast du eigentlich geschlafen? In einer Heringstonne?«

Das saß. Sveins Gesicht verfinsterte sich, obwohl auch das wieder Theater sein konnte.

»Okay, hör zu«, sagte er. »Lügen, das kann ich schlecht. Ich bin immer gradeheraus. Es ist so. Meine Freunde waren gestern Abend nicht da. Ich wollte nicht bei euch klopfen und habe in Höfn im Frachtraum des großen Fischerboots geschlafen. Aber ich musste schon um vier Uhr raus, weil sie losfahren wollten.«

Dieses »Ich wollte nicht bei euch klopfen« störte mich, als ob bei uns anzuklopfen die normalste Sache der Welt wäre. Und diese Freunde, die nicht da waren, wo sollten die denn gewesen sein? In der Oper? Er hatte in einem Laderaum geschlafen und war wahrscheinlich seit dem frühen Morgen stundenlang umhergeirrt, bevor er bei uns reingeplatzt war, als ob nichts gewesen wäre. Ich stieg ins Wohnmobil, die Schwimmsachen zusammensuchen, und bekam dabei ein kurzes Gespräch zwischen Isa und Svein mit, der sich erst laut schnäuzte – Schnupftabak, vermutlich.

»Svein Sigurðsson. Komischer Vogel. Wer bist du eigentlich?«

Er nieste und räusperte sich, mit einem Supertiming. Alles an ihm schien überlegt zu sein, jeder Blick, jedes Räuspern und jedes Wort war auf Effekt hin angelegt. Aber mit welcher Absicht?

»Ich bin Loki«, sagte er. »Loki, der Gott von … na ja, von allerlei Dingen, das, liebe Isa, musst du selbst herausfinden.«

»Willkommen in der Hölle«, sagte das Mädchen an der Kasse in schleppendem Englisch. Svein lachte und begann auf Isländisch mit ihr zu reden. Eine kleine Filiale der Hölle, dafür konnte man den merkwürdigen Wellblechbau durchaus halten. Kein einziges Auto stand auf dem Parkplatz, und ich sah auch keine Fahrräder. Wir bezahlten einen lächerlich niedrigen Eintrittspreis für Schwimmbad und Hot Pot, bisher war das der einzige Ort auf dieser Insel, wo wir nicht geschröpft wurden. Schwimmbäder waren bestimmt subventioniert. Svein wollte zahlen, weil er den Betrag sicher vom Eigentümer wiederbekommen könne, er kenne ihn schließlich. Er spürte bestimmt, dass wir seine vielen Bekannten nicht ganz ernst nahmen, denn bevor wir zum Schwimmbad gingen, hatte er uns die Sporthalle gezeigt, als ob er dort der Chef wäre. Es war ein Turnsaal mit einem zusätzlichen Raum, in dem tatsächlich allerlei Fitnessgeräte standen: Laufbänder, Ergometer und ein paar Marterwerkzeuge fürs Krafttraining.

»Mal testen?«, fragte Svein. »Ich helfe dir.« Er sprach wieder mit Isa.

»Ich denke gar nicht daran«, war Isas Antwort.

Svein zog die Tür der Sporthalle wieder zu und führte uns zu den Umkleidekabinen.

Nackt duschen wollte Jonathan nicht, und das konnte ich nachfühlen. So standen nur Svein und ich nebeneinander unter der Dusche. Man sagt, dass Männer, die sich noch nicht gut kennen, beim Duschen zuallererst heimlich, aber ausführlich den Penis des anderen studieren. Aber es wird so viel gesagt. Ob Svein es bei mir tat, weiß ich nicht. Ich fand seine Tätowierungen jedenfalls interessanter als seinen Schwanz. Auf beiden Oberarmen prangte ein großer Kopf, von einem Wikingerkrieger oder so was. Auf seiner linken Brust war ein Zeichen, das fast so aussah wie der Helm des Ægir, aber es war anders, größer und mehr ausgeschmückt. Auf dem Rücken, wie konnte es anders sein, hatte er wieder einen Ægishjálmur. Seine mächtigen Pobacken waren weiß und makellos.

»Fast alle jungen Isländer haben Tattoos«, sagte er. Offenbar wusste er, dass ich ihn musterte. Oder er war es gewohnt. Er wandte mir seinen mächtigen Körper wieder zu. Ich fühlte mich wie eine halbe Portion, als Sklave würde ich auf dem Markt nicht einmal die Hälfte einbringen wie dieser Kerl. Zum Glück war mein Penis nicht viel kleiner als seiner. Er deutete erst auf den linken, dann auf den rechten Oberarm. »Thor, Odin«, sagte er. »Vegvísir«. Er schlug sich mit der Faust auf die Brust. »Vegvísir, der Wegweiser, sorgt dafür, dass ich mich im Schneesturm niemals verirre, selbst wenn ich den Weg nicht kenne.«

Wir zogen unsere Badehosen an. Ich wusste noch immer nicht, was ich sagen sollte, wenn er mit diesem magischen Kram anfing, wie mir auch immer die Worte fehlen, wenn sich jemand über seine Leiden oder sein Pech auslässt.

»Ich hatte einmal ein Mädchen mit einem riesigen, Kreuztattoo auf dem Rücken«, sagte Svein. »Echt, von unten bis oben. Wenn ich sie von hinten nahm, war es gradezu, als würde man Jesus ficken.«

Er lachte laut, ich grinste ein bisschen mit. Es hatte etwas Niederträchtiges, dass wir uns über seine nordischen Götter nicht lustig machen durften, er dagegen wohl über Christus. Als Ungläubiger war ich allerdings nicht der glaubwürdigste Kritiker dieser Spöttelei, und außerdem, na ja, wer sich Jesus auf den Rücken tätowieren ließ, der forderte den Spott schließlich geradezu heraus.

Wie ich mir bereits gedacht hatte, war das Schwimmbad so gut wie leer. Zwei dicke Frauen mittleren Alters saßen im Hot Pot, das große Becken war leer, das Wasser spiegelglatt, bis Jonathan (meiner Meinung nach hatte er gar nicht geduscht) hineinsprang. Svein erklärte gerade in Isas Gegenwart ein weiteres Mal seine Tätowierungen. Das an sich fand ich schon unerhört, aber rundheraus obszön fand ich es, den kleinen, wohlgeformten Körper meiner Frau zu sehen, im Badeanzug, direkt neben diesem riesigen, mit Bildern bedruckten Wikinger. Isa, mit so einem auf den Rücken tätowierten Jesus, das Bild ließ mich nicht los. Und Svein, der … So weit war es also schon gekommen. Am einen Tag nimmt man einen Anhalter mit, am nächsten Tag … ja, was eigentlich? Jonathan warf mir einen Softball ins Gesicht und tauchte lachend unter. Ich sprang ihm knurrend hinterher und ignorierte, dass Svein sich mit Isa ein Stückchen weiter in den Hot Pot setzte – die beiden Damen verzogen sich wortlos, sie kannten Svein gar nicht. Jonathan und ich versuchten, uns gegenseitig mit dem Ball zu treffen, und tauchten jedesmal schnell unter. Ich weiß nicht, ob er mitspielte, um mir eine Freude zu machen, aber wir hatten Spaß. In der Zwischenzeit behielt ich meine Frau und den ungebetenen Gast im Auge. Zunächst wirkte alles harmlos, Svein redete laut, wie immer, und Isa lachte manchmal. Nach ein paar Minuten wurden die Stimmen leiser und es wurde nicht mehr gelacht. Als ich, nach einem Kopfsprung, wieder aus dem Wasser auftauchte, sah ich ihn an ihrer Schulter und ihrem Oberarm herumfummeln, als ob er sie gerade kneifen würde. Hielt er etwa unter Wasser ihr Bein fest? Mit einem Mal überfiel mich die Eifersucht wie einen Schuljungen, der mit ansehen muss, wie der Schwarm aus einer höheren Klasse gerade das Mädchen anbaggert, in das er schon seit Jahren verliebt ist, und der wegen dieses stillen

Interesses meint, ein Anrecht auf sie zu haben. Es gab kein Entkommen, die Eifersucht machte mich wütend und verwegen. Ich stieg aus dem großen Becken, marschierte zum Hot Pot, setzte mich demonstrativ an Isas andere Seite ins heiße Wasser und begann über die Vorteile der isländischen Schwimmbadtradition zu faseln. Svein reagierte kaum, stand auf, entschuldigte sich und begann, mit Jonathan im großen Becken Ball zu spielen. Nun saß ich zusammen mit meiner Frau im Hot Pot und alles war plötzlich eine Pose. Außerdem überkam mich erneut die Eifersucht, weil Jonathan ebenso ausgelassen mit Svein spielte wie kurz zuvor mit mir.

»Worüber habt ihr gesprochen?«, fragte ich.

»Über Jonathan.«

»Er hat an dir rumgefummelt.«

»Tiddo! Krieg dich wieder ein!«

Ihre Brüste schaukelten in dem warmen Wasser.

»Etwa nicht?«

»Er hat mich getröstet.«

Herrgott nochmal, das war womöglich noch viel schlimmer, als ihr an die Wäsche zu gehen. Dass er sie getröstet hatte. Warum ließ sie sich nicht von mir trösten?

»Was hat er denn gesagt?«

»Ich habe ihm erzählt, warum wir ... was macht das schon aus? Er darf doch wissen, dass ich die Fehlgeburten hatte? Das ist doch kein Tabu oder so?«

Oh doch, das ist es sehr wohl, dachte ich, wenigstens sollte das für einen Tramper, den wir erst zwei Tage kannten, so sein.

»Nein, aber was hat Jonathan damit zu tun?«

»Er kam mit einer interessanten Sichtweise. Er fragte sich, was Jonathan wohl dabei empfunden hat.«

»Wieso? Was empfunden hat?«

»Wir wollten ein zweites Kind, das hat nicht geklappt, und jetzt müssen wir uns mit ihm begnügen. Das könnte er denken. Dass er uns nicht genug ist.«

»Was? Als ob wir so was gesagt hätten! Oder gezeigt! Oder jemals auch nur eine Sekunde gedacht hätten!«

»Natürlich haben wir das nicht. Darum geht es nicht. Wir haben nur nie daran gedacht, dass Jonathan so etwas denken könnte. Ich fand das sehr einfühlsam von Svein. Wir müssen noch einmal mit Jona …«

Vom Ärger übermannt stieg ich aus dem Becken, ohne zu wissen, auf wen ich wütend war. Auf den bemalten Wikinger, der seine Nase in alles steckte und wie der erstbeste Scharlatan unsere Probleme psychologisierte, oder auf Isa, weil sie einen Wildfremden ins Vertrauen zog. Ich stieg in das Becken mit Eiswasser, das sich neben dem Hot Pot befand. Mit zusammengebissenen Zähnen tauchte ich unter. Ich muss sagen, dass es mir einen Moment lang guttat. Auch Isa hatte das heiße Wasser verlassen.

»Du musst gleich noch deine Mutter anrufen«, sagte sie auf dem Weg zur Umkleide.

Ich sorgte dafür, dass ich der Letzte war, der das Gebäude verließ. Svein hatte einfach einen der Bälle aus dem Schwimmbad mitgenommen, überall tat er, als ob ihm alles gehöre. Auf dem Parkplatz warfen sich Jonathan und Svein den Ball zu. Das Mädchen, das uns in der Hölle begrüßt hatte, saß noch immer hinter dem Tresen, mit krummem Rücken und dem Kopf über ihrem Smartphone.

»Darf ich etwas fragen?«, sagte ich auf Englisch.

Sie sah auf, nicht gleich, aber nach ein paar Sekunden.

»Der lange Isländer, der bei uns war, kennst du den?«

Sie schien kurz nachzudenken, schüttelte dann den Kopf.

»Nein, nie gesehen.«

»Sagt dir der Name Svein Sigurðsson etwas?«

Wieder dachte sie nach und schüttelte den Kopf, noch entschiedener als beim ersten Mal.

»Nie gehört.«

»Auch nicht als den Mann, der die Fitnessgeräte für diesen Saal beschafft hat?«

»Häh, was? Nein. Tut mir leid.«

»Hast du davon gehört, dass euch jemand diese Geräte geliefert hat?«

»Nein.«

Sie schien ein bisschen ungeduldig zu werden. Ich verabschiedete mich. Es musste nichts bedeuten, das Mädchen war vielleicht nur eine Ferienvertretung.

20

Auf unserem Campingplatz waren inzwischen noch zwei Wagen dazugekommen. Als ich auf das Gelände kam, unterhielt sich Svein bereits mit den neuen Gästen. Ich schüttelte ihnen die Hand und stellte mich vor. Es handelte sich um ein älteres deutsches Ehepaar mit einem eigenen Wohnmobil, von oben bis unten voller Aufkleber von Orten, die sie besucht hatten, und um zwei junge Franzosen mit einem gemieteten Geländewagen, auf den eine Wohnmobileinheit montiert war. Es war das erste Mal, dass wir mit anderen Campern Kontakt hatten. Auf den vorherigen Plätzen hatte sich jeder in seinem eigenen Fahrzeug verschanzt, in seiner eigenen Ferienburg. Man muss sowieso schon ein unverbesserlicher Eigenbrötler sein, wenn man nach Island in Urlaub fährt, folglich verwandeln sich die Campingplätze hier nicht so schnell in fröhliche Freizeitparks wie andernorts in Europa. Aber dieser war gemütlich. Mitten auf dem kleinen Platz stand ein Grill, keine Ahnung, wo sie den herhatten. Im Nu hatte jeder etwas Essbares aus seinem Wohnmobil geholt – wir spendierten ein Stück Lachs und gefrorenes Hühnerfilet, dazu das Rúgbrauð, das wir auf Sveins Drängen erstanden hatten. Svein ließ sich über das Roggenbrot aus, das in geothermischen Gebieten unter der Erde gebacken wurde. »Was die Isländer lieben, stecken sie unter die Erde. Ein morbides Völkchen!«, sagte er zur Erheiterung des deutschen Ehepaars (die Franzosen schienen ihm nicht richtig folgen zu können). Und dann stahl Svein allen anderen in jeder Hinsicht die Show, weil die Franzosen eine Ukulele bei sich hatten, auf der Svein offenbar spielen konnte. Ich fand, dass es nach nichts klang, dieses Plingplingpling, aber es trug zur Geselligkeit bei und zu Sveins Triumph, wofür die ganze Szene auch gedacht schien. Auch Jonathan wurde beachtet, einfach, weil er der Jüngste war. Oder weil er das einzige Kind war und deshalb ein bisschen Mitleid verdiente, so konnte man es auch sehen. Es gab Wein (die Franzosen), Malzbier (wir) und Brennivín (die Deutschen). Es ist verblüffend, wie schnell sich kühle Distanz in Vertraulichkeit verwandeln kann, sobald man sich die Hand geschüttelt hat und zusammen trinkt. Ich weiß nicht, in welchen Tonarten wir allesamt das Loblied auf dieses Land anstimmten, aber der Gesang war einstimmig und wogte auf und nieder. Danach überboten wir uns gegenseitig mit Abenteuern, wobei meine leider ein wenig abfielen. Die Franzosen hatten während eines Platzregens bei Landmannalaugar (wo es keine befestigten Straßen gibt) mit dem Wohnmobil in einem Schlammloch festgesessen, die Deutschen waren auf der Halbinsel Dyrhólaey von Seeschwalben angegriffen worden, hatten dort aber auch Papageitaucher beobachtet. Ich heimste einen gewissen Erfolg mit meiner Imitation des Chinesen ein, der vor dem Geysir ein Selfie machen wollte, und Svein orakelte wie eh und je – Riesen, Zwerge, Trolle, nichts war ihm zu abseitig, und das meiste, schien mir, hatte ich bereits gehört. Natürlich führte er den Ægishjálmur auf seinem Arm vor, was die beabsichtigte tiefe Ehrfurcht der Reisenden weckte. Irgendwann nahm mich Isa kurz beiseite.

»Tiddo, kurz zu Svein. Wir können ihn heute Nacht natürlich nicht draußen lassen.«

Ich hatte keine Sekunde an Sveins Unterbringung gedacht, wahrscheinlich genauso wenig wie er selbst. Ich war auch schon leicht angeheitert.

»Meine Güte, was sollen wir denn mit ihm anfangen? Er kann doch in dieser Sporthalle neben seinen Fitnessgeräten schlafen.«

»Unsinn. Er schläft heute Nacht einfach im Doppelstockbett über Jonathan. Morgen bringen wir ihn an sein Ziel, nach Seyðisfjörður. Dann verabschieden wir uns.«

Wer verabschiedet wen? Wir Svein? Oder sie und Svein mich? Es war inzwischen spät geworden, Isa begann, unsere Sachen aufzuräumen, Teller, Besteck, Essensreste, und Svein half ihr. Die beiden anderen Paare begannen ebenfalls aufzuräumen und abzuwaschen, wodurch ich ein bisschen verloren mit Jonathan herumsaß.

»Gefällt es dir, Junge?«, fragte ich. Wahrscheinlich merkte er, dass ich getrunken hatte. Noch schlimmer, meine Fahne nahm ihm bestimmt den Atem.

»Mmmm«, machte er.

Das kann nicht sein, wollte ich sagen. Das ist doch langweilig für dich? Himmel, wie komme ich ihm näher? Er rührte mich so sehr. Du bist mehr als genug für uns, Jona … nein, so etwas konnte ich nicht sagen, dann wirkte es wieder so, als ob er uns zu viel wäre.

»War es schön mit Svein im Schwimmbad?«

»Ja.«

Und mit mir, war es mit mir auch schön? Ich liebe dich, wollte ich sagen, du bist alles, was ich habe. Stattdessen gab ich ihm einen Schubs. Ein Schubs musste all das zum Ausdruck bringen. Ich ging zu den Toiletten und kam dabei an unserem Auto vorbei. Da sah ich es. Sie küssten sich. Hinter dem Camper stand meine Frau und knutschte mit dem Anhalter. Mit Zunge. Also, das weiß ich nicht ganz sicher, ich schaute nur eine halbe Sekunde in ihre Richtung. Und was tat ich danach? Genau, ich tat, als ob ich nichts gesehen hätte, ging zur Toilette weiter und summte dabei vor mich hin. Meine Pisse prasselte ins Klobecken, ein stetiger, strammer Strahl. Hatte er seine Hände noch sonstwo gehabt? Warum hatte ich nicht genauer hingesehen? Lalalala, summen, den Gedanken nicht die Gelegenheit geben, einen zu vergiften. Als ich zurückkam, war Svein mit dem Franzosen dabei, in dem Grill ein Feuer zu entfachen. Isa hatte sich schlafen gelegt, na also, es war nichts passiert. Ich ging ins Wohnmobil und sagte: »Ich habe meine Mutter noch kurz angerufen. Sie grüßt dich herzlich. Und schickt dir einen dicken Kuss.« Sie seufzte nur noch. Ich wünschte eine gute Nacht, sie: »Mach nicht zu lang.«

Ich ging ins Freie zurück, im Grill brannte ein schönes Feuer. In den nächsten Stunden gaben wir uns so richtig die Kante, ich, Svein und das französische Pärchen. Wir füllten uns mit Brennivín ab. Das deutsche Ehepaar hatte sich schlafen gelegt, aber sehr großzügig eine Flasche des »typisch isländischen« Gesöffs dagelassen. Irgendwann wurde nur noch Französisch gesprochen und ich meinte, dass ich auch Svein Französisch parlieren hörte, obwohl das Einbildung gewesen sein kann. Ich brummte dem Mädchen nur »Merde, merde« und »Papa fume une pipe, maman pipet papa« zu, nun ja Mädchen, sie war um die dreißig und hatte mehr Falten als Isa. (Isa hatte keine Falten. Null Falten.) Es wurde zwei Uhr, halb drei, aber nicht dunkel. Als der französische Typ und Svein brüderlich pinkeln gingen, sah mich das Mädchen schmachtend an, wenn ich mich nicht irre, hieß sie Nadine. Oder sie war einfach stockbesoffen und ich verwechselte das mit Schmachten. Sie musterte mein Gesicht, als ob sie mich küssen wolle. »Na komm«, sagten ihre Augen. »Jetzt ist die Gelegenheit.« Ich tat nichts, dafür war ich zu betrunken, und beim Gedanken an Küssen musste ich wieder an Svein und Isa denken, wodurch meine Wut erneut aufflammte. Nadine legte ihre Hand auf meinen Oberschenkel und drückte sanft. Ach, dieser zarte Druck! Er rührte mich zu Tränen. »Isa«, sagte ich mit belegter Zunge, »kneif mich noch einmal so.« Ich wankte zum Toilettenblock, trank einen Liter Wasser, leerte meine Blase im Stehen in die Kloschüssel, setzte mich danach auf die Brille und erstickte meinen Kummer, indem ich mir die Hände aufs Gesicht presste. »Mama«, flennte ich in meine Handflächen, »Mama, wo bist du nur?«

In eine Wolke von Alkohol gehüllt, kroch ich im Wohnmobil neben Isa. Svein kam kurz nach mir rein, es war fast rührend, wie er versuchte, uns nicht zu stören. Fürs Ausziehen schien er eine Stunde zu brauchen, um nur nicht zu viel Lärm dabei zu machen, dann kletterte er in das obere Bett, ohne die Leiter zu benutzen, was einen komischen Anblick bot, dieser große, alkoholisierte Körper. Das Wohnmobil schaukelte wie eine Hängematte, als er versuchte, in seine Koje zu steigen. Ein paar Sekunden später begann er zu schnarchen wie ein wildes Tier. »Ich bin euch nicht genug«, diese Worte spukten mir unablässig durch den Kopf. Ob Jonathan das wirklich dachte? Ich glaubte es nicht, aber wenn man solche Worte hört, bezieht man sie am Ende unvermeidlich auf sich selbst. Ich war nicht genug. Ich genügte nicht mehr den Erwartungen. Ehrlich gesagt hatte ich von mir total die Nase voll. Meine schlaffe, weinerliche Art, mein langweiliger Job, mein Geschwätz über Chinesen, meine ewige Ohnmacht, etwas zu ändern oder zustandezubringen. Und jetzt auch noch blau. Wenn ich mir schon selbst zum Hals heraushing, wie sehr musste Isa von mir die Schnauze voll haben?

21

Svein weckte mich vor Tau und Tag. Vor Tau und Tag, das sagt man natürlich nur so, denn während wir schliefen, war es keine Minute dunkel gewesen.

»Komm«, sagte er. »Wir sehen uns den Sonnenaufgang an.«

Ich sah auf mein Telefon. Halb sieben.

»*No way*«, murmelte ich mit kratziger Stimme.

Hier gab es keinen Sonnenaufgang, mich hielt er nicht zum Narren.

»Wir müssen reden.«

Ich öffnete die Augen ein bisschen mehr. Unser Reisegast sah super aus, wenn man berücksichtigt, dass seine Nacht ebenso kurz gewesen war wie meine. Wieder hing ihm eine wunderschöne Strähne vor den Augen. Außerdem war er angezogen und er stank nicht – oder ich stank mehr. Er hatte Glück, dass ich dringend aufs Klo musste, sonst hätte ich mich umgedreht und weitergeschlafen, ohne ihn eines weiteren Blickes zu würdigen. Und verdammt, ja, er hatte recht, wir mussten reden, ich hatte sie gesehen, ich hatte ihn beim Knutschen mit meiner Frau beobachtet. Komisch, so richtig böse war ich nicht einmal auf ihn. Irgendwie ist es schon eine

Ehre, wenn so ein blonder Gott deine Frau haben will. Und vielleicht war es nicht wirklich passiert, der ganze Abend war zu einem Nebelschleier geworden, zu einer Wolke, die ihre Form verändert, während man hinsieht, und dann plötzlich verschwunden ist. Wer erinnert sich an eine Wolke?

»Okay, Arschloch«, flüsterte ich.

Isa schlief weiter oder tat wenigstens so, während ich mich anzog und in den kühlen Morgen hinaustrat.

Weiße Nebelfetzen hingen wie eine gespenstische Dekoration um den Bergrücken, über dem Meer war der Himmel klar, die Sonne warf ein fahles Licht über die Bucht. Auch jetzt waren die zwei Dorfstraßen wie ausgestorben, morgens um halb sieben war das nicht besonders verwunderlich, aber weil ich jetzt schon zum dritten Mal durch menschenleere Straßen ging, wurde es beklemmend. Als hätte man nur für uns – zack – eine Kulisse aufgebaut, sobald man mitbekommen hatte, dass wir uns näherten. Wie es hier wohl im Winter war, an Tagen, wenn es nie hell wurde – oder noch eigenartiger, wenn sich das Licht wie eine Geistererscheinung in einer ewigen Nacht nur für eine knappe Stunde zeigte? Wir liefen an einer Wiese vorbei, auf der das Gerippe eines alten Fischerboots seine letzte Ruhestatt gefunden hatte. Das Ding schien selbst nicht zu wissen, was es dort sollte und wozu es jetzt diente – als Denkmal? Kunstobjekt? Spielgerät für Kinder? Fotogen war er schon, dieser Schiffsrumpf, so tief im Gras versunken. Wir gingen zu der breiten, teilweise auf einer natürlichen Landzunge angelegten Hafenmole. Schäbige kleine Häuser säumten rechts und links die Straße. Endlich begann Svein zu sprechen.

»Ich habe gestern Isa geküsst.«

Er ließ die Worte wie ein Gift einwirken. Er hatte keine Ahnung, dass das Gift bereits Wirkung zeigte.

»Nur kurz. Es war nichts. Ich habe sie nicht weiter angerührt.«

»Ich habe es gesehen.«

Und wo hast du sonst noch deine Finger gehabt? Das hätte ich am liebsten gefragt, ob er vielleicht auch ihre Brüste oder …

»Wir hatten es abgemacht. Du hast das Zeichen gegeben. Ich sollte dir helfen.«

Er hob die Hand, wie ein Polizist, der »Halt!« ruft, und präsentierte damit seine Tätowierungen. Das Kreuz. In dieser Hand stand geschrieben, dass er im Recht war, egal um welches Thema es sich handelte. Dann zeigte er mit den Fingern ein Kreuz, um mich an meinen Anfall von Torheit vor zwei Tagen zu erinnern.

»Und was ist daran ›helfen‹, wenn du meine Frau küsst?«

»Es gehört zum Plan, begreifst du das nicht? Ich muss ihr ganz nahekommen, muss wissen, wo ihre Schwächen sind.«

»Isa hat keine Schwächen! Nicht so. Das gibt es bei ihr einfach nicht! Sie ist nicht wie alle anderen Frauen!«

Ich meinte: Sie ist nicht wie diese Frauen, die sich scham- und bedenkenlos einem Honk wie Svein Sigurðsson ausliefern. Frauen, die sich ständig mit Wein volllaufen lassen und verzweifelt über jeden miesen Witz jedes Typen lachen, der nur mit ihnen ins Bett will. Sie sind mit nichts zu schocken und meinen, dass diese Haltung sie sexy macht. So ein Verhalten ist Isa fremd, sie ist ein intelligentes, durch und durch reines Wesen.

»Isa ist anders«, fasste ich meine Gedanken zusammen.

»Das kann gut sein, aber erinnere dich, was die nordischen Sagen erzählen: Ein Frauenknie ist immer kalt.«

»Was soll denn das wieder heißen?«

»Eine Frau bringt Kinder zur Welt und zieht sie groß, sie sät, sie erntet und arbeitet auf ihren Knien härter als jeder Mann, doch immer selbstlos, sie verrät ihren Körper und verpfändet ihre Seele. Ein Frauenknie ist immer kalt. Sie wird dir erlauben, deine Hand daraufzulegen, aber nur, wenn du ihr etwas zu bieten hast, etwas Besonderes, damit ihre Mühe und Aufopferung nicht umsonst sind. Biete ihr etwas!«

»Was hast du ihr dafür geboten, dass du sie küssen durftest?«

»Aufmerksamkeit. Die Gelegenheit, etwas zu empfinden. Notfalls Schuld zu empfinden, dir gegenüber.«

Wir gingen noch immer, aber immer langsamer, wir waren fast am Ende der Mole angelangt. Nicht weit davon entfernt stand ein seltsames Bauwerk. Ein stumpfer, quadratischer, niedriger Turm. Ohne den orangefarbenen Anstrich hätte er wie ein Bunker gewirkt.

»Du machst aus ihr eine Heilige.«

Er hatte recht, ich musste mich ändern, wenn ich ihre Liebe zurückgewinnen wollte. Was er nicht wusste – ich hatte bereits angefangen, ein anderer zu werden – am Morgen unserer Abreise. Das Geheimnis brannte mit einem Mal in meiner Brust und suchte plötzlich einen Weg hinaus. Ich erzählte ihm die ganze Geschichte von meiner Mutter, vom Umschlag mit dem Geld. Ich erzählte Dinge, die ich gar nicht erzählen wollte, nämlich alles, es sprudelte wie von selbst heraus.

»Isa weiß von nichts«, schloss ich.

Svein zog die Brauen hoch, als erwarte er noch weitere Geständnisse.

»Ich verstehe«, sagte er. »Loki, den trägt jeder mit sich herum.«

Was sollte das nun wieder bedeuten? Mich reute bereits, dass ich alles ausgeplaudert hatte. Wir waren auf der Mitte der Mole angelangt. Schrottreife Autos, verfallene Schuppen, Ölfässer und rostige Trailer für kleine Schiffe.

»Wie viel war es?«

Es schockierte mich, dass er von dem Geld anfing. Und ich antwortete ihm auch noch, tausend Euro. Er pfiff durch die Zähne.

»Du musst zur Askja. Zu dem Kratersee im Hochland.«

Er ging weiter, schob mich mit seiner großen Hand auf meinem Rücken voran. Dann erzählte er diese Geschichten von Askja und dem Hochland, von den Astronauten der Nasa und von einem See, der einem den Himmel zu Füßen legt. Wir wanderten bis zum Ende der Hafenmole und er redete in einem fort, er musste nicht nachdenken, die langen Sätze sprudelten nur so heraus, als ob sie schon irgendwo gedruckt stünden, mir schwindelte und ich merkte mir jedes Wort.

»Weißt du was?«, schloss er. »Von jetzt an bin ich der Reiseleiter. Alles wird gut, ich bringe euch zusammen, ich kenne den Weg.«

Bei jedem Satz klopfte er mir aufmunternd auf den Rücken. Es war nicht das erste Mal, dass ich mich fragte, ob es Svein Sigurðsson wirklich gab. Er erfand sich sein Leben, während er mit mir sprach. Wegen seines übergroßen Selbstvertrauens musste er in seinen Geschichten nie konsistent sein, er konnte einen Widerspruch nach dem anderen auftischen, ohne je im Unrecht zu sein. Er konnte lügen, ohne zum Lügner zu werden. Er hatte mir die Wahrheit entlockt, der Himmel weiß, wie ihm das gelungen war, aber eines war klar: Ich musste ihn loswerden.

»Der Leuchtturm von Breiðdalsvík!«

Dabei machte er eine Armbewegung wie ein Bauunternehmer, der das Gebäude gerade übergibt. Ein paar Betonstufen führten zu einer Holztür hinauf. Die Tür hatte nur zwei Riegelschlösser, außen, was ich ziemlich merkwürdig fand, denn solche Schlösser werden normalerweise innen angebracht. Svein schob die Riegel zurück.

»Komm mit, wir sehen uns mal kurz um.«

Er trat als Erster ein, ich folgte ihm willen- und wortlos. Es roch nach Schimmel und ein wenig nach Zigarettenrauch. Der Boden war feucht, Papierfetzen und zerdellte Dosen lagen herum, einige verrostet. Es war zu dunkel, um alles genau erkennen zu können. Stromkabel hingen wie schlaffe Tentakel an der Mauer herunter, eine Steckdose baumelte aus der Wand. Sonst gab es nichts, nur eine Betontreppe, Svein war schon halb oben.

»Komm«, rief er. Seine Stimme hallte durch den Turm. »Ich will dir was zeigen. Schau mal hier, auf der Mauer!«

Mir klopfte das Herz bis zum Hals bei dem Gedanken, was ich gleich tun würde. Nein, ich wagte es nicht.

»Ja ja«, antwortete ich. »Ja ja.« Du mit deinen Tätowierungen und deinen schönen blonden Brauen, dachte ich danach. Mit diesen Gedanken brachte ich mich selbst an einen Punkt, an dem ich wieder handeln konnte. Das ist die Macht der Worte.

Ich schlich aus dem Turm, schloss behutsam die Tür und schob rasendschnell den ersten Riegel vor. Der zweite blieb hängen, verkantete sich mit dem Haken, hinter den er eigentlich fallen sollte, ich stemmte mich gegen die Tür und zog mit aller Kraft. Rief Svein schon? Noch konnte ich zurück. Sagen, dass es ein Scherz war. Ich fluchte, schob noch einmal und zog. Der Bolzen rutschte in die Verriegelung und schien jetzt bombenfest zu sitzen.

Das erste Stück rannte ich. Als ich die halbe Strecke

geschafft hatte, verfiel ich in einen zügigen Laufschritt. Beim Campingplatz war ich außer Atem und verkürzte meine Schritte auf die normale Morgenspaziergangslänge. Ich war niemandem begegnet, hatte nicht zum Turm zurückgeschaut und nichts gehört, kein Schreien, gar nichts.

Als Erstes holte ich Sveins Rucksack aus dem Wohnmobil. Ich eilte zum Toilettengebäude und lehnte ihn dort an eine Wand, die man nicht einsehen konnte. Ich nahm eine ordentliche Prise Schnupftabak, ließ sie einwirken (es erwies sich als phantastisches Mittel gegen Kater). Dann weckte ich Isa und Jonathan.

»Raus aus den Federn, Leute, es geht los.«

Ich musste es zweimal sagen und Jonathan wachrütteln.

»Was? Warum so eilig? Wo ist Svein?«, fragte Isa.

»Das ist eine komische Geschichte. Er ist weg.«

Ich sah, wie meine Worte auf sie wirkten, konnte ihren Blick nicht einschätzen und fuhr deshalb fort: »Ich glaube, er ist verrückt geworden. Oder ist es schon immer gewesen. Er musste Hals über Kopf weg. Mit dem ersten Bus nach Reykjavik.«

»Warum? Was ist denn passiert?«

»Das hat er nicht gesagt. Hast du eine Ahnung?«

Sie starrte mich mit offenem Mund an. Nur selten habe ich sie so gesehen.

»Hast du ihm etwas angemerkt?«

Diese Frage war eine Gemeinheit, aber jetzt war ich

sicher, dass sie den Schluss gezogen hatte, dass es etwas mit dieser Küsserei zu tun haben musste.

»Was hat er denn gesagt?«

»Ich bin nur kurz mitgelaufen.«

»Und warum müssen wir dann auf der Stelle weg?«

»Weil ich Svein nicht traue, Isa. Ich habe ein ungutes Gefühl. Er hat uns schließlich hierhergebracht.«

Ich konnte ihr ansehen, dass ihr das Nachdenken schwerfiel. Sie bekam diese wirren, unlogischen Ereignisse nicht auf die Reihe. Sie machte einen neuen Versuch.

»Er wird doch bestimmt irgendwas gesagt haben?«

Ich legte den Kopf schräg, als ob ich nachdenken würde. Irgendwie tat sie mir leid. Ich fühlte mich plötzlich so mächtig.

»Er hat von Loki gesprochen«, sagte ich. »Du weißt schon, wie er das macht. Große Reden schwingen. Loki, ist das nicht der Gott, der lügt und betrügt?«

Eine Viertelstunde später fuhren wir vom Campingplatz. Ich wagte nicht, zum Turm oder zur Mole zurückzuschauen, in Gedanken sah ich hinter jedem Haus einen wutschnaubenden Svein hervorstürmen, der mit seinen Riesenpranken den Camper packen und sich aufs Dach ziehen würde, um dort eins der Plastikfenster einzuschlagen. Doch auf der Straße war kein Mensch und garantiert kein Svein Sigurðsson.

»Nächster Halt: Seyðisfjörður«, rief ich munter, wie Svein es tun würde. »Wir machen endlich richtig Ferien. Ohne Anhalter.«

Teil 2

Das Hochland

22

Die Kirche von Seyðisfjörður ist weiß mit blau, sie sieht aus wie von Playmobil, obwohl ich nicht glaube, dass Playmobil jemals eine Kirche im Angebot hatte. Und wenn doch, war es sicher kein Kassenschlager. Ich sollte über Wichtigeres nachdenken, aber ich amüsiere mich mit dem Ausdenken von anderen, nie ins Playmobilsortiment aufgenommenen Gebäuden: ein Krematorium, ein Bordell, ein Asylbewerberheim, der Hitlerbunker. In Seyðisfjörður stehen nette Häuschen, deren mit Wellblech verkleidete Mauern mit frischen Farben bemalt sind. Mit etwas gutem Willen könnte man das hier ein pulsierendes Dorf nennen, was nicht zuletzt am Hafen liegen mag, wo große Fähren aus Dänemark anlegen. Wir können nicht bleiben, das ist mir während unserer anderthalbstündigen Fahrt von Breiðdalsvík hierher klargeworden. Schließlich war dieses Dorf Sveins Ziel, zumindest wenn er nicht gelogen hat. Und das könnte bedeuten, dass wir ihm hier wieder begegnen, sollte ihn jemand aus diesem Leuchtturm befreit haben. Wenn ich nichts unternommen hätte, säße jetzt er am Lenkrad, er wollte uns kurz hinbringen, zu irgendeinem unerreichbaren Kratersee. Wir wären Svein die ganzen Ferien nicht mehr losgeworden. Ich musste ihn verschwinden lassen. Es war eine brillante Aktion. Keiner küsst ungestraft meine Frau! Aber wie bringe ich Isa bei, dass wir hier nicht bleiben können?

Der Campingplatz ist enorm voll, es ist Aufstehzeit, für Urlauber ist es noch früh, halb zehn. In meinem Kopf entsteht ein Plan, um hier wegzukommen, ohne bei Isa Argwohn zu erregen.

»Ich geh mal kurz zur Rezeption«, sage ich, »bleibt ihr ruhig sitzen.«

Der Campingplatzverwalter bestätigt, dass das Gelände ausgebucht ist, aber wir können am Nachmittag wiederkommen. Dann seien die meisten weg und wir können uns den Stellplatz aussuchen. Wir dürfen sogar bis dann das Auto hier abstellen. Ich danke ihm herzlich, nehme eine ordentliche Prise Schnupftabak und kehre zum Wohnmobil zurück.

»Hier können wir nicht bleiben, Isa«, behaupte ich möglichst überzeugend.

»Warum?«, fragt Jonathan.

»Ausgebucht«, sage ich. »Alle warten hier auf die Fähre, und die kommt erst morgen.«

Ich klemme mich hinters Lenkrad, niese zweimal und putze mir die Nase. Ich lasse den Motor an und warte, ob noch ein Nieser kommt. Es kommt nichts, dafür eine Frage von Isa. Das war zu erwarten.

»Wir können uns hier doch mal kurz umsehen?«

»Ja«, sage ich. »Natürlich kannst du das. Aber willst du nicht lieber zu den geothermischen Feldern bei

Mývatn? Die scheinen mir ehrlich gesagt viel interessanter als so ein Dorf voller Touristenfallen und Galerien.«

Weil Isa darauf besteht, trinken wir in einem Lokal an der Hauptstraße noch eine Tasse Kaffee. Sie will auch die kleine Kirche besichtigen, was ich zu verhindern weiß, indem ich eine Innenansicht google und ihr zeige (dort sieht es aus wie in einer Bahnhofshalle). Der Kaffee ist so ungenießbar wie unbezahlbar und ich spähe währenddessen ständig aus dem Fenster. Endlich lassen wir Seyðisfjörður hinter uns, die Playmobilkirche verschwindet aus unserem Blickfeld. Ich rase zu schnell über eine Bodenschwelle, Jonathan ruft »hu« und unser ganzer Hausrat rutscht in den Schränken herum, als ob alles auf mich böse wäre. Ruhig fahren, gelassen bleiben. Bis zur Ringstraße müssen wir erst zwanzig Kilometer über den Bergpass. Hinter jeder Kurve erwarte ich Svein, in einem anderen Auto, auf dem Fahrrad, fliegend, was weiß ich. Ich bin tapfer gewesen und kann zufrieden sein, aber ich werde den Gedanken einfach nicht los, dass er sich die Einsperraktion nicht gefallen lassen wird.

Der Bergpass verschwindet in den Wolken, Nieselregen tanzt im Wind, ein Regenschleier streichelt die Windschutzscheibe. In einem schaurig deprimierenden Dorf namens Egilsstaðir biegen wir wieder auf die Ringstraße, Richtung Nordwesten. Am Dorfausgang stehen Tramper. Zuerst überfällt mich ein Riesenschreck, denn ich meine in einem langen Kerl mit Mütze Svein zu erkennen, aber der Mann hat einen dunklen Bart und keinerlei Ähnlichkeit mit meinem Angstgegner.

Die Berge sind grün und der Himmel hat sich ein wenig aufgehellt, es ist die perfekte Kulisse für einen isländischen Film über knollennasige, schlechtgelaunte Schafhirten, aber ich finde es eigentlich langweilig, genau wie solche Filme. Ich habe zu viel Zeit, mir Gedanken zu machen, und in diesen Gedanken rast Svein auf einem Motorrad hinter uns her. Es herrscht Grabesstille, Isa hängt leicht mitgenommen neben mir. Ist sie etwa verliebt in diesen Isländer? Jonathan fragt nach einer Stunde Fahrt nach einer Zimtschnecke und ergänzt, dass Svein die Tüte mit dem Backwerk in unseren Einkaufswagen gelegt habe. Dieser Leisetreter hatte meinen Sohn schon eingewickelt, bevor er es bei meiner Frau versucht hat. Na, dann nimm dir doch so eine leckere Schnecke, sage ich. Das grüne Bergland weicht einer leicht hügeligen, aschgrauen Wüste, die mindestens genauso langweilig ist und noch viel kahler, aber in ihrer Leere und Endlosigkeit trotzdem spektakulär. Eine von der Lava geformte Mondlandschaft, so trocken, dass nicht einmal Moos wächst. Dass außerdem kein einziger Tourist zu sehen ist, macht alles noch viel beeindruckender. Am späten Nachmittag sind wir in der Vulkanregion um den Mývatn, den Mückensee. Rote, dampfende Berge mit giftgrünen Flecken, rauchende Schwefeltöpfe, es stinkt nach faulen Eiern. Die Erde ist hier eine offene Wunde, sie scheint uns einen Blick in ihr schlammiges, lebensbedrohliches Innerstes zu gewähren. Zum ersten

Mal seit unserer Abfahrt am frühen Morgen sehe ich Isa aufspringen, das Leuchten scheint in ihre Augen zurückzukehren.

»Dort!«, ruft sie. »Das geothermische Feld! Hier müssen wir halten.«

Mir scheint es angebracht, auf sie zu hören, wenn ich nicht meine gesamte Glaubwürdigkeit verspielen möchte. Ich parke das Wohnmobil neben den anderen Fahrzeugen. Wir gehen zu dem dampfenden Solfatarenfeld, Isa rennt beinahe, als ob sie in ihren Kleidern in einen Schwefelpfuhl springen will. Jonathan hat sich gegen den Gestank den Pullover über die Nase gezogen. Im Boden Löcher mit brodelndem Schlamm, sämig wie Rührteig, obszöne Ploppgeräusche. Einige Schwefeltöpfe zischen so laut, dass ich mir die Ohren zuhalten möchte, doch dann fehlt mir die Hand zum Nasezukneifen. Der Schwefel färbt den Boden orange, grün und weiß. Die Erde ist eine einzige große, eiternde Wunde, die sich niemals schließen wird, und wir dürfen den Geruch dieser Hexensuppe einatmen. Isa tut es mit der Hingabe eines Alchemisten. Alles, was hier brodelt, ist längst entdeckt und beschrieben, aber sie würde alles am liebsten noch einmal neu aufzeichnen. Man muss gut aufpassen, wo man hintritt, ein einziger Ausrutscher und man versinkt in einem glühend heißen Brei, der einen nicht mehr loslässt. Die tiefsten und schlammigsten Löcher sind mit Seilabsperrungen gesichert, doch das scheint wenig zu nutzen, zumindest nicht bei Isa, sie steht mit einem Bein im Schlamm und fährt mit dem Finger durch den kalkigen Schmodder an den Rändern der kleinen Krater. Bei den Schlammtümpeln scheint die Erde in sich selbst zu versinken – ja, sie verschlingt sich selbst. Isa weist auf alles Mögliche hin, nicht mich, sondern Jonathan. Der Schwefel löst das Gestein allmählich auf, das Kochen ist eine chemische Reaktion. Irgendwann kann ich den Blick nicht mehr von der grauen Suppe in dem gähnenden Loch lösen, ich stelle mir vor, wie Svein darin verschwindet. Das könnte auch mir gefallen, nicht eingeäschert zu werden, sondern im kochenden Schlamm bis zum Mittelpunkt der Erde hinabzusinken.

Heute fällt es mir schwer, positiv zu denken.

Wie stelle ich mir eigentlich den Rest der Ferien vor? Und sehe ich jetzt so nervös um mich, weil ich vor Svein Angst habe? Ob Isa ihn wohl vermisst, etwas für ihn empfindet? Ich wandere noch ein bisschen umher, verliere aber durch die vielen Gaswolken um uns herum die Orientierung und weiß nicht mehr, wo die anderen sind oder das Wohnmobil steht. Aus jeder stinkenden Wolke könnte der bis an die Zähne bewaffnete Svein hervortreten. Ich nehme eine ordentliche Prise Schnupftabak, es hat doch etwas Vornehmes, dieses Schnupfritual, ich halte eine alte Tradition in Ehren. Das macht mich älter als die gesamte Lava hier. Plötzlich stehe ich direkt neben Jonathan.

»Es ist fast wie eine Fabrik«, sagt er.

Diese Stimme, noch immer kindlich, ich kann mir nicht vorstellen, dass sie je brechen wird, genau wie ich mir vor ein paar Jahren nicht vorstellen konnte, dass ich ihn nicht mehr hochheben, umdrehen und kopfüber halten könnte. Auch eine kindliche Beobachtung, erstaunt, noch ohne jeden Anflug von Ironie.

»Es ist ja auch eine Art Fabrik«, sage ich, »eine chemische Fabrik.«

»Wie funktioniert das denn?«

»Das musst du deine Mutter fragen.«

»Okay«, sagt er. Er holt sein Skizzenbuch und einen Bleistift aus seinem Jutebeutel und beginnt, ein bisschen zu zeichnen.

»Ich denke, dass Svein es wahrscheinlich auch wüsste«, sagt er.

»Was zeichnest du denn?«, frage ich, um das Thema Svein vom Tisch zu haben.

»Na, das hier.«

Soll ich fragen, warum seine Zeichnungen so bizarr sind, warum darin Menschen sterben und verschlungen werden? Ob irgendwas nicht stimmt? Muss ich einen Witz darüber machen? Nein, das bringt auch nichts. Ich muss doch endlich ernsthaft das Gespräch mit ihm suchen, aber jetzt, wo er mit Svein anfängt, ist mir die Lust wieder vergangen. Jonathan streut noch ein bisschen Salz in die Wunde.

»Er hätte garantiert über das alles eine witzige Geschichte erzählt, irgendwas mit Trollen und Monstern.«

»Das kann schon sein, aber Svein hat uns im Stich gelassen«, sage ich verstimmt.

Was ich eigentlich sagen wollte – dieser Anhalter ist ein Arschloch. Und – ich lass dich nie im Stich, mein

Junge, da musst du keine Angst haben. Selbst wenn sich die Erde unter unseren Füßen auftut, ich bringe dich sicher nach Hause und schlag jeden tot, der dir in die Quere kommt.

23

Um den See liegen drei Campingplätze, ziemlich weit voneinander entfernt, was mich für diese Nacht beruhigt, es rechtfertigt die Annahme, dass uns Svein nicht so leicht finden kann, sollte es ihm gelingen, heute dieselbe Strecke wie wir zurückzulegen. Ich versuche mir auch einzureden, dass Seyðisfjörður Sveins endgültiges Reiseziel sein wird, wie er es uns erzählt hatte. Ich habe keinerlei Grund anzunehmen, dass er uns darüber belogen hat und verfolgen wird. Es fällt mir nicht leicht, die Unruhe sitzt mir tief in den Knochen, aber ich weigere mich, es als Angst zu bezeichnen. Wir haben einen Campingplatz direkt am See ausgesucht, das Wasser liegt träge und verwaist vor uns, ein See ohne Ruderboote, ohne Schwimmer, ohne das kleinste Kräuseln. Schwarze Vulkane umgeben den Mývatn, an der Nordseite des Sees reicht die bizarr erstarrte Lava bis ans Ufer. Inmitten des Lavafelds erhebt sich stolz eine weiße kleine Kirche mit grünem Dach, Gottes segnende Hand hat die Lava ordentlich drumherum fließen lassen. Oder sie wurde von einem querköpfigen Volk wiederaufgebaut, das einst hier wohnte und nicht weichen wollte.

Ich öffne eine Dose Malzbier und gehe ins Freie.

Isa steht am Seeufer, es sieht fast so aus, als hänge ein schwarzer Schleier um ihren Kopf, ein Trauerschleier. Ich will sie ein wenig von weitem betrachten. Sobald ich stehenbleibe, kribbelt etwas auf meiner Wange, auf der Nase, um die Augen. Ich wische das Kribbeln weg. Es dauert einen Augenblick, bis ich begreife, dass mir winzigkleine Mücken in die Ohren, Nasenlöcher und Haare krabbeln. Ich fuchtle wild mit den Armen, vergeblich, es ist wie der Versuch, Regen wegzuschieben. Jetzt schwebt so eine Wolke also auch um meinen Kopf. Ich gehe ein paar Schritte auf Isa zu. Lustig, ich trete einfach aus der Mückenwolke heraus, sie schwebt weiter dort, wo ich eben noch stand. Ist Isa selbst in einer Fleeceweste mit Zipphose und in eine Mückenburka gehüllt noch schön? Natürlich. Man sieht es nur nicht gleich. Ich begehre sie. Und da spüre ich es schon wieder auf meinem Gesicht kribbeln. Innerlich fluchend gehe ich weiter. Isa hält sich eine Hand vors Gesicht, natürlich wegen der Mücken (sind es Mücken oder Fliegen? Ich habe keine Ahnung). Als ich neben ihr stehe, sehe ich, dass sie weint.

Wann habe ich sie das letzte Mal weinen sehen? Nach der zweiten Fehlgeburt? Sie hatte eine halbe Stunde auf der Toilette gesessen und geschluchzt, bei verschlossener Tür, sie hatte mich weggejagt. Das war kein Weinen, es war eine Austreibung. Sie wusste, was kommen würde. Als das kleine Würmchen in der Kloschüssel lag, wollte sie es mir zeigen, vor dem Runterspülen. Ihr Gesicht war rot und tränennass, aber sie weinte nicht. Ich weiß noch, dass ich versuchte, nicht das Wort »Tochter« zu denken, aber auch nicht an das, was es wirklich war: ein Klümpchen Fleisch von der Größe einer Hühnerniere in einer Lache Blut, das wir durchs Klo spülen würden. Dass es eine Tochter sein würde, davon war ich überzeugt. Ich sagte ihr, dass ich das nicht kann. Daraufhin spülte sie es selbst runter, ohne ein Abschiedswort, es wäre zu absurd.

»Eine von zehn Schwangerschaften endet so«, sagte ich, als der Spülkasten sein Getöse eingestellt hatte. Das wussten wir beide schon lange. Die kleine Frucht trieb durch die Kanalisation, sie würde auf dem Weg zum Meer aufgefressen werden, und diese Vorstellung war so schwer und unerträglich, dass ich in die Küche ging, um für uns beide eine Flasche Wein zu öffnen.

Nein, damals hatte sie nicht geweint. Aber jetzt.

Ich stelle die Malzbierdose ins vermooste Gras und mache etwas, das man zumindest wagemutig nennen könnte. Ich umarme sie. Einen Arm auf ihrer Schulter, eine Hand in ihren Locken. Sie presst ihr Gesicht an meinen Hals, sie schluchzt. »Alles wird gut«, sage ich. Jetzt hat sie kein Problem mehr mit den Mücken, dafür ich. Ich glaube nicht, dass sie stechen, aber sie krabbeln mir in die Nase und die Augen. Wir müssen von Millionen Insekten umhüllt sein, wir werden von einem schwarzen Mückenschleier zusammengehalten. Isas Schultern zucken, ich halte diese Kriebelmücken inzwischen wirklich nicht mehr aus, ich wedle sie weg (sinnlos) und reibe sie aus meinen Nasenlöchern und Wimpern (sie sterben zu Dutzenden).

»Macht nichts«, sage ich.

Was nichts macht, weiß ich nicht. Dass sie weint, vielleicht, dass sie Svein geküsst hat. Ich sage es nicht gern, aber dieser Kuss hat mir auch Vorteile gebracht.

»Diese mistigen kleinen Mücken«, sage ich und presse meinen Unterleib gegen sie, als ob wir so besser gegen diese mickrigen Viecher gewappnet wären. Ich lasse meinen Arm nach unten zu ihrem Po sinken und fasse ihr an den Hintern.

»Was machst du da?«

Es ist kein Protest, eher Ergebenheit. Sie lässt es zu. Die Mücken verhüllen es. Ich zwänge meine Hand unter ihren Hosenbund. Schau an, ein Mensch kann sich durchaus ändern, man muss einfach etwas tun, was man sich noch nie getraut hat. Ich schiebe meine Hand weiter, in ihre Unterhose, bis ich ihre nackte Pobacke spüre, aber weil ich zu tief greife, platzt der Hosenknopf ab.

»Tut mir leid. Echt.«

Sie kann sich jetzt leicht aus meiner Umarmung befreien und tritt mir auf den Zeh. Ob mit Absicht, weiß ich nicht, aber ich lasse los, trete einen Schritt zurück und stoße dabei die Bierdose um.

»Shit!«, rufe ich.

Isa stapft zum Toilettenblock, sie hält ihre Hose fest.

»Es tut mir leid!«, rufe ich ihr nach.

Ich klaube den Hosenknopf aus dem Gras, scheuche und puste die Mücken von mir weg.

24

Ich sitze auf einem Campingstuhl vor dem Wohnmobil, trotz Pullover und Jacke habe ich mich in eine Decke gewickelt. Es ist weit nach Mitternacht, das Licht nur ein schwacher Schein, aber der Mývatn glänzt noch immer in der grauen Nacht. Nachts sind die Mücken weniger aktiv, scheint mir, zumindest hängen sie nicht in Wolken über den Sträuchern. Ruhe geben sie zwar nicht, ich lasse sie nur einfach gewähren, jetzt wo ich weiß, dass sie nicht stechen. Nur die kleinen Tiere, die mir in Nase und Augen krabbeln, zerdrücke ich. Dass ich keinen Schlaf finde, ist nur logisch. Isa liegt in der Schlafkabine über dem Fahrersitz. Ich hätte mich ins Bett über Jonathan legen können, aber die Vorstellung, dass Svein erst letzte Nacht darin lag, stört mich. Mir schien es am besten, mich mit einem Stuhl vor den Eingang des Wohnmobils zu postieren, dann muss ich mich auch nicht ärgern, weil ich nicht schlafen kann (sollte ich trotzdem einnicken, wäre das eine nette Zugabe, aber ich mache mir keine Illusionen). Außerdem habe ich so alles im Blick. Bei Svein Sigurðsson scheint mir alles möglich, auch ein nächtlicher Besuch unseres Wohnmobils. Auch deshalb sitze ich hier, mit einem Fleischmesser und einer

Bratpfanne in Reichweite. Aus den anderen Wagen und Zelten dringen seit geraumer Zeit kein Geräusch und auch kein Licht mehr. Der einsame Hüter wacht über die Leere.

Ich habe keinen Versuch unternommen, es wiedergutzumachen. Wie sollte das gehen? Am Abend hatte sie, während ich daneben saß, ihren Hosenknopf wieder angenäht. Natürlich schämte ich mich, aber mir fiel keine passende Entschuldigung ein.

Wegen der Kälte und um die Mücken loszuwerden, streife ich auf dem Gelände umher. Am Ufer staksen ein paar Vögel herum, über den Kratern hängen reglos Wolken, alles liegt still und geheimnisvoll da. Ich setze mich wieder in meinen Stuhl und suche auf der Karte, wo Askja liegt. Es liegt, wie soll es anders sein, in der Mitte der Karte. Keine Straße führt dorthin, nur eine gestrichelte Linie. Eine spannende Strichellinie, die man mit einem Wohnmobil nicht befahren kann. Ich lege die Karte über mich. Kurz sind die Mücken verwirrt, denn sie können mich vorübergehend nicht finden. Sicher eine Minute lang.

25

Als ich aufwache, herrscht schon reger Betrieb auf dem Campingplatz, vor allem bei den Bewohnern der kleinen Zelte. Die Frühaufsteher müssen mich hier haben sitzen sehen – ein Verrückter oder Säufer vor seinem Wohnmobil, schief in einem Campingstuhl hängend, in eine Decke gewickelt. Ich bin steif wie ein Brett, die Kälte ist aus dem Gras hochgekrochen, ich spüre meine Füße nicht mehr und mein Hintern fühlt sich an wie ein Stein. Die Wimmelfliegen haben mich sehr wohl gefunden, ich spüre sie auf der Zunge und schnäuze ein paar ins Taschentuch. Beim Versuch, schnell aufzustehen, gehe ich gleich wieder in die Knie. Das Gras ist nass. Wo ich einmal auf Knien bin, schüttle ich auch gleich die Mücken aus meinen Haaren. Sobald die eingeschlafenen Füße wieder halbwegs funktionieren, laufe ich zum Wohnmobil, reiße die Tür auf und rufe »Guten Morgen«. Mir scheint es eine gute Idee zu sein, die peinliche Situation, in die wir geraten sind, zu überspielen. Nicht, dass eine Reaktion käme. Ich koche Kaffee und schlage Eier in die Pfanne. »Aufstehen, ihr Lieben«, übertöne ich das Brutzeln der Eier. Ich summe ein bisschen vor mich hin, ein Lied, das ich selbst nicht erkenne. Bevor der Rückschlag nach dieser durchwachten, kalten Nacht kommt, muss ich genügend Fortschritte gemacht haben, um diesen Tag zu überstehen. Mit dem Kaffee, den Eiern und dem Gesang locke ich meine Familie nach einigem Zögern doch aus den Betten. Jonathan ist blass, er riecht aus dem Mund, was bedeutet, dass er in die Pubertät kommt. Isas angespannte Miene sagt mir, dass es keinen Funken Hoffnung gibt und sie beschlossen hat, sich einer Unterhaltung zu verweigern. Vielleicht habe ich ihr Gesicht auch nicht richtig wahrgenommen, denn ich wage es kaum, sie anzusehen. Wir essen Eier mit Brot, Isa und ich trinken Kaffee und Jonathan Tee. Der Skyr, den Svein uns aufgeschwatzt hat, ist so gut wie ungenießbar. Ich ersticke fast daran. Als ob man Spachtelmasse äße – obwohl ich es vorher noch nie gegessen habe, weiß ich, dass es so ist, denn es sieht genauso aus. Ich spüle den Skyr mit reichlich Kaffee hinunter.

»Heute will ich die Krafla-Vulkane sehen«, sagt Isa.

Obwohl ich froh bin, dass sie überhaupt etwas sagt, gefällt mir ihr Vorschlag nicht. Zu den Krafla-Vulkanen müssen wir ein Stück zurück, Richtung Schwefelfelder, dann von der Straße abbiegen und ein paar Kilometer nach Norden. Das bedeutet, dass Svein eine Chance hat, uns einzuholen und dort zu finden. Aber bleibt mir eine Wahl? Wir haben noch gut eine Woche Urlaub und schon weit mehr als die Hälfte der geplanten Route geschafft. Sollen wir etwa dreimal die Ringstraße entlangfahren, ständig auf der Flucht vor einem Anhalter? Dann lieber zu diesen dämlichen Vulkanen.

»Ich habe nichts dagegen«, sage ich. »Gut, dass du das sagst.«

Das sind Sätze, die nicht zu mir passen, trotzdem gefällt es mir, sie auszuprobieren. Eine Tätowierung passt zuerst auch nicht zu einem, man muss lernen, sie zu tragen. Verändert eine Tätowierung das Verhalten? Verändert man sich durch die Worte, die man ausspricht? Ich betaste mein Kinn, dort zeigt sich schon ein kleiner Stoppelbart. Noch ein paar Tage und mein Kinn wird genauso zugewachsen sein wie das von Svein.

Nach dem Frühstück verlassen wir den Campingplatz. Zuerst müssen wir Proviant besorgen. Noch mehr Eier und Kaffee, vor allem aber Brot und Milchprodukte. In Reykjahlíð – das man beim besten Willen nicht als Dorf bezeichnen kann – gibt es einen kleinen Supermarkt und eine Tankstelle. Ich tanke siebzig Liter Diesel, manövriere den Camper auf einen etwas zu knapp bemessenen Parkplatz und gehe einkaufen. Jonathan und Isa wollen nicht mit, sie bleiben lieber im Auto. Ich verkneife mir einen Kommentar, das müssen sie selbst wissen. In dem kleinen Supermarkt haben sie eine große Auswahl an *rúgbrauð*, vermutlich, weil die Brote irgendwo hier in der Gegend in der heißen Erde gebacken werden. Ich nehme zwei Roggenbrote und ein Stück Lachs für fünfzehn Euro. An der Kasse sitzt ein junger Chinese. Ich will meinen Augen nicht trauen, aber es ist tatsächlich so. Ob es am Anblick des Chinesen liegt, weiß ich nicht, aber ich fühle mich schlagartig todmüde. Die Nacht auf dem Campingstuhl beginnt sich zu rächen. Mit zwei großen Einkaufstüten kehre ich zum Wohnmobil zurück. Der Himmel über dem Mývatn ist inzwischen stockdunkel, dunkler, als er in der Nacht gewesen ist. Es beginnt zu tröpfeln, dann regnet es, eine große Touristengruppe kommt auf den Platz gelaufen, Backpacker, aus Italien oder Spanien, schätze ich. Sie ignorieren den Regen, wie es Städter tun, achtlos und in dem sicheren Gefühl, dass man sich immer davor in Sicherheit bringen kann. Dann begreifen sie nichts von diesem Land. Ich stehe vor der Wohnwagentür mit den Tüten in den Händen und erstarre. Nicht wegen des Regens, auch nicht wegen meiner steifen Glieder, sondern weil ich ihn sehe. Diesmal bin ich mir sicher. Ich sehe ihn von hinten, er steht von uns abgewandt und zieht gerade den Reißverschluss seiner Jacke zu oder etwas in der Art. Er steht am Straßenrand, nicht auf dem Parkplatz, sondern ein Stück weiter bei der Abzweigung, die spanische Gruppe versperrt mir jetzt die Sicht. Da bricht das Unwetter erst richtig los. Der Regen prasselt in einem düsteren Stakkato auf das Wohnmobil. Ich steige schnell ein, schleudere die Tüten auf die Sitzbank gegenüber von Jonathan und klemme mich hinters Lenkrad. Wie kommen wir bloß hier weg mit diesem Riesenauto, ohne dass er uns sieht? Wir müssen den Abzweig meiden und das geht nur, wenn wir nicht zum Krafla fahren, sondern weiter der Ringstraße nach Westen folgen. Durch den Regen hat sich die Gruppe etwas aufgelöst, einige sind zu dem kleinen Laden gerannt. Ohne genau hinzusehen, stoße ich rückwärts aus der Parklücke. Ich werfe einen kurzen Blick zur Weggabelung, wo ich eben noch Svein stehen sah.

Er ist nicht mehr da. Wie ein aufgescheuchtes Beutetier blicke ich um mich. Kein Svein. Ich verlasse den Parkplatz, ignoriere die Schwellen. Das Wohnmobil schwankt wie ein Schiff im Sturm. In der Kurve rutschen die Tüten von der Sitzbank.

»Wir müssen in die andere Richtung«, sagt Isa.

»Nein, wir fahren nicht zum Krafla.«

»Wie bitte?«

»Wir fahren nicht. Zu viel Regen. Es geht nicht.«

Ich stelle die Scheibenwischer an, als ob ich die Worte, die sie jetzt sagen wird, schon mal wegwischen möchte.

»Ich will zu diesen Vulkanen. Das habe ich klar und deutlich zu verstehen gegeben.«

»Ich habe einen anderen Plan.«

Der Kratersee, von dem Svein beim Leuchtturm gesprochen hatte, ich habe längst beschlossen, dass wir dorthin fahren, obwohl ich noch nicht weiß, wie.

»Tiddo!«

Einen kurzen Moment überkommt mich die Angst. Gleich wird sie mir das Lenkrad aus den Händen reißen.

»Bei diesem Wetter geht das nicht, Isa, glaub mir. So weit oben sieht man nichts. Wir fahren zu einem anderen Vulkan. Sobald sich das Wetter wieder bessert. Aber zuerst nach Akureyri.«

In diesem Augenblick sehe ich ihn, zwanzig Meter vor uns. Er steht an der Straße. Es ist Svein, das ist so sicher wie das Amen in der Kirche. Ein Riese mit einer Mütze auf.

Mit Armen wie Dreschflegeln. Mit hochgerecktem Daumen. Sieht Isa das etwa nicht? Nein, Isa schaut auf die Landkarte, um herauszufinden, welche Vulkane ich denn um alles in der Welt meine. Zehn Meter. Er grinst, hebt die Hand, ich kann die Tätowierung sehen. Er reißt die Augen auf. Ich kann ihn überfahren, wenn ich das Lenkrad nach rechts reiße. Ich gebe Gas, wir schießen an ihm vorbei. Im Seitenspiegel, auf Isas Seite, sehe ich ihn rennen. Er rennt uns hinterher. Sehe ich Gespenster? Er scheint uns sogar einzuholen. Ich keuche, als ob ich selbst rennen müsste, meine Knöchel heben sich weiß vom Lenkrad ab, in meinem Kopf dreht sich alles, ich fürchte, in Ohnmacht zu fallen. Svein verschwindet im Rückspiegel. Isa beugt sich noch immer über die Landkarte.

»Tiddo, warum nervst du bloß so? Du musst …«

»Nein, du nervst! Zur Askja, da fahren wir hin.«

»Das geht gar nicht, nicht mit diesem Fahrzeug.«

Sie hat recht, daran hatte ich natürlich selbst schon gedacht. Aber die Lösung des Problems schießt mir durch den Kopf wie ein helles, weißes Licht. Ich fühle mich wie ein Schachspieler, dem ein so brillanter Zug eingefallen ist, dass es ihm den Atem verschlägt und ihm in seiner Euphorie der Schweiß ausbricht, weil es vielleicht doch kein so brillanter Zug ist, sondern ein katastrophaler Fehler.

26

Wir fahren durch den Regen nach Akureyri, zur Hauptstadt des Nordens. Akureyri hat tatsächlich etwas von einer Stadt, es gibt einen recht großen Hafen, es ist viel Verkehr und es gibt Ampeln. Im Hafen liegt ein riesiges Kreuzfahrtschiff, was vermutlich bedeutet, dass es im Zentrum von Amerikanern oder Chinesen nur so wimmelt. Warum ich direkt hierher fahren wollte – unser Wohnmobilverleiher hat außer auf dem Flughafen von Reykjavík auch hier eine Niederlassung, und ich habe ihn mit Hilfe meines Smartphones gefunden. Es ist ein Schuppen auf einem Industriegelände, unweit der Ringstraße. Und das ist der Plan: Wir tauschen das normale Wohnmobil gegen einen geländegängigen Allrad-Camper, so einen Pick-up mit Wohnkabine obendrauf, wie man sie hier überall sieht. Das Geniale an meinem Plan liegt darin, dass Svein uns nie finden wird, wenn wir das Fahrzeug wechseln, und schon gar nicht, wenn wir von jetzt an die unbefestigten Straßen benutzen. Ich bringe Isa zur Askja Caldera, dem schönsten Vulkangebiet Islands, das wird sie fabelhaft finden. Wer weiß, vielleicht hat Svein recht und der Vulkansee ist wirklich magisch. Wir könnten ein paar Tage bleiben, sogar eine

Woche, das wird wunderbar! Es ist schön, dass ich meinen Gemütszustand so gut kontrollieren kann, selbst bei schlechtem Wetter und Problemen. Das ist gut für uns alle.

Diese optimistischen Gedanken bekommen einen ziemlichen Dämpfer, als ich das kleine Vermietungsbüro betrete. Vielleicht hatte ich eine flottes isländisches Mädchen hinter dem Tresen erwartet, wie in Reykjavík. Aber hier ist kein Mensch, es gibt nicht einmal einen echten Tresen, nur einen Tisch mit einem uralten Computermonitor und einem Berg Papier. An der Wand hängt ein Pin-up-Kalender mit einer blonden Schönheit im weißen Bikini. Davor stapeln sich Autoreifen. Man hört Musik aus einem Schuppen, der vom Büro mit einer Mattglastür getrennt ist, durch die ich nichts erkennen kann. Es riecht nach Gummi, Öl und abgestandenem Kaffee. Endlich sehe ich eine Klingel, direkt vor mir, sie ist auf den Tisch montiert, der als Schreibtisch dient, daneben klebt ein Zettel: *»Please ring«*. Ich klingle, zweimal. Keine Reaktion. Die Papiere auf dem Schreibtisch sind mit fettigen, schwarzen Fingerabdrücken verschmiert. Ich kann kein Wort entziffern. Ich klingle erneut zweimal, warte, wieder tut sich nichts. Inzwischen spielen sie im Radio ein anderes Lied. In meinem Handy suche ich die Firma und rufe die angegebene Telefonnummer an. Kurz vor mir, irgendwo unter den Papieren, läutet ein Telefon, ein durchdringendes Schrillen hallt durch den kahlen Raum. Ich schiebe ein paar Papiere beiseite und ein altmodisches Tastentelefon kommt zum Vorschein.

Die Radiomusik wird leiser, ich lasse das Telefon weiterklingeln, und verdammt, es funktioniert. Schritte nähern sich.

Ein pockennarbiger alter Mann im Overall schlendert ins Büro.

»Hallo«, sage ich und beende die Verbindung.

Der Mann sagt nichts. Er geht zum Telefon und nimmt den Hörer ab. Er murmelt etwas Isländisches. Seine Haut sieht aus wie bei einem Stockfisch, die Brauen hängen ihm bis über die Augen. Er legt auf.

»Das war ich«, sage ich und deute auf den Apparat. »Ich habe angerufen.«

Er schaut auf das Telefon wie auf einen unfolgsamen Hund und dann auf mich, als ob ich irre wäre. Ich sage ihm, dass ich mein Wohnmobil zurückgeben und gegen einen Allrad-Camper eintauschen wolle, weil wir gern noch ins Landesinnere fahren möchten. Er scheint nicht viel zu verstehen. Ich erkläre es noch einmal, in kurzen, englischen Sätzen. Ich deute zur Tür, wo das Wohnmobil steht, in dem Isa und Jonathan auf meine Rückkehr warten. Motorhome. Reykjavík. Change cars.

»Motorhome no good?«, fragt er.

Ich schaue auf den Kalender hinter ihm, als hoffte ich wirklich, mir würde die blonde Bikinischönheit zu Hilfe eilen. Er greift zum Telefon und wählt eine Nummer. Einen Augenblick ist es still, dann beginnt er auf Isländisch loszurattern. Ich verstehe kein Wort, aber es kann nicht anders sein, als dass er die Zentrale in Reykjavík anruft, um zu fragen, was er mit mir anfangen soll.

Irgendwann reicht er mir den Hörer. Er zeigt auf ihn, als ob darin jemand säße, mit dem ich reden soll. Am anderen Ende der Leitung sitzt nicht das Milchmädchen, sondern ein junger Mann. Er hört sich wenigstens an wie ein junger Mann. In tadellosem Englisch werde ich gefragt, was ich eigentlich wünsche. Ich erkläre alles noch einmal, nun wieder in ordentlichen, flüssigen Sätzen. Er erklärt mir streng, dass von einer Rückerstattung keine Rede sein könne, wenn wir unser Wohnmobil früher zurückgäben, im Gegenteil, wir müssen sogar für den Transport nach Reykjavík zuzahlen. Dafür habe ich natürlich größtes Verständnis. Zusätzlich zu unseren Rückgabekosten käme dann noch die Miete für den neuen Wagen. Für den werden keine zusätzlichen Rückgabekosten anfallen, denn die Rückgabe am Flughafen von Reykjavík ist immer kostenlos. Er nennt den Betrag, den mich das, einschließlich Versicherung, kosten wird. Nach dem ersten Schreck sage ich, das sei kein Problem. Er fragt mich, ob ich ihm wieder den Geschäftsführer geben könne. Einen Moment zweifle ich. Ist dieser Gnom etwa der Geschäftsführer? Er wirkt mehr wie ein Hinterwäldler, der gern an Autos rumschraubt. Ich verabschiede mich und will ihm den Hörer zurückgeben, doch der Geschäftsführer hat gerade den Kalender auf August umgeblättert und starrt ausdruckslos auf das neue Bild. In etwa dieselbe blonde Frau, nun in rotem Bikini.

»Hier«, sage ich einfach auf Niederländisch.

Enervierend langsam übernimmt er den Hörer. Ein

paar Bemerkungen fallen noch. Ich nehme eine ordentliche Nase Schnupftabak, in seinem Beisein. Das ist etwas typisch Isländisches, es wird ihn also nicht wundern. Diesmal bekommt mir die Prise nicht, die Körnchen geraten in meine Kehle und ich muss fürchterlich husten.

»Pssst«, sagt er.

Ich hüstle ein bisschen hinter der Hand, das Brennen im Hals will nicht nachlassen.

»*Okay*«, sagt er schließlich. »*Fourwheeldrive.*«

»Das freut mich«, stimme ich zu. Ich gebe mir keine Mühe mehr, mit ihm Englisch zu sprechen. Ich nehme Mutters Umschlag aus der Tasche und zähle die Fünfzigerscheine vor seiner Nase ab. Ich wage nicht, ihm ins Gesicht zu sehen. Er lässt die Scheine liegen. Er schnauft, tippt auf seiner Rechenmaschine herum, schaut mich an, als ob ich für das verantwortlich wäre, was auf dem Display erscheint. Er reibt sich ein bisschen sein stoppeliges Kinn, tippt erneut etwas ein und hält mir den Apparat vor die Nase. Ich soll weitere zwanzigtausend Kronen zuzahlen. Tausend Euro liegen vor ihm, noch zwanzigtausend Kronen dazu … Ich versuche nachzurechnen, ob das mit dem Betrag übereinstimmt, den mir der junge Mann am Telefon genannt hat, bin aber mit der Rechnerei völlig überfordert. Dann ist es eben so. Es ist mir ziemlich egal. Ich nicke und bezahle an seinem Kreditkartenleser die zwanzigtausend Kronen mit Kreditkarte. Ich bin mir ganz sicher, dass ich zu viel zahle, er wird einen Teil vom Geld meiner Mutter in die eigene Tasche stecken. Aber der Rest ist gut angelegt.

Nach der Transaktion verlassen wir das Büro und ich trotte hinter ihm her zum Parkplatz. Ich nehme an, dass ich ihm folgen soll. Im Freien darf ich ungestraft husten und auf den Asphalt spucken. Vielleicht ist das Tabakschnupfen doch schädlicher, als Svein es dargestellt hat. Der Regen hat aufgehört. Isa und Jonathan sind inzwischen ausgestiegen. Jonathan isst eine Zimtschnecke, eines der Dinge, die uns Svein aufgedrängt hat. Ich winke ihm zu, schau mein Junge, ich winke, weil alles okay ist und ich alles im Griff habe. Der Mann ist zu den Mietwagen weitergegangen. Es sind nicht viele, und kein einziger Camper. Vor einem Toyota Cruiser bleibt er stehen. Mit seiner wettergegerbten Hand klopft er auf die Motorhaube. Kein Wohnmobil, sondern ein normales Auto. Ich spucke noch einmal aus, der Tabak ist wirklich lästig, ich ersticke fast daran.

»*Motorhome?*«, versuche ich. »*Fourwheeldrive motorhome?*«

»*Fourwheeldrive, yes*«, sagt er. »*No motorhome.*« Er ballt die Fäuste, hält sie vor sich und macht Lenkbewegungen. »*Good car.*«

Also kein Wohnmobil, ich habe ein Vermögen für ein Auto hingelegt, in dem man nicht übernachten kann. Ich lächle, ich hüstle und schüttle ihm die Hand. Sie fühlt sich an wie trockenes Feuerholz. Er reicht mir die Schlüssel für den Toyota, ich gebe ihm den Schlüssel vom Wohnmobil. Ich nehme meinen Mut zusammen und marschiere zu Isa und Jonathan.

»Wir laden alles aus, das ganze Gepäck wird in dieses

Auto umgepackt«, sage ich und deute auf den Toyota. Isa starrt mich an, als ob ich aus dem Grab auferstanden wäre.

»Was sagst du da?«

Ich wiederhole meine Worte.

»Was? Was hast du gemacht?«

Ja, was habe ich gemacht? Ich sage, dass ich einen Tausch gemacht habe, Auto gegen Auto, ohne dass Geld geflossen ist. Das ist ein schöner Ausdruck. Wenn man mit anderer Leute Geld bezahlt hat, fühlt es sich auch nicht wie eine Lüge an. Isa geht nicht auf das geflossene Geld ein, aber sehr wohl auf den Tausch.

»Wir müssen auf einmal in dieses Auto? Wir haben kein Wohnmobil mehr? Bist du verrückt geworden?«

»Damit kommen wir zur Askja.«

»Wer sagt denn, dass ich da hinwill?«

»Ich«, sage ich Idiot.

»Du bist wirklich verrückt geworden.«

Das kann ich nicht so einfach hinnehmen. Ihr ist völlig egal, dass Jonathan danebensteht und alles hört.

»Wir schlafen in Hütten, im Inland. Das Abenteuer fängt jetzt erst richtig an!«

Ich schlage Jonathan auf die Schulter.

»Cool«, sagt er.

Ich gehe schnell in die Kabine und hole zwei Koffer heraus. Meinen und den meines Sohnes.

»Die Schränkchen müssen leergeräumt werden«, sage ich zu ihm. »Machst du das schnell? Steck einfach alles in einen Müllsack.«

Er verschwindet im Wohnmobil. Isa steht immer noch, wo sie gerade stand, obwohl es wieder zu regnen beginnt. Ihre Stimme bebt. Sie scheint Angst zu haben.

»Tiddo, geh rein zu dem Typen und sag ihm, dass du es dir anders überlegt hast. Geh wieder rein und komm mit den Schlüsseln unseres Wohnmobils zurück.«

»Das geht nicht«, sage ich. »Ich erklär es später.«

»Ich will es jetzt wissen.«

Ich hüstle ein bisschen, diesmal, um Zeit zu gewinnen. »Svein ist hinter uns her.«

Und etwas Merkwürdiges passiert, ich dachte, ich würde mich unter ihrem Blick in Luft auflösen, aber ich fühle mich im Gegenteil stärker, nachdem ich es ausgesprochen habe.

»Was?«

»Ich habe ihn gestern früh im Leuchtturm eingesperrt.«

»Eingesperrt.«

Es ist keine Frage, sie wiederholt das Wort, als habe sie es gerade gelernt.

»Aber er ist wieder frei. Ich habe ihn gesehen, bei Mývatn.«

»Eingesperrt! Wie? Warum?«

Ihr Blick ist nervös. Ihr Verstand kann mit irrationalem Verhalten nicht umgehen.

»Weil wir ihn loswerden mussten.«

Das ist zu vage, ihrem Blick nach zu urteilen, es erklärt nichts. Ich muss meinen letzten Trumpf ausspielen.

»Ich hab gesehen, wie ihr euch geküsst habt.«

Es steht auf Messers Schneide: Entweder sie verlässt mich und geht mit ihrem Koffer zum nächsten Bahnhof, oder sie gibt klein bei und steigt in den Toyota. Vorläufig tut sie nichts von beidem. Sie bleibt im Regen stehen. Die Tropfen klatschen auf unsere Koffer.

»Isa«, setze ich an, als ich spüre, wie der Regen durch meinen Pullover dringt.

»Lade ruhig alles um. Und wenn du mit den Sachen fertig bist, dann kannst du mich dazupacken.«

27

Für mich war unsere Liebe immer etwas vollkommen Reines. Ohne jede Anmache, ohne jedes Werben war sie zustande gekommen, ohne jeden Opportunismus oder auch nur die Idee, dass sich mir da womöglich eine einmalige Chance bot, die Gelegenheit einer sexuellen Beziehung oder die Möglichkeit, Macht auszuüben – alles krumme Touren, ohne die Typen wie Svein nicht auskommen. Wir standen zusammen vor diesem Bild, einer großen blauen Fläche, die ebenfalls etwas makellos Reines repräsentierte, und von diesem Moment an hatte ich das Gefühl, Teil von etwas Größerem zu sein. Ich kenne Menschen, die dieses Empfinden religiös nennen. Vielleicht konnte ich mir diese Vorstellung bewahren, weil ich mich so gut wie gar nicht um Isa bemühen musste. Dann ist der Gedanke leichter, dass einem alles in den Schoß fällt, man Teil eines höheren Plans ist. Sie rief mich ein paar Wochen nach unserer Begegnung im Stedelijk Museum an, wir tranken Kaffee, wir verabredeten uns für die Woche darauf, und dann habe ich sie geküsst. Zuerst auf die Stirn, eigentlich zwischen die Augen, es war genau die Höhe, die meine Lippen erreichten, wenn wir beide aufrecht standen. Danach ging ich ein bisschen in die Knie und küsste sie auf den Mund. Wir umarmten uns und verharrten lange in dieser Umarmung, ohne uns weiter zu küssen oder den anderen gierig zu begrabschen. Es war, als ob wir einander Trost schenkten: Diese Liebe ist das Ende des Strebens nach Anerkennung und Macht, nicht dessen Anfang. Diese Liebe ist das Ende von Grausamkeit und Schmerz, nicht deren Beginn. Es war etwas, das es noch nie zuvor gegeben hatte, diese Liebe, wir hatten sie erfunden. Wir spazierten an der äußersten Gracht und einer Plantage entlang, sie erzählte mir, wie ich Ahorn und Linde an der Rinde und den Blättern erkennen kann, und deutete auf Malve und Vogelwicke, ich hatte keine Ahnung von solchen Dingen. »Isa ist von einem anderen Planeten«, hörte man mitunter. Wenn das stimmte – ich schloss es nicht aus –, dann wusste sie als Außerirdische mehr über unseren Planeten als wir, die alles, was es zu sehen gab, einfach hinnahmen, ohne weitere Fragen zu stellen. In diesen ersten Tagen standen wir stundenlang aneinandergepresst, als ob wir nach der idealen Passform suchten, mit der wir für den Rest unseres Lebens gemeinsam durch die Welt gehen konnten. Ich habe mir nie die Mühe gemacht, darüber nachzudenken, was Isa in mir sah: einen Mann, der wie jeder andere Mann seine Träume verfliegen sah, allerdings ohne dafür Geld und Status einzutauschen. Ein Muttersöhnchen, auch das. Einen Familienvater mit einem Bürojob, den er angenommen hatte, um sagen zu können, dass er berufstätig ist. Während seine Frau in der Wissenschaft Karriere macht.

Was kann eine Frau nach all den Jahren noch an so einem Typen finden? Wie kann er für sie weiter Mann bleiben? Es ist die Überheblichkeit der Jugend, die diese Fragen bagatellisiert, oder die Bequemlichkeit eines Gläubigen, der meint, dass eine höhere Macht im Spiel ist.

Die vorherrschende Meinung besteht darin, dass es für alle Beteiligten das Beste ist, eine kränkelnde Beziehung, aus der sich alles Sexuelle verflüchtigt hat, einfach zu beenden. Aber ich will mich nicht scheiden lassen. Ich werde mich mit aller Macht gegen eine Scheidung wehren. Es kommt einfach nicht in Frage. Isa ist die Geschichte meines Lebens. Ich sehe keinen Platz für eine neue Geschichte. Wenn sie mit einem Isländer hinter dem Camper knutscht, ist das nur eine Fußnote in unserer Geschichte und nicht deren Ende. Unsere Liebe ist das Ende von Schmerz und Erniedrigung, nicht der Anfang … ach, das habe ich schon gesagt.

Unsere Liebe war rein, und sie ist es immer noch, ja, rein wie der erste Schnee. Man soll sich dabei keine Idylle oder öde Weihnachtsszene vorstellen, nicht diese Art von Schnee. Man denke an Schnee wie glasklare Eiskristalle, die durch die dünne Luft wirbeln. Unsere Liebe – Eis, nicht Feuer. Himmel, nicht Erde. Was ist denn bloß in der Zwischenzeit geschehen? Ich habe nicht richtig aufgepasst, jahrelang war ich nicht bei der Sache, jeden Tag seit der letzten Fehlgeburt, und jeder Tag ging von selbst einfach vorüber. All diese Tage haben mich hierher gebracht. Ich kann nicht verlangen, dass Isa sich ändert, sie muss sich auch nicht ändern, sie ist perfekt, so wie sie ist. Aber ich kann mich ändern, zu jemandem, der es wert ist, begehrt zu werden. Ein Geländewagen ist doch ein schöner Anfang, oder nicht? Besser als so ein dröges Wohnmobil. Rede ich mir zumindest ein. »Komm Junge, sei stark«, höre ich meine Mutter sagen, »trink deine Limonade aus, bevor du sie umstößt.«

28

Von Akureyri aus fahren wir nach Süden ins Hochland, durch ein breites, grünes Tal mit Weidegründen und ein paar Gehöften. Von den Bergen rechts und links erkennen wir nur die Umrisse, bei Regenschauern sind sie völlig verschwunden, als ob sie sich gerade mal kurz ein Stückchen weiter etwas ansehen möchten. Grau und Mattgrün sind die einzigen Farben, in vielen Schattierungen. Die Straße wird schmaler, der Straßenbelag lose. Ist es noch Asphalt? Ich glaube, wir haben gerade den letzten Bauernhof hinter uns gelassen. Die Berge rundherum rücken näher heran, na ja, so wirkt es. Der Bergrücken links ist eine lange Flanke. Auf den abgeflachten Gipfeln sehe ich wieder Schnee. Langsam steigen wir zu der Hochebene auf, das Gras weicht dem Moos, die buschigen Birkenbäumchen wollen hier auch nicht mehr wachsen. Ziemlich jäh wird die halbwegs feste Straßendecke zu einem unbefestigten Weg aus gestampfter Erde mit einem dünnen Schotterbelag. Das Land umschließt uns, wir gehören dazu, können nicht mehr daraus entkommen. Kurzum, wir sind keine Touristen mehr. Mir gefällt alles an dem Allradler, das ungebändigte Motorgeräusch, das zwar nicht vollständig bis in den Innenraum dringt, aber durchaus zu spüren ist, die Art, wie er auf das Lenkrad reagiert, der Schalthebel, mit dem man den Allradantrieb bedient. Jonathan hat nicht gefragt, wozu der Autotausch nötig war, aber ich sehe, wie beeindruckt er ist. Das hier ist für ihn natürlich viel toller, als hinten in diesem spießigen Wohnmobil zu sitzen. Der Wagen schwebt geradezu über die Rillen und Schmelzlöcher, die Straße macht manchmal knirschende, dann wieder schmatzende Geräusche. Der Motor, die Straße, der Regen, die sich über die Scheibe schiebenden Wischerblätter, alles hört sich an wie Musik. Musik, die mich mein letztes Geld gekostet hat, aber das ist egal, es zahlt sich bestimmt aus. Auch Isa wird am Ende überzeugt sein, sobald der Regen aufhört und die Berge sichtbar werden, und kein Tourist weit und breit und garantiert kein Anhalter. Man muss verrückt sein, um sich hier an die Straße zu stellen und den Daumen hochzuhalten. Unser ganzes Hab und Gut hat sich leicht in dem Toyota verstauen lassen, die Koffer hinten und die Einkäufe neben Isa auf der Rückbank. Morgen sind wir zur Askja unterwegs, dann wird sie begreifen, dass ich das alles nur für sie getan habe. Dass ich alles für sie tun würde. Dass ich diesen Scheißtramper nur ausgeschaltet habe, um uns zu retten. Natürlich habe ich Svein nicht wegen der Küsserei eingesperrt. Ich habe ihn abgeschüttelt, weil ich vermutet habe, dass er auf mein Geld aus war, auf die tausend Euro in Scheinen. Und weil ich ihm zu viel erzählt habe. Ich war gezwungen, die Wahrheit einzusperren.

»Das ist das echte Islandgefühl«, rufe ich, »das hier!« Ich schlage Jonathan aufs Knie und äuge im Spiegel zu Isa. »Urlaub!«

»Wo schlafen wir denn?«, fragt Jonathan.

»In einer Hütte.«

»Wo ist die Hütte?«

»Nicht weit.«

Es sind bestimmt noch fünfzig Kilometer bis Laugafell, ein Zwischenstopp, nichts als ein paar Hütten, wenn ich mich recht erinnere. Hoffentlich können wir dort übernachten. Von Laugafell ist es eine Tagestour zur Askja. Auf den vor uns liegenden fünfzig Kilometern können wir noch auf alle möglichen Hindernisse stoßen, vor allem auf Pfuhle, auf tiefe Wasserlöcher und Flüsse, die wir durchqueren müssen. Abenteuer, an die mit so einem lahmen Wohnmobil gar nicht zu denken ist.

»Brauchen wir denn keine Schlafsäcke?«, fragt Jonathan.

Das ist die beste Frage des Tages. Zum Glück taucht im selben Augenblick ein großer, trüber Tümpel vor unseren Rädern auf. Ich nehme Gas zurück, schalte die Vorderachse zu und rufe »hahahaa« wie ein Bösewicht in einem B-Movie, während der Wagen mühelos das Wasser durchpflügt. Ich spüre, wie der Vorderradantrieb über das Fahrgestell in meinen Beinen vibriert, ein großartiges Gefühl.

»Fett, was?«, sage ich.

»Ja, Wahnsinn«, antwortet Jonathan.

»Die besten Ferien aller Zeiten, nicht?«

Jonathan lacht blöde. Isa hat noch immer kein Wort gesagt. Auf den nächsten Kilometern kriegt es der Toyota mit unzähligen solcher Riesenpfützen zu tun, außerdem wird die Straße schmaler und schlechter. Wenn es weiter so regnet, verwandelt sich dann die ganze Strecke womöglich in einen Fluss? Die Straße schraubt sich jetzt steil nach oben, in engen Haarnadelkurven, Straße kann man das eigentlich kaum noch nennen, davon ist nichts mehr übrig, es ist eine Piste voller Geröll und gewaltiger Löcher. Wenn es nur nicht noch schlimmer wird.

»Du musst keine Angst haben«, sage ich zu Jonathan. »Dieses Auto bringt uns überall hin.«

»Ich habe keine Angst.«

Seit wir die befestigte Straße verlassen haben, ist uns noch kein einziger Wagen begegnet, Gott sei Dank, denn bei einem entgegenkommenden Fahrzeug wäre Trauer angesagt. Vertrauen ist wichtig, wenn man hier fährt, man muss seinem Gefährt vertrauen und dem Wissen, dass der Weg, der sich immer schlechter befahren lässt, tatsächlich irgendwohin führt, denn in dieser Gegend fällt es nicht schwer zu glauben, dass in Kürze ein tiefer Abgrund der Fahrt ein Ende bereiten wird. Wie hat Svein das nur wieder ausgedrückt? Man beginnt hier unweigerlich, an Götter und Teufel zu glauben. Jemand muss in dieser Wildnis der Boss sein, und wer das auch immer ist: Die Menschen sind es nicht. Isa lehnt am Seitenfenster, einen Arm vor dem Gesicht. Später werde ich sie aufmuntern, jetzt tue ich so, als würde ich es nicht bemerken. Das Problem mit den Schlafsäcken macht mir zu schaffen. Bald sind wir bei dieser Hütte und haben keine. Wie dämlich kann man nur sein. Was hatte ich denn erwartet? Dass wir ein Sternehotel mit gestärkter und gebügelter Bettwäsche vorfinden werden? Wir hätten heute früh in Akureyri genug Zeit gehabt, uns ein paar Schlafsäcke zu kaufen. Jetzt müssen wir womöglich die ganze Nacht durchfahren, um warm zu bleiben.

Mit einem Mal sind wir oben. Im Hochland. Eine ungeheure Ebene liegt vor uns, schwarze Berge und dunkelgraue Erde, so weit das Auge reicht. Hier gibt es nichts, nichts, was wächst oder lebt. Asche und erstarrtes Magma aus dem höllischen Inneren eines ruhelosen Erdballs. Die Welt vor ihrer Erschaffung. Allmählich versteht man, warum alle Isländer Gedichte schreiben. Die Straße, oder wenn man so will, die von Tausenden Autoreifen in die Landschaft gespurte Piste ist hier breiter und wogt durch das kahle Land, ist Teil davon. Der Regen hat aufgehört, oder es hat hier gar nicht geregnet, das könnte auch sein. In den Wolken zeigen sich sogar Lücken, verstohlen das erste Blau. Mitunter führt die Straße nach unten und wird auf dem tiefsten Punkt von einem kleinen Fluss durchschnitten. Während der ganzen Durchfahrt kann ich eigentlich immer bis auf den Grund sehen, und selbst wenn ich nicht richtig erkenne, wie hoch das Wasser reicht, höher als zu den Stoßstangen steigt es nicht. Nachdem wir aus den Fluten aufgetaucht sind, dampft das Auto eine Weile, macht aber keine Zicken. Mit der Zeit wird das alles für mich todlangweilig: ständig diese Berge, man spricht über nichts anderes als diese miesepetrigen Berge, wenn man hier ist, es ist unmöglich, nicht über sie zu sprechen. Das kahle Land, die Gewässer, man kann bis in alle Ewigkeit weiterfahren, ohne dass sich etwas verändert. Die Dichtung der Isländer, vielleicht schreiben sie doch eher aus Langeweile und das Dichten ist eine Ablenkung, um wenigstens für einen Augenblick nicht an diese Berge denken zu müssen. Die kleinen gelben Pfosten, die den Weg markieren, jemand muss sie in den Boden getrieben haben – das ist ein Gedanke, der mir gefällt, der mich in der Vorstellung bestärkt, dass wir irgendwann ankommen. Holzlatten sind es, mehr nicht, sie machen die Straße bei Schneesstürmen passierbar, bis der Winter hier wirklich einfällt und du hier nichts mehr zu suchen hast. Wir fahren noch eine halbe Stunde, dann stehen wir unversehens an einer Kreuzung mit Wegweiser; vier gelbe Arme zeigen in alle vier Himmelsrichtungen, ein prächtiger, tröstlicher Anblick. Das Ding hebt sich so gut von der farblosen Steinwüste ab, dass ich den Motor abstelle und aussteige. Der Wind ist frisch, aber nicht so stark, wie ich es im Inneren der Insel erwartet hätte. Aber es ist sehr viel kälter als in Akureyri. Nach Laugafell müssen wir rechts abbiegen, jetzt sind es nur noch vier Kilometer. Das rufe ich Isa fröhlich zu. Zögernd öffnet sich ihre Tür. Sie steigt aus. Sie sieht blass aus, um die Augen ist ihre Haut gerötet, aber ihre Neugier ist doch stärker als ihre, tja, was eigentlich. Niedergeschlagenheit. Denkt sie noch an diesen Idioten? Ich habe ihn jedenfalls schon vergessen, nichts erinnert mich noch an ihn, und es gibt keinen Anhalter, der sich hierher wagte. Die Vorstellung, dass er hier stehen könnte, mit seiner Mütze, hier an diesem Wegweiser, und den Daumen in die große Weite hochreckt! Ha, wenn ich ihn nicht vergessen hätte, würde ich es sogar komisch finden.

»Warum lachst du?«, fragt Isa.

Das sind ihre ersten Worte zu mir, seit wir in den Geländewagen eingestiegen sind.

»Weil es hier so schön ist.«

Weiter sagt sie nichts, sie studiert das Schild und hebt Steine vom Boden auf. Gut, sie hat sich fast wieder gefangen, sonst würde sie keine Steine auflesen. Ich ziehe das Schnupftabakdöschen heraus, klopfe ein bisschen Pulver in die Mulde an meinem Handgelenk und ziehe es hoch. Mir schwindelt einen Augenblick von dem köstlichen Brennen in meiner Stirn.

»Willst du es auch mal versuchen?«

Sie blickt mich voller Abscheu an. Merkwürdig, dieser Blick gefällt mir. Ich bin für sie kein harmloses, langweiliges Wesen mehr, sondern ein Mann, den man verabscheuen kann. Ein Typ mit schlechten Angewohnheiten, der einen in seiner Verlotterung mitzureißen droht und den man als Frau am liebsten retten würde. Nicht die Art von Mann, dem man belehrend sagen kann, dass er seine Mutter noch anrufen soll. Das erscheint mir als Fortschritt.

Isa steckt einen kleinen Stein in die Tasche ihrer Zipp-Off-Hose. Am liebsten würde ich ihr einen liebevollen Klaps auf den Po geben, aber plötzlich beginnt meine

Nase zu laufen und meine Augen werden nass. Der Tabak brennt so sehr im Hals, dass ich husten muss. Ich schaue mich noch einmal um. So weit das Auge reicht, dasselbe aschgraue Land, in der Ferne locken die Gletscher, jetzt, nachdem sich die Bewölkung lichtet, sind sie wieder zu sehen. Der Wegweiser, der Toyota, meine Frau und die endlose, kahle Ebene, alles ist gut. Was kümmern mich diese Schlafsäcke? Ich will ein Foto vor diesem Wegweiser, mit meiner Familie.

»Heh, Jonathan, komm doch mal, wir machen ein Gruppenfoto! Ein Selfie!«

Er bleibt im Wagen hocken. Auch Isa steigt wieder ein, alles Spielverderber.

Ich setze mich wieder hinters Lenkrad. Jonathan hat den Wegweiser gezeichnet, sehe ich mit einem kurzen Blick. Aus den Armen hat er Menschenarme mit Händen und zeigenden Fingern gemacht. Er klappt das Buch zu und steckt es weg, als er merkt, dass ich hinsehe.

29

Nicht lange danach taucht Laugafell auf, eine kleine Oase in der Steinwüste. Ich zähle drei kleine Häuser und mindestens zehn Autos. Einige davon sind Camper mit Allradantrieb. Die grüngetünchten Hütten haben rote Dächer, sie wirken wie Raumschiffe, die an der falschen Stelle gelandet sind und es dann dabei belassen haben. Knirschend kommt der Toyota im Kies zum Stehen, der Anblick der Häuser in dem Grün (endlich wieder Grün!) entspannt mich so, dass ich plötzlich meine Müdigkeit spüre. Die Leichtigkeit in meinem Kopf kommt nicht vom Tabak, sondern von einer an Erschöpfung grenzenden Müdigkeit, ausgelöst vom Schlafmangel, der sich jetzt schon tagelang aufgestaut hat. Hinter einer der Hütten liegt ein ovaler, von flachen Steinen gesäumter Pool. Über dem Wasser kreiseln dünne Dampfkringel, die gleich wieder verwehen. Ich sehne mich so sehr nach diesem heißen Badewasser, dass mich ein Zittern überkommt.

Der Betrieb rund um die Raststation ist strikt durchorganisiert. In der weißen Hütte gibt es eine Rezeption. Beim Hüttenwirt rechne ich die Übernachtung ab, er deutet auf einen Stapel Decken, von dem ich so viele nehmen darf, wie ich möchte, wenn wir meinen, dass unsere Schlafsäcke nicht genügend Schutz gegen die Kälte bieten. Wie ein Pfarrer, der die Gesetze Mose verkündet, zählt er alles auf, was erlaubt und was nicht erlaubt ist. Wir dürfen das Schwimmbad benutzen, nicht mit dem Auto aufs Gras fahren, in der Schlafhütte nicht essen und nicht trinken, Abfall müssen wir im Auto auch wieder mitnehmen. Es gibt zwei Schlafhütten und eine dritte Hütte mit sanitären Einrichtungen und einem Raum zum Kochen und Essen. Als ich erwähne, dass wir »Probleme« mit den Schlafsäcken hätten, geht er nach hinten und kommt mit einem Set Leintücher zurück. Dafür muss ich extra zahlen, aber das ist mir egal.

Zehn Minuten später liege ich im heißen Wasser, es tut so gut, dass ich auf der Stelle schläfrig werde. Jonathan versucht herumzuschwimmen und ruft gelegentlich autsch, wenn er an eine Stelle kommt, wo das heiße Wasser aus der Erde kommt, man sieht es an den Bläschen, die dort aufsteigen. Das Schwimmbecken ist nicht zum Herumschwimmen gedacht. Es ist eine große Badewanne. Das Wasser ist nicht gerade glasklar, es gibt reichlich Algen. Im Stehen reicht mir das Wasser bis zu den Hüften, und wenn ich nach unten schaue, sehe ich meine Beine langsam im Algennebel verschwinden, die Füße sind gar nicht mehr zu sehen. An den Rändern liegen Steine im Wasser, auf denen man sitzen kann. Es ist ein Ort, den es so eigentlich nicht geben kann,

Laugafell, deshalb kommen dir Zweifel, ob es dich selbst denn überhaupt gibt. Ein grünes Fleckchen Land und eine Thermalquelle in einer schwarzen, leblosen Wüstenei. Die Welt ist weit, weit weg, sie kann untergehen, ohne dass du hier etwas davon bemerkst, denn hier ist die Welt schon vor Jahrhunderten untergegangen, es hat nicht einmal eine Schöpfung gegeben bis auf dieses briefmarkengroße Stückchen Grün, darauf hat der Schöpfer kurz seinen Finger gelegt.

»Man kann hier nicht richtig schwimmen«, sagt Jonathan.

»Nein, leg dich einfach gemütlich hin.«

Er setzt sich neben mich, das gefällt mir. Er hätte sich schließlich auch ein Stück weiter weg setzen können. Ich schaue auf seinen bleichen Unterarm, der neben mir im Wasser liegt. Als ob es ein Gegenstand wäre, den ich hier im Wasser vorfinde, fasse ich nach seinem Arm. Meine Hand kann den Arm auf der Höhe des Ellbogens noch umfassen. Ach, das werde ich vergessen, denke ich, in zwei Jahren weiß ich das nicht mehr. Die Zeichnung von Ægishjálmur, die Svein auf seinen Arm gemalt hat, ist weg. Ich halte seine Hand und lasse sie nicht los.

»Denkst du, dass wir Svein noch einmal sehen?«, fragt er.

»Garantiert«, sage ich, enttäuscht, weil er von diesem Kerl anfängt.

»Warum ist er so plötzlich weg?«

»Er musste ... zu Verwandten.«

»Dann kommt er bestimmt wieder zu uns zurück.«

Um uns herum die schwarzen Berge, das totale Nichts und dennoch ist dieser Junge sich sicher, dass wir Svein bestimmt noch einmal wiedersehen.

»Du kannst ihn doch anrufen? Oder whatsappen?«, fragt Jonathan.

»Ich habe seine Nummer nicht.«

Endlich mal was Wahres.

»Ist es nicht ein schöner Urlaub?«, frage ich.

»Ja.«

Das machen Kinder immer, sie sagen brav ja, wenn es von ihnen erwartet wird. Noch ein Jahr älter, und auch das ist Vergangenheit.

»Diese Zeichnungen, weißt du …«, fahre ich fort.

Er sinkt ein bisschen tiefer ins Wasser, bis sein Kinn knapp über der Wasseroberfläche liegt.

»Was bedeuten sie?«

»Nichts.«

Falsche Frage. Wie soll er denn wissen, was seine Monster und Gemetzel bedeuten?

»Pap?«

»Ja?«

»Wenn ihr euch scheiden lasst, wo muss ich dann wohnen?«

Vor Schreck lasse ich seine Hand los. Mein Körper möchte schwitzen, aber das geht nicht in dem heißen Wasser.

»Scheiden? Wie kommst du bloß darauf?«

»Ihr habt doch Streit?«

»Aber nein, wir haben keinen Streit.«

»Mama benimmt sich ganz anders als sonst.«

»Wie meinst du das, anders?«

»Ihr benehmt euch beide anders als normal.«

»Anders als normal. Vielleicht ist das gerade gut.«

Ich nehme wieder seine Hand, einen kurzen Augenblick fühle ich wieder, wer ich bin: ein Mann, der seinen Sohn nicht kennt und für seine Frau zu dumm ist. Das verdammte heiße Wasser hat mich schlapp und sentimental gemacht. Der Schweiß, der mir von der Stirn strömt, nimmt meine Tränen mit.

»Ich versuch noch mal zu schwimmen«, sagt Jonathan. Er stößt sich ab und pflügt durch das dampfende Wasser, weg von mir.

Ich nehme eine eiskalte Dusche, spüre aber keine Wirkung. Selbst nachdem ich den Hahn zugedreht habe, steigen noch Dampfschwaden von meiner Haut auf. Nachdem ich angezogen bin und an der Hütte vorbeikomme, die als Gemeinschaftsraum dient, sehe ich Isa hinter einem der kleinen Fenster sitzen. Sie liest. Wahrscheinlich eine Fachzeitschrift. Also alles im grünen Bereich. Scheidung, wie kommt der Junge nur auf die Idee? Es ist alles in Ordnung. Im Gegenteil, es läuft gut zwischen uns, endlich, nach Jahren, geht es voran. Ich wusste es! Deshalb wollte ich unbedingt diese Reise machen!

Es sind eine Menge Leute in der Hütte, einige kochen gerade, andere essen, unterhalten sich oder machen ein Brettspiel. Ich schließe mich nicht Isa an, sondern gehe zum Auto und setze mich hinters Lenkrad. Auf der Wiese hinter den Hütten stehen ein paar Zelte. Kommen vielleicht doch Tramper hierher? Nervös mustere ich die Umgebung, nein, verdammt, es kann nicht wahr sein, dass ich hier nach Svein suche. Auf dem Sitz neben mir liegt Jonathans Skizzenbuch. Und sein Fineliner. Ich rolle den Ärmel meines Pullovers hoch, drehe die blasse Innenseite meines Arms nach oben und stütze das Handgelenk auf dem Lenkrad ab. Mit Jonathans Stift male ich einen kleinen Kreis auf meinen Unterarm und durch den Kreis ein Achsenkreuz. Dann diagonal dazu ein zweites Achsenkreuz. So entsteht eine Sternform. Ich kenne das Symbol in- und auswendig und versuche, ruhig und sorgfältig zu arbeiten. Es wird weniger akkurat als das von Svein auf Jonathans Arm gezeichnete, Svein mit seiner göttlichen, sicheren Hand. Aber das gewünschte Ergebnis ist erkennbar. Ich bin mir sicher, dass es funktioniert. Ich strecke die Handfläche, so dass sich meine Handlinien straffen, und male zwei Linien im rechten Winkel zueinander, vier Arme, mit einem Dreizack an jedem Ende. Die Spitze des Stifts kitzelt in meiner Hand. Das ist das Zeichen, mit dem Svein Frauen für sich zu gewinnen glaubt. Bei ihm war es in der rechten Hand, aber ich kann mit links nicht zeichnen, also muss es so gehen. Ich schließe die Faust und öffne sie wieder. Die Finelinertinte hält, aber man sieht, dass sie sich um die Handlinien herum schnell verwischt. Ich versuche mir eine Tätowiernadel vorzustellen, die zuerst kitzelt wie Jonathans Stift und danach wie eine Hornisse zusticht.

30

Wir essen Dosenbohnen mit ausgelassenem Speck. Jonathan ist begeistert, er schaufelt die Bohnen in sich hinein. Isa isst langsam, aber nicht genießerisch, jeder Bissen wirkt wie ein Vorwurf, wie eine kurze Überwindung des Todestriebs. Es ist inzwischen schon fast zehn Uhr, und weil Isa keine Anstalten dazu macht, schicke ich Jonathan ins Bett. Die Schlafhütte bietet, auf zwei Etagen verteilt, an die zwanzig eingebaute Betten. Jonathan hat ein oberes Bett gefunden, an dessen Fußende liegen Isas Sachen, meine Pritsche ist unten. Der Raum ist mit Taschen vollgestellt, überall hängen säuerlich müffelnde Handtücher. Ein paar Leute schlafen schon, erschöpfte Abenteurer. Ich würde auch gern schlafen, möchte davor aber noch mit Isa sprechen. Ich streichle Jonathans Kopf und wünsche ihm eine gute Nacht, überlege kurz, ob ich ihn hier allein lassen kann, bedenke dann, dass wir hier mitten in der Pampa sicherer sind als sonst wo.

Beim Verlassen der Hütte sehe ich Isa auf dem grünen Hügel neben dem Fahnenmast stehen. Über ihr flattert die isländische Fahne. Isas Locken tanzen im selben Rhythmus. Es ist ein wunderbares Bild. Ich eile zu ihr, stelle mich neben sie und lege einen Arm um ihre Schultern. Die Sonne hat sich hinter den dichten Wolken versteckt und wirft ein gelbes Streiflicht über das Land, das jetzt viel weniger grau und tot wirkt als tagsüber. Die Hütten werfen lange Schatten wie Hochhäuser, unser eigener Schatten reicht bis zum Horizont, nur wenige Schritte von uns entfernt wachsen büschelweise kleine lila Blüten.

»Vielleicht müssen wir es einfach vergessen«, sage ich.

»Stimmt.«

Ich meine den Kuss von Svein. Aber meint sie dasselbe?

Ich lasse den Arm sinken, bis er auf ihrer Hüfte liegt. Ich muss dieses Gebiet zurückerobern, es muss wieder werden, wie es immer war. Früher hatte ich meine Hand oft dort liegen, aber das hat seine Selbstverständlichkeit verloren und ich habe keine Ahnung, wann das passiert ist.

»Es gibt eine alte Sage, die besagt, dass eine Isländerin, wenn sie einen Mann liebte, einen Mörder anheuerte, um ihn töten zu lassen und danach den Mörder zu heiraten.«

Wo habe ich die Geschichte nur her? Hat Svein sie mir erzählt? Isa geht nicht darauf ein.

»Das stimmt natürlich nicht. Aber man sagt, wenn eine Isländerin selbst entscheiden darf, heiratet sie den Mann, den sie am wenigsten liebt.«

»Was willst du damit sagen?«

Ich will nichts damit sagen, glaube ich, nur etwas provozieren. Ich will, dass sie sagt, dass sie mich liebt.

»Ach Isa, weißt du noch, dass du mich, als wir ganz frisch zusammen waren, auf unseren Spaziergängen immer auf Feldblumen aufmerksam gemacht hast: Malve, das Violette dort, davon hatte ich noch nie gehört! Ich habe es gepflückt und ...«

»Das ist keine Malve. Das ist wahrscheinlich wilder Thymian.«

Ich ziehe sie näher zu mir. Sie seufzt, ich spüre ihr Zögern. Zögern ist keine Zurückweisung.

»Ich will wissen, was los ist«, sagt sie.

Es ist nichts los, solange wir hier stehen, also sage ich nichts.

»Du musst mir alles sagen. Ist es dieser eine dumme Kuss? Muss ich mich dafür entschuldigen? Wie hast du Svein um Himmels willen eingesperrt? Wie muss ich mir das vorstellen?«

Darauf habe ich jetzt keine Lust. Ich drücke meine Nase in ihren Nacken, atme ihren Geruch ein.

»Tiddo, hör auf damit. Wenn du es nicht jetzt erzählen kannst, ist es vielleicht zu spät.«

Aber ich habe nichts zu erzählen. Was soll ich sagen? Durch Reden habe ich noch nie etwas besser gemacht.

»Ich will, dass du mich küsst, wie du ihn geküsst hast.«

Ich drücke einen Kuss in die Kuhle zwischen Schulter und Hals. Sie reißt sich los und rennt zur Hütte.

»Wie viele andere hast du eigentlich geküsst wie

Svein?«, rufe ich ihr nach. Ich erwarte keine Antwort und bekomme auch keine.

Auf dem kleinen Zeltplatz in einiger Entfernung fällt mir etwas Sonderbares auf, ich kneife die Augen zusammen, um es besser zu erkennen. Ein kleiner Junge auf einem Kettcar. Er bewegt sich nicht, er versucht nicht, den Wagen herauszuziehen, er sieht zu mir her und ich vermute, dass er alles beobachtet hat. In einem Film hätte so etwas eine große Bedeutung, aber im echten Leben bedeutet es zum Glück nichts, außer dass mehr Menschen als gedacht dieselbe Route fahren wie wir. Morgen küsse ich dich wieder, liebe Isa, furchtlos wie ein isländischer Killer. Und was danach geschieht, steht in den nordischen Sagen beschrieben, unzählige Male.

31

Ich schlafe wie ein Murmeltier und träume von diesem Land. Ich sitze im Geländewagen, allein. Das Land wird immer größer, während ich es durchquere, es wächst, entfaltet sich vor dem Reisenden. Ich durchquere schnell strömende Flüsse, das Wasser steigt bis zur Windschutzscheibe, von der Straße ist nichts mehr zu sehen, aus dem Boden qualmt es und er bricht an beliebigen Stellen auf wie eine eiternde Wunde. Wieder ein Fluss, die Nase des Offroaders senkt sich hinein, es ist kein Wasser, es ist heißer Schlamm, der Motor jault, während ich langsam in der Hölle versinke, der Schlamm kriecht durch die Ritzen und quillt dann ungehindert durch den Fahrerraum. Meine letzte Tat ist ein Anruf bei meiner Mutter. Ich sage ihr, dass alles prima läuft und wir eine gute Zeit haben. »Wie schön«, sagt sie, »dass es euch dort so gutgeht.«

Als ich aus dem Traum hochschrecke, schleicht jemand durch die Hütte. Die Fenster sind mit Rollläden verdunkelt, ich kann nichts sehen, höre aber Schritte, das Atmen eines Mannes, er schnieft und läuft ruhelos hin und her. Ist es ein später Reisender, der nachsieht, ob es noch einen Schlafplatz gibt? Jemand, der auf der

Toilette war und jetzt sein Bett nicht finden kann? Ich bleibe mucksmäuschenstill und versuche, mich trotz der schnarchenden Mitschläfer auf die Geräusche des Mannes zu konzentrieren. Ich kann sogar Isas leises Atmen unterscheiden. Plötzlich geht mir auf, dass uns sogar unser Atem verraten kann. Denn es ist Svein, der hier herumstreicht, da bin ich mir sicher, und er mag vielleicht nichts sehen, aber er kann Isa atmen hören. Er weiß, wie sie sich anhört, er hat bei uns geschlafen, er hat sie geküsst! Oder ist es schon Paranoia, das zu denken? Der Mann bleibt in der geöffneten Tür stehen, er ist lang und breit, er füllt die ganze Tür aus, so dass es im Raum nicht viel heller wird. Ich bin mir jetzt sicher, dass es Svein ist.

Ich schließe die Augen und lege meine Hand auf das Zeichen des Ægishjálmur. Der Mann steht zaudernd in der Tür.

»*Please close the door*«, sagt jemand.

Die Tür wird geschlossen. Svein ist verschwunden, aber weit weg kann er nicht sein. Vielleicht baut er auf dem abgezäunten Feld sein Zelt auf oder er versucht sein Glück in der anderen Hütte. Vielleicht wartet er auch im Küchengebäude.

Unter der Decke schalte ich mein Handy ein, damit ich die Uhrzeit im Blick behalten kann. Wir müssen hier möglichst früh weg. Jetzt ist es drei Uhr. Um sechs aufstehen müsste drin sein. Wenn ich sie noch früher wecke, wird Isa argwöhnisch. Sechs Uhr, sonst schaffen wir es nicht bis zur Askja, das ist eine vernünftige Erklärung. Mindestens eine Stunde lang liege ich atemlos unter meinen Decken. Wenn wir wieder zu Hause sind, werde ich dann immer noch Angst haben, dass dieser Isländer hinter uns her ist? Mir ist so taumelig vor Müdigkeit, dass ich gegen Morgen doch noch Schlaf finde.

32

Richtiger Schlaf ist das nicht, das hier. Ich befinde mich in einem Fiebertraum, einem Traum, in dem ich aufstehe, meine Familie wachrüttle und flüchte. Immer wieder von vorn und in immer neuen Varianten: Jonathan ist nicht wach zu kriegen, die Tür geht nicht auf, die anderen Leute halten uns zurück, das Auto ist verschwunden, die Reifen sind platt, es gibt eine Überschwemmung. Als ich dann endlich aufwache, ist es schon fast sieben Uhr. Vor Schreck stoße ich einen kurzen, erstickten Schrei aus. Alle Abenteurer liegen noch in ihren Schlafsäcken, in der Hütte steht die Luft und es ist furchtbar stickig. Ich wälze mich von meiner Pritsche, meine Füße sind eiskalt und ganz taub, ich richte mich auf und stoße mir den Kopf am Bettrand über mir, wo Isa liegt.

»Isa«, zische ich, während mein Kopf noch hämmert und ich alles verschwommen sehe. Ich flüstere noch einmal ihren Namen und rüttle an ihrer Schulter.

»Ich will noch weiterschlafen«, sagt sie.

»Wir müssen früh los, es ist ein ziemliches Stück.«

»Dann gehen wir eben nicht. Ich bleibe im Bett.«

»Isa, mach schon.«

»Hör auf. Lass mich schlafen.«

Sie zieht sich die Decke über den Kopf und rutscht möglichst weit von mir weg. Einen gewissen Widerstand hatte ich durchaus erwartet, aber was soll ich jetzt tun? Ich ziehe meine Kleider an, die Socken und die Wanderschuhe. Ich verlasse die Hütte, der Toyota steht noch da, die Reifen sind nicht durchstochen. Ein dünner Nebelstreif liegt über dem Gras, ich laufe sogar durch diesen dünnen Schleier, mir wird kalt an den Beinen. Über der Steinwüste keine Spur von Nebel, ebenso wenig um die Berge, bis auf ein paar Wolkenschlieren weit oben ist der Himmel strahlend blau. Sind es die Vorboten eines aufziehenden Tiefdruckgebiets? Für den Himmel habe ich keinen weiteren Blick. Ich halte Ausschau nach einem kleinen Zelt, das Svein gehören könnte. Nichts, was darauf hinweisen würde. Warum sollte er mitten in der Nacht in unsere Hütte gekommen sein, wenn er ein Zelt hat? Um die Zelte herum wuseln schon ein paar Menschen, ebenso um die Sanitäranlagen. Ein paar Abenteurer dümpeln sogar schon im Thermalwasser. Auch dort keine Spur von Svein. Liegt er in der anderen Schlafhütte? Ich pinkle und spritze mir Wasser ins Gesicht. Im Auto streiche ich Brote für uns drei, es gibt Orangensaft, Wasser, wir haben reichlich Vorräte. Kaffeekochen in der Gemeinschaftsküche möchte ich nicht riskieren, wir begnügen uns hiermit, mit einem kargen kalten Frühstück im Auto. Auf dem Beifahrersitz liegen noch immer Jonathans Skizzenbuch und der Stift. Ich nehme den Stift und ziehe die verblassten Runen in meiner Handfläche nach. Ich puste, damit die Tinte schneller trocknet, balle eine Faust und strecke danach wieder die Finger. Auch die Zeichnung auf meinem Unterarm ziehe ich nach. Ich presse den Unterarm gegen die Stirn, so dass Ægishjálmur genau zwischen meine Augen drückt. Ich reibe über meine Wangen, allmählich wird es wirklich was mit dem Dreitagebart. Jetzt muss ich Rückgrat zeigen. Ich haste zur Hütte zurück, wo ich Isa und Jonathan vorfinde, wie ich sie verlassen habe – mit dem Rücken zu mir und der Decke über dem Kopf.

»Isa. Isa!« Ich stubse gegen ihren Rücken. »Wir müssen gehen, sonst erreichen wir nicht rechtzeitig die nächste Hütte.«

Keine Reaktion. Wut steigt in mir auf.

»Los, aufstehen. Beide!«

Ich erschrecke über meinen eigenen Ton. Pritschen knarren, ein paar Schläfer sind aufgewacht und drehen sich wie träge Tiere zu mir um.

»Um die Mittagszeit schlägt das Wetter wieder um«, setze ich hinzu, weil mir aufgeht, dass Isa eine nähere Erklärung möchte. Jonathan bewegt sich, er streckt den Kopf unter der Decke vor.

»Ich habe im Auto leckere, belegte Brote«, sage ich. »Komm schnell. Oh, und ich hab dein Skizzenbuch auf dem Sitz liegen sehen.«

Er ist schon aus dem Bett. Ach, wie ist er mager. Und er wird groß. Das Pyjamaoberteil reicht ihm bis knapp über den Nabel.

»Heute Nachmittag sind wir an der Askja«, sage ich

zu Isa, die sich auf den Rücken gedreht hat und mit leerem Blick an die Holzdecke starrt. »Komm, Isa. Komm.«

Sie seufzt.

»Ich liebe euch«, sage ich ein bisschen zu laut.

Verzweiflung liegt in meiner Stimme, aber ich meine es ernst.

»Psst«, zischt sie. »Die Leute wollen noch schlafen.«

33

Fünf Minuten später tigere ich auf dem Parkplatz auf und ab. Die Hütte, in der ich Svein vermute, behalte ich scharf im Auge, ohne jedoch zu wissen, was ich täte, sollte er tatsächlich auftauchen. Am liebsten hätte ich ein Jagdgewehr, um es auf die Hütte richten zu können. Eine Waffe haben, das ist sowieso eine gute Idee. Vorsichtshalber trage ich meine Regenjacke, damit ich mir eine Kapuze über den Kopf ziehen kann. Mich wird er nicht so schnell erkennen, aber wegen Isa mache ich mir natürlich Sorgen. Jonathan sitzt bereits im Auto, mit dem Skizzenbuch, Isa bestand darauf, noch zu duschen. Außer diesen vagen Dunststreifen hoch oben trübt kein Wölkchen den Himmel, wodurch meine Unwetterwarnung ein wenig an Glaubwürdigkeit einbüßt. Verdammt, Isa, beeil dich doch endlich. Ich tue nichts anderes, als innerlich vor mich hin zu schimpfen und dabei Isa in Gedanken anzuspornen. Beim Warten auf sie kann ich nicht einfach stillstehen. Der Kies knirscht unter meinen Sohlen, während ich hin und her laufe und die Hütte nicht aus den Augen lasse. Die Tür öffnet sich. Zwei Spanier oder Italiener kommen heraus, mit Rucksäcken, die über sie hinausragen. Dann bleibt es eine ganze Weile still. Ein dicker Mann mit Bart und Mütze kommt auf mich zu, ich sehe ihn im Augenwinkel und schenke ihm keine Beachtung, denn es ist auf keinen Fall Svein. Er grüßt mich, ich grüße zurück.

»*Where are you going today?*«

Ich bin absolut nicht darauf gefasst, dass Leute mit mir ein Schwätzchen machen wollen. Ich würde schon gern antworten, lasse die Hütte aber nicht aus den Augen.

»*Askja, the caldera.*«

Er nickt und lacht.

»*Amazing place. Road ist terrible though. Dangerous. A merciless road! You are an experienced driver I guess?*«

»*Absolutely*«, sage ich.

»*Your early departure gives it away. The fords are mostly doable in the morning, as you know. Good luck!*«

»*Thank you.*« Ich wünsche ihm einen guten Tag. Krieg ich einfach so ein weiteres Argument geschenkt für eine frühe Abfahrt – die Furten lassen sich am Morgen besser durchqueren. Weniger Schmelzwasser, schätze ich. Endlich kommt Isa hinter dem Haus mit den Duschen hervor. Genau da vibriert das Telefon in meiner Hosentasche, ich bekomme einen Riesenschreck und bleibe wie angewurzelt stehen, bis das Vibrieren aufhört. Dann ziehe ich das Gerät aus der Tasche. Verpasster Anruf, Samstag 07:22 *Mama*.

Es ist so weit. Endlich. Ich wusste nicht einmal, dass schon wieder Samstag ist.

34

Wir fahren ostwärts, bis wir die F 26 kreuzen, die Hochlandpiste Sprengisandsleið, der wir eine Weile Richtung Süden folgen müssen. Die Straße hier ist viel besser als die gestrige, flacher und breiter. Hier müssen wir kaum einmal durch ein Gewässer fahren. Wir bewegen uns direkt auf einen Gletscher zu, der laut Landkarte Tungnafellsjökull heißt. Von diesen Namen lernt man ganz von selbst ein bisschen Isländisch, denn es kommen immer dieselben Worte darin vor. Ein »jökull« ist ein Gletscher, ein »fell« ein Berg, »foss« ist ein Wasserfall und »vatn« ein See, ich habe schon eine Menge gelernt. Alle Namen, auch die von Dörfern, verweisen auf die Natur, die hier alles beherrscht, sie bestimmt deinen Blick und herrscht über jeden Winkel deiner Seele. Außer natürlich, du fängst an, Gedichte zu schreiben. So, das ist etwas, das Svein gesagt haben könnte. Ich will ein Mann werden, der nie lange hin und her überlegen muss, der instinktiv im eigenen Interesse handelt und seine Meinung ändert, sobald es ihm nutzt, der oft einfach daherredet, aber durch seinen Tonfall trotzdem immer recht hat.

»Die Straße ist hier hervorragend«, sage ich zu Isa, die sich erneut nach hinten gesetzt hat. Sie ist wieder ungewöhnlich still, aber ich denke, dass sie sich freut. Sie hat sogar versucht, kurz im Reiseführer zu lesen – zweifellos über die Askja Caldera –, aber der Wagen rüttelte auf der unbefestigten Schotterstraße ein bisschen zu stark, um es lange durchzuhalten. Es ist noch nicht mal acht Uhr und auf dieser langen, kahlen Straße, die direkt zum Berg hinführt, gibt es keinerlei Verkehr. Der Tungnafell ist ein langgestreckter, flacher Höhenzug. Den Gletscher sieht man nicht richtig, es gibt auch keine spektakulären Gletscherzungen. Der Berg wirkt wie ein dunkler Pudding, über dem Sahne ausgelaufen ist. Je näher man ihm kommt, desto mehr gewinnt er an Statur, ein Pudding ist er jedenfalls nicht mehr, eher ein schlafendes prähistorisches Tier, das auf uns wartet. Auf seine Mahlzeit. Kurz vor dem Gletscher biegt die F26 vom Berg weg Richtung Süden. Dort steht wieder ein Wegweiser. Hier ist die Stelle, wo wir die Straße verlassen und der F910 folgen müssen. Ich halte an, direkt neben dem Wegweiser. »Askja 120« steht auf dem Schild. Hundertzwanzig Kilometer, wie lange braucht man dafür? Fünf Stunden? Sechs?

»So«, sage ich, »jetzt geht's los.«

Ich biege in die Straße ein, die viel schmaler ist als die F26 und deren Belag eine deutlich losere Struktur hat. Sie lässt sich beim besten Willen nicht mehr als Straße bezeichnen. Es ist eine Schotterpiste, nicht angelegt, sondern einfach entstanden, eine Piste ohne jede Garantie, dass sie irgendwohin führt. Die Vorstellung, dass wir darauf sechs Stunden lang fahren müssen, macht mir schon ein bisschen Angst – doch anmerken lasse ich mir das natürlich nicht. Das isländische Hochland, darunter hatte ich mir etwas ganz anderes vorgestellt. Grüner, sanfter, jedenfalls nicht als so eine abstoßend hässliche, schwarze Landschaft, die einen an aufgelassene Steinbrüche erinnert, die manchmal wie verfaulte Zähne in der Landschaft herumstehen, aber hier unendlich viel größer. Wenn ich den Anblick mit etwas vergleichen soll – dann mit dem Mond oder mit einem noch unentdeckten Planeten.

Das Handy vibriert noch zweimal in meiner Hosentasche. Sagenhaft, dass man selbst hier noch Netz hat. Morgen werde ich den Anruf annehmen, morgen. Jetzt habe ich dafür keine Zeit.

35

Gerade als ich anfange, mich zu fragen, ob die Bergbäche, die wir durchqueren müssen, vielleicht trockengefallen sind, führt die Piste steil in ein kleines Tal hinab. Kurz darauf sehen wir mächtig viel Wasser vor uns. Es fließt nicht schnell, scheint sogar zu stehen. Rund um das Flussbett ist alles grün, es wachsen niedrige Sträucher und man sieht ganze Felder von lila Lupinen. Ich bringe den Wagen kurz vor dem Fluss zum Stehen. Den Motor lasse ich laufen, steige aus, um zu prüfen, wie tief das Wasser ist. Zwar habe ich nicht die leiseste Ahnung vom Fahren in unwegsamem Gelände, aber selbst ich kann mir denken, dass man nicht blindlings in eine Furt hineinfährt. Auch Isa steigt aus, und so stehen wir beide rechts und links von der Motorhaube. Der Motor blubbert vor sich hin und scheint uns voll zu vertrauen.

»Wir fahren zurück«, sagt Isa.

»Schau, Lupinen«, sage ich. »Schön, findest du nicht?«

Ich deute darauf, als ob sie die Blumen sonst nicht sehen würde, greife zu meinem Döschen und nehme eine Prise. Ich denke auch noch daran, mein Telefon auszuschalten, obwohl ich sehe, dass hier ein Funkloch ist.

»Erinnerst du dich noch an die Malven? Die hatten dasselbe Lila. Du hast sie mir gezeigt und ich habe welche gepflückt und dir ins Haar gesteckt.«

Mir fällt ein, dass ich das gestern schon einmal angesprochen habe.

»Wir fahren zurück. Das ist mein voller Ernst, wirklich.«

»Es ist nicht tief. Absolut kein Problem.«

Ich setze mich wieder ins Auto, Isa bleibt stehen, ich warte. Es dauert sehr lange, bis sie endlich wieder einsteigt.

»Ich kann hier nicht wenden«, sage ich entgegenkommend, als würde ich es mir tatsächlich noch überlegen. »Tut mir leid, Schatz. Du hast doch keine Angst?«

»Doch.«

»Jonathan, hast du auch Angst?«

»Nein«, sagt er. »Nicht wirklich.«

Dieses »nicht wirklich« sagt er nur, um seiner Mutter nicht abtrünnig zu werden, das kann ich verstehen, er ist ein sensibler Junge. Schon beim ersten Kontakt mit dem Wasser spüre ich, dass diese Durchquerung anders ist als alle bisherigen. Es ist schlicht ein viel größeres Wasservolumen, das von meinem Auto verdrängt werden muss. Ich fahre im Schritttempo, mit schleifender Kupplung, die Räder beider Achsen drücken sich auf der Suche nach Halt in den Boden. Ich halte das Lenkrad locker, eine Kurskorrektur brächte letztlich nur mehr Druck auf die Räder, sie würden den Flussgrund aufwühlen und sich eingraben. Dass der Offroader beim

Furten leichter wird, ist ein Vorteil, denn mit dem vollen Gewicht würde er im Flussgrund einsinken, gleichzeitig macht es das Fahrzeug instabiler. Das alles spüre ich intuitiv, es geht gut, aber ich habe den Wagen nicht völlig unter Kontrolle. Wenn das Wasser wütend wird und sich zu bewegen beginnt, gewinnt es die Oberhand – und was tun, wenn es plötzlich tiefer wird und wir uns festfahren? Auf Hilfe warten? Wie viele Autos kommen hier wohl pro Tag vorbei? Mehr als fünf? Davon habe ich geträumt, das war der Moment, in dem alles schiefging, und jetzt fahre ich tatsächlich hier, der Schweiß rinnt mir in Strömen über den Rücken, ich atme regelmäßig ein und aus, auf der Rückbank hat Isa wieder zu weinen angefangen, sie schlägt die Hand vors Gesicht, als müsse sie ihre Nase festhalten. Jonathan klammert sich mit beiden Händen an den Sitz.

»Irre, was?«, sage ich.

»Ja, irre.«

Ich lasse das Lenkrad kurz ganz los und gebe Jonathan einen Klaps aufs Knie.

»Siehst du, das Auto findet ganz von selbst den Weg.«

»Ich halte das nicht mehr aus«, sagt Isa. »Ich will das nicht.«

Zu schade, dass sie das sagt, denn es gibt keinen Weg zurück. Was will sie überhaupt? Dass ich rückwärtsfahre oder umkehre und im Fluss ein Wendemanöver mache?

Wir haben schon mehr als die Hälfte. Ich muss wachsam bleiben. Es kann noch immer schiefgehen, gerade hier kann es eine Stromschnelle geben, das Wasser sucht sich schließlich den einfachsten Weg nach unten, und ich spüre mehr Druck auf dem Lenkrad, sollte das etwas bedeuten? Der Toyota faucht und beißt sich einen Weg durch den Kolk. Noch ein paar Meter, dann muss er das Ufer erklimmen, eine weitere Herausforderung, bei der einem die Nerven durchgehen können. Ich lasse die Kupplung weiter schleifen, bis ich spüre, dass die Reifen an der Uferböschung Bodenhaftung finden, dann gebe ich vorsichtig Gas und lasse die Kupplung kommen. Der Offroader kriecht die Böschung hinauf wie ein dickes, faules Krokodil. Hoppla, wir sind am anderen Ufer. Bin ich nicht ein meisterhafter Chauffeur. Weder Isa noch Jonathan meinen, mir ein Kompliment machen zu müssen. Sie schweigen, und ich fühle mich als Held ohne Publikum. Das bange Gefühl von gerade eben ist Vergangenheit, noch stärker, ich kann den nächsten Flusslauf kaum erwarten. Nichts wie her damit.

Hinter der Furt wird die Schotterpiste immer schlechter, zunächst windet sie sich durch ein pechschwarzes Lavafeld nach oben. Das Gestein ist zu bizarren Formen erstarrt, die wie furchterregende moderne Skulpturen an der Straße entlang aufragen. In kurvigen Streckenabschnitten hat man mitunter den Eindruck, dass die Fahrspur aufhört, dann ist es angebracht, nach der nächsten gelben Stange Ausschau zu halten. Der Wagen rüttelt und stampft, die Räder drehen durch, die Reifen quietschen in dem lockeren schwarzen Sand. Eine mörderische Rüttelpiste, das ist keine Übertreibung, und wir fahren inzwischen seit fast zwei Stunden auf ihr. Ich merke natürlich, dass Isa Probleme hat – um ehrlich zu sein, ich habe sie noch nie so aufgelöst gesehen. Es zeigt wieder einmal, wie ein ödes Land einen Menschen brechen kann, einen intelligenten, vernünftigen Menschen, angesichts der Wildnis bleibt nichts davon übrig. Wo ist deine Skepsis gegenüber dämonischen Monstern, Runen und Geistern? Die Wissenschaft wird dich hier nicht retten. Solche Sätze denke ich, Sätze, die Svein sagen würde. Nicht mehr lange, dann werde ich sie auch aussprechen. Und warum nicht, warum sollte ich mich weiterhin zurücknehmen, wie ich es seit Jahren tue?

»Ist es hier nicht wunderbar?«, rufe ich.

Der Toyota sackt plötzlich in ein Loch, mir wird die Luft aus den Lungen gepresst und der Sicherheitsgurt schneidet in meinen Hals. Was ist das denn jetzt? Eine Spalte? Warum hab ich die nicht kommen sehen? Die Koffer hinten im Auto werden durcheinandergerüttelt, alles Mögliche kullert durch das Auto, eine Thunfischdose rollt an meinem Fuß vorbei bis unters Kupplungspedal. Isa knallt mit dem Kopf gegen den Autohimmel und schreit laut auf. Ich denke: Der Himmel ist doch aus weichem Material, es wird schon nicht so schlimm sein.

»Halt! Halt an! Verdammt, jetzt halt doch endlich an!«

Ich habe sie noch nie fluchen hören.

»Alles gut«, sage ich. »Die Straße hat sich überraschend nach unten gesenkt, ich bin einen Moment aus der Spur geraten, aber jetzt hab ich wieder alles im Griff. Hast du dir weh getan, Schatz?«

»Halt an! Verdammt nochmal, anhalten habe ich gesagt!«

»Das geht nicht, hier ist es einfach zu steil. Unten halte ich dann.«

Ich lasse den Wagen im Freilauf ausrollen, mit knirschenden Achsen kommen wir in der Senke zum Stehen, am Ufer eines beängstigend schnell strömenden Gewässers, das die Straße ganz und gar verschluckt hat. Ich denke nicht, dass wir es mit dem Toyota durch diese Furt schaffen, nein, so sieht es nicht aus. Genauso wenig hat man den Eindruck, dass das heute schon einer gewagt hätte. Am anderen Ufer führt keine einzige Reifenspur weiter, geschweige denn eine Straße. Ich lasse meinen Blick von rechts nach links wandern und sehe etwa fünfzig Meter stromabwärts einen gelben Leitpfosten am anderen Ufer stehen. Die Furt verläuft also schräg nach links, mit dem Flusslauf, und damit wird das Auto, unterstützt von der Strömung, seitwärts zum anderen Ufer hingeschoben. Man kann die Wassertiefe nicht erkennen, nicht feststellen, ob auf dem Grund große Steine liegen, und nicht einschätzen, ob der Motor dieser Urgewalt gewachsen ist. All das schießt mir im Bruchteil einer Sekunde durch den Kopf. Ich fühle, dass ich nicht zu lange zögern darf. Wenn ich den Motor abstelle, gebe ich meine Niederlage zu. Isa wird aussteigen und mich zwingen umzukehren (was hier absolut nicht geht).

»Festhalten!«

Ich reiße mich zusammen, lege eine Hand auf Jonathans Schulter und lasse den Toyota ins Wasser gleiten. Schnaubend taucht das Auto mit der Schnauze in das tosende Gewässer. Eine braune Wasserfontäne spritzt auf, eine Welle spült über die Motorhaube, einen Moment sehe ich nichts als Wasser. Wir saufen ab. Vage sind mir Isas Gekreische und Jonathans ängstliches Wimmern bewusst, aber es stört mich kaum, ich bin damit beschäftigt, uns hier durchzuboxen, während sie Panik schieben. Wie in einem Film sehe ich unser Nummernschild in Zeitlupe an der Windschutzscheibe vorbeitreiben, das Blechschild rutscht von der Motorhaube und verschwindet, die Schnauze des Autos zeigt nach oben, ich spüre Grip! Der Krach ist ohrenbetäubend, in der Kabine wird das Tosen des Flusses noch verstärkt, dazu kommen das Heulen des Dieselmotors und das grässliche Schaben der Steine auf dem Grund des Flusses. Und Isas Geschrei, das in banges Weinen übergegangen ist. Auch Jonathan heult, er hört sich an wie eine Sirene. Ich lasse seine Schulter los, ich muss mich jetzt ganz aufs Lenkrad konzentrieren, ich werde versuchen zu erspüren, wann ich das Auto von der Strömung mitziehen lassen und wann ich gegenlenken muss. Keine Ahnung, ich versuche einfach mal was. Solange der Motor nicht ausfällt, ist alles gut, ich spüre nicht einmal, ob sich der Wagen bewegt, weil ich Gas gebe, oder weil uns die Strömung mitreißt. An dem Punkt, wo es eigentlich nicht noch schlimmer kommen kann, merke ich, wie die Räder die Bodenhaftung verlieren. Wir schleifen über loses Gestein, es gibt gar keinen festen Grund. Sekunden später höre und spüre ich nicht einmal mehr die Steine unter uns. Wir treiben! Wir treiben an der gelben Stange vorbei und werden nie wieder zur Straße zurückkommen. Gasgeben bringt nichts, im Wasser, das inzwischen bis über die Motorhaube schwappt, drehen die Räder durch. Der Fluss ist eine Schlange, ein Monster, das uns schon fast verschlungen hat. Nachgeben, dem Monster zunächst seinen Willen lassen, und dann … einem Impuls folgend, drücke ich die Wagentür ein Stückchen auf, eiskaltes Flusswasser quillt herein, ich muss die Schulter kräftig dagegenstemmen, um dem Druck des Wassers auf die Tür standzuhalten, aber es gelingt, der Wagen läuft voll.

»Was machst du! Was machst du denn?«, schreit Isa. Sie hört nicht auf zu kreischen. Verdammt, so kann ich nicht arbeiten, bei dem Geschrei um mich herum!

»Still, ganz ruhig, entspann dich!«, rufe ich.

Jonathan zieht die Beine hoch und drückt den Kopf auf seine Knie, schlingt die Arme um den Kopf. Er will uns nicht hören, er stellt sein Sirenengeheul einfach nicht ein. Ich stemme die Füße auf die Pedale, meine Schulter gegen die Tür und umklammere mit aller Kraft das Lenkrad. Das Wasser ist fürchterlich kalt, in wenigen Sekunden steigt es mir bis zu den Waden. Dann kommt der Moment, auf den ich gewartet habe: die Räder bekommen wieder Kontakt, ich spüre, wie sie über die Steine schaben. Sofort nehme ich den Druck von der Tür und ziehe sie zu. Wir fahren wieder! Mit einer glucksenden Kabine und einem mahlenden, fauchenden Motor erreiche ich das andere Ufer, knapp hinter der gelben Stange. Sekundenlang bleibt der Wagen an der Böschung hängen, nicht fähig, eine Erhebung zu überwinden, aber ich fluche, tobe und beiße die Zähne zusammen, ich rufe alle Götter einschließlich Thor und Odin an. Der Toyota holpert und ruckt, das Wasser schwappt über meinen Sitz, ich stoße einen Schrei aus, als es mein Gemächt trifft, und ich habe keine Ahnung, welche Götter uns helfen und welche gegen uns arbeiten – das weiß man schließlich nie –, aber der Wagen schießt aus dem Fluss heraus und stürzt wie ein Ertrunkener aufs Ufer.

Wir sind auf der anderen Seite.

Ich stoße die Seitentür auf, damit das Wasser herauslaufen kann. Ich steige aus, stelle mich breitbeinig an den Wegrand mit den scharfkantigen Lavasteinen und schreie Richtung Norden, zu den Göttern, die mich auf die Probe gestellt haben: *»I got Ægishjálmur, motherfuckers!«* Ich recke meinen Arm in die Höhe, den mit der Tätowierung, na ja, mit der Zeichnung. Der Einfachheit halber gehe ich davon aus, dass die Götter Englisch verstehen. Dann schüttelt mich ein unkontrolliertes Lachen, laut und freudlos. Es erleichtert enorm und lässt sich mindestens eine Minute lang nicht bezwingen. Nachdem ich mich wieder beruhigt habe, umkreise ich das Auto, inspiziere die Karosserie und reiße auch die anderen Türen auf, des Wassers wegen. Jonathan und Isa schluchzen, ich überhöre es. Ich kontrolliere den Inhalt meiner Taschen. Mein Handy ist nass, aber ausgeschaltet (das trifft sich gut), die Schnupftabakdose hat ebenfalls Wasser abbbekommen. Ich schraube den Deckel auf. Der Inhalt scheint in Ordnung zu sein, vielleicht ein bisschen feucht, aber sicher nicht verdorben. Ich nehme eine kleine Prise, direkt aus der Dose. Meine Hose ist bis über den Hosenboden durchweicht, ich laufe mit schwappenden Schuhen zu Isas Seite, ihre Tür steht noch offen, aus dem Auto läuft kein Wasser mehr, aber ich sehe, dass noch einiges Schöpfen und Aufwischen nötig ist.

»Das ist ein Albtraum«, sagt sie.

»Das, meine Liebste«, antworte ich feierlich, ohne zu wissen, wie es weitergehen soll, ich denke mir eben etwas aus, »das haben wir gemeinsam überlebt. Jetzt werden wir mit allem fertig.«

Ich muss husten, mir ist ein Tabakkrümel in die Luftröhre gekommen. Als der Hustenanfall vorüber ist, beuge ich mich zu ihr. Ich lege ihr einen Arm um den Nacken, schiebe den anderen Arm unter ihre Beine und mache etwas, was ich noch nie gemacht habe: Ich hebe sie hoch. Ich hebe sie aus dem Auto. Sie ist zu schwer für mich, meine Rückenmuskeln protestieren, Isa hilft nicht richtig mit, ich habe sie überrumpelt. Als sie halb aus dem Auto ist, lasse ich ihre Beine los. Sie steht, mitten in der Wasserpfütze, die gerade aus dem Auto gelaufen ist. Sie steht da, als ob ich sie gerade aus Stein gemeißelt hätte, und ich umarme sie. Zunächst lässt sie es über sich ergehen, windet sich dann aber aus meinen Armen.

»Bleib mir vom Leib, du sollst die Finger von mir lassen, hörst du?«

»Scht, beruhige Dich.«

Ich lasse sie nicht los, sie darf ruhig ein bisschen die Fassung verlieren. Viel Entbehrungen ist sie nicht gerade gewohnt, das wird sie zugeben müssen: Mit einem Geländewagen durch einen kleinen Bach fahren, mehr war das nicht. Unvermittelt schlägt sie zu, mit den Knöcheln gegen meine Lippen. Rasend schnell holt sie aus, ich bin zu verblüfft für eine Abwehr. Ihre Faust trifft ein zweites Mal, diesmal mein Ohr und löst ein scharfes Stechen aus, dann tritt sie mich ans Schienbein, so brutal, dass ich aufschreie und in die Knie gehe. Ächzend rapple ich mich wieder auf, voller Scham, weil sie mich vor den Augen meines Sohnes niedergeschlagen hat.

»Ich habe euch gerettet, siehst du das denn nicht? Der Fluss hätte uns mitgerissen.«

»Du hast uns in Lebensgefahr gebracht!«

Sie beginnt wieder zu schluchzen.

Über die Schulter werfe ich einen Blick auf Jonathan. Er sitzt noch immer mit hochgezogenen Knien auf seinem Platz. Jetzt presst er die Hände auf die Ohren und sieht aus wie das Äffchen von »nichts sehen, nichts hören, nichts sagen«.

»Keine Angst, ganz ruhig«, beschwichtige ich. »Es ist nichts passiert.« Meine Lippe beginnt anzuschwellen und mein Ohr glüht. Ich nicke Richtung Jonathan.

»Lass ihn das nicht hören. Was soll er denn denken?«

»Was er denken soll? Mir ist es egal, was er denkt!

Er darf denken, was er will! Wahrscheinlich denkt er dasselbe wie ich. Dass du verrückt geworden bist, total verrückt! Was machen wir hier? Was um Himmels willen machen wir hier?«

Jetzt verliere ich die Geduld.

»Halt die Klappe. Verdammt, halt einfach mal die Klappe.«

Ja, das kommt einfach so raus! Sie ist genauso verdutzt wie ich.

»Was wir hier tun, Isa? Das will ich dir sagen. Aber dann lass den Jungen auch alles hören! Als Allerwichtigstes sind wir an einem Ort, der weit weg ist von Spinnern wie Svein.«

Dass Jonathan dort sitzt und sich die Ohren zuhält, ist schrecklich, aber ich kann nicht mehr aufhören.

»Du, du wolltest diesen Anhalter auflesen! Nicht ich! Wenn es nach mir gegangen wäre, wären wir einfach zu dritt geblieben. Du solltest froh sein, dass es mir gelungen ist, den Kerl abzuschütteln. Diesen Idioten! Mit dem du wie wild rumgeknutscht hast.«

Darauf weiß sie keine Antwort. Dass sie und Svein geknutscht haben, finde ich alles andere als schön, aber es bleibt ein starker Trumpf.

36

Nach dieser hässlichen Szene hat sich auch meine Laune ein wenig verschlechtert. Isa hat mich geschlagen und getreten. Isa! Wie konnte es dazu kommen? Es wird die Anspannung gewesen sein. Ich rede mir ein, dass es eine notwendige Konfrontation war, auf die ich gern verzichtet hätte, weil Jonathan dabei war, andererseits muss ich Isa in einem Punkt recht geben: Der Junge darf denken, was er will, und früher oder später wird er die Wahrheit über Svein doch herausfinden. Wir fahren einfach weiter. Wir haben noch ungefähr sechzig Kilometer vor uns. Der Himmel trübt sich ein, das ganze Blau ist weg, was die Landschaft nicht gerade attraktiver macht. Nichts als schwarzer Sand und graue Berge, und links vor uns die Eiskappe des Vatnajökull, dieser große, weiße Terrinendeckel. Die gute Nachricht ist, die Piste ist breiter, ziemlich flach und gut befahrbar. Tempo 30 ist auf dieser Strecke zu schaffen, was bedeutet, dass wir in zwei Stunden da sein können. Diese Perspektive muntert mich ein wenig auf.

»Auf zur Askja.«

»Was ist die Askja?«, fragt Jonathan.

»Eine große Caldera, ein mit Wasser gefüllter Vulkankrater. Es ist Islands tiefster See.«

Da bin ich mir eigentlich nicht sicher. Hatte Svein das nicht gesagt? »Nicht wahr?«, rufe ich nach hinten in der Hoffnung, Isa ins Gespräch einzubeziehen. Damit wir wieder zusammen sind, eine Stimme. Sie reagiert nicht. Schläft sie etwa? Ich fühle, wie ich weicher werde, das kann ich jetzt nicht brauchen. Aber es lässt sich nicht ändern, mir fehlt Jonathan, mir fehlt, wie wir früher miteinander umgegangen sind. Sich mehr und mehr verwischende Bilder einer nicht allzu lang zurückliegenden Zeit: Ich hebe Jonathan hoch, er wiegt um die zehn Kilo, er juchzt vor Vergnügen, ich setze ihn oben auf den Bücherschrank und tue, als ob ich wegginge. Das schallende Lachen, ich versuche mir vorzustellen, wie es sich angehört hat, aber es gelingt nicht. Er ist fünf, endlich kann er Rad fahren, ich schiebe ihn an. Mit starrem Blick nach vorn tritt er in die Pedale, ich kann seine Verbissenheit am Hinterkopf ablesen. Nur Väter können das. Eine Katze flitzt über den Gehweg, Jonathan wackelt mit dem Lenker und stürzt. Die Hände sind aufgeschlagen. Er weint nicht, sagt, er habe sich absichtlich fallen lassen, weil er »nicht über die Katze drüberfahren wollte«. Das grenzenlose Mitgefühl, das ich in diesem Moment für meinen Sohn empfinde. Genau dasselbe empfand ich, als er von seinen Klassenkameraden erzählte, wie sie ihn anstarren und hoffen, dass er sich nicht neben sie setzt. Jetzt sitzt er direkt neben mir und ich empfinde dasselbe.

Verdammt, das wird mein letzter schwacher Moment sein. Ich muss jetzt durchhalten, hart sein, auch gegen mich selbst, bis wir bei der Askja ankommen. Die Askja wird uns verzaubern, Isa wird begreifen, wie viel ich für sie opfern würde, wir werden den Anblick des Sees niemals vergessen und ebenso wenig, dass wir diesen Anblick gemeinsam erlebt haben. Manchmal braucht man über Dinge nicht zu reden, es reicht, etwas zu tun, am besten etwas, das unmöglich erscheint. Ich beginne, ernsthaft an die Magie dieses verdammten Landes zu glauben, oder nein, ich habe immer daran geglaubt. Man muss nur Busse und Chinesen meiden, Anhalter abschütteln und einen Geländewagen mieten – dann steht dem Glück nichts mehr im Weg.

Auf unserer Strecke kommen noch mehrere Furten, aber nirgendwo fließt das Wasser richtig schnell, und ich sehe keine Gefahr darin, sie zügig zu durchfahren. Sogar Isa scheint davon nicht mehr besonders beeindruckt zu sein. In einem Wasserlauf mit lockerem Sandboden fahren wir uns fest. Ich schalte den Antrieb der Hinterräder aus, damit sie sich nicht weiter eingraben; die Vorderräder finden Halt und ziehen die hintere Hälfte mit heraus. Dabei erkläre ich Jonathan genau, was ich mache, damit er seinen Vater, wenn er möchte, ein bisschen bewundern kann. Das allererste Mal fuhr ich mit Jonathan neben mir im Auto, als ich ihn in der Babywiege von der Klinik nach Hause brachte. Isa saß hinten, genau wie jetzt, ich beschimpfte die anderen Verkehrsteilnehmer in allen Tönen. Sie sollten sich zum Teufel scheren, aus dem Weg, denn da fuhr ich, mit meinem neugeborenen Sohn. Von diesem Tag an hörte ich auf, das Leben auf die leichte Schulter zu nehmen.

Wir essen Cracker und trinken Limonade, alles in schönster Harmonie, oder im Waffenstillstand – wer kann das schon unterscheiden? Ich sehe Wiesenkerbel und weise Isa darauf hin. Sie antwortet trocken, es sei kein Wiesenkerbel, sondern Engelwurz. Die Wolken im Süden sind dunkel wie die Nacht. Gefällt dir das Wetter in Island nicht? Warte fünf Minuten. Wir fahren weiter, es beginnt leise zu regnen. Der leise Regen geht in eine Art nassen Schnee über, der gegen die Frontscheibe klatscht. Nach einer knappen halben Stunde muss ich zugeben, dass meine Einschätzung nicht ganz richtig war. Es ist richtiger Schnee, und er bleibt liegen.

»Der erste Schnee.« Ich stubse Jonathan an. »Der erste Schnee in dieser Jahreszeit.«

37

Schnee auf der Fahrspur, einer Spur, die auch ohne Schnee kaum zu erkennen ist. Die Sicht ist so schlecht, dass ich die nächste gelbe Stange kaum ausmachen kann. Svein hatte ein Zeichen auf der Brust, mit dem er im Schneesturm den Weg finden konnte. Wie hieß das Ding noch mal? Vegvísir, Wegweiser.

»Wir sind fast bei der Hütte«, sage ich zu Isa. Ich sage einfach irgendetwas, tatsächlich weiß ich es nicht. Du liebe Güte, wie blass die Ärmste aussieht, und wie stumpf ihr Blick ist. Ob ihr wohl kalt ist? Das könnte sein, die Temperatur muss durch den Schnee mehrere Grad gefallen sein. Ich drehe die Heizung etwas höher.

»Ich mach mal kurz ein bisschen wärmer hier. Kuschlig. Es ist ja halb so schlimm mit dem Schnee, ich glaube nicht, dass viel runterkommen wird. So was gibt es nicht im Juli.«

Sage ich das, oder denke ich es nur? Keiner reagiert.

»Außerdem sind wir fast da.«

Ich bin sicher, dass ich das, sogar ziemlich laut, sage. In Wirklichkeit habe ich nicht die geringste Ahnung, wo wir sind, ich hangle mich von einer gelben Stange zur nächsten, im Schneckentempo. Inzwischen weiß ich, dass ich mich an die Pfosten links halten muss. Weil es zuvor geregnet hat, bleibt der Schnee auf einigen Streckenabschnitten nicht richtig liegen, er schmilzt in den Pfützen, dadurch kann ich die Fahrspur weiterhin erkennen. Wenn alles unter einer weißen Decke liegt und die Stangen nicht mehr zu sehen sind, ist man wirklich stockblind und hoffnungslos verloren. Dem Kilometerzähler nach sind es noch fünfzehn Kilometer. Ein Katzensprung. Links von uns liegen Geröllhalden, die wahrscheinlich schon Teil der Caldera sind. Wenn wir über diesen Geröllberg klettern, sehen wir auf der anderen Seite den Kratersee! Das heißt, wenn es nicht schneit.

Die Straße steigt wieder an – man sieht es nicht, aber man spürt es am Auto. Große, bizarr geformte Lavafelsen, auf denen der Schnee nicht liegenbleibt, markieren die Strecke. Sie wirken wie rußgeschwärzte Überreste einer ausgebombten Stadt. Ich fahre fast weniger als Schrittgeschwindigkeit. Wenn das so weitergeht, werden wir doch zwei Stunden brauchen. Das heißt, wenn wir nicht stranden, weil der Weg ganz verschwunden ist. Immer weiterfahren, ohne Zwischenstopp, ist eine bittere Notwendigkeit, weiterfahren, bis der Tank leer ist. Wie viel Diesel verbraucht der Toyota eigentlich in so einem Gelände? Die Tankanzeige ist schon unangenehm nah Richtung Rot gewandert. Obwohl wir doch in Akureyri vollgetankt haben. Stehenbleiben würde hier den Tod bedeuten, ich mag vielleicht nichts von diesem Land wissen, aber diese Gewissheit ist in mir verankert. Ob Isa es wohl weiß? Ja, wie kann ich daran zweifeln? Sie weiß so viel mehr als ich. Nur, was bringt uns ihr wissenschaftlicher Sachverstand? Jedenfalls keinen Treibstoff.

Obwohl es jetzt im Auto heiß wie im Backofen ist, wirkt Isa noch immer wie eine Porzellanpuppe. Sie hat ein schönes Gesicht, vor allem, wenn sie lacht. Ach, diese wunderbaren, großen Augen, diese melancholischen Pinselstriche von Augenbrauen. Wie soll ich sie zum Lachen bringen? Ich kann, verdammt nochmal, schließlich nicht alles allein machen, Ferienpläne schmieden, fürs Frühstück sorgen, Mördern davonlaufen, mit dem Auto durch eine Schneewüste fahren und jeden ständig zum Lachen bringen.

»Ich finde, der Schnee nervt«, sagt Jonathan.

Ist das seine Art klarzumachen, dass er Angst hat? Oder hat er noch immer grenzenloses Vertrauen zu seinem Vater und langweilt sich einfach?

»Hältst du bitte an? Ich muss mal.«

Es sind Isas erste Worte, seit Stunden.

»Und ich muss kacken«, sagt Jonathan.

Es fühlt sich an wie ein Pakt gegen mich, dieses Pinkeln und Kacken. Ich stoppe das Auto, lasse aber den Motor weiterlaufen. Aus dem Kofferraum hole ich Klopapier. Es ist feucht geworden, eine Rolle ist noch brauchbar, die gebe ich Jonathan. Ich sage, dass er sich links von der Motorhaube hinhocken soll, weg vom Wind und schön warm. Die Fahrertür stoße ich ganz auf, damit er gut geschützt sitzt. Auf der anderen Seite kauert Isa, halb hinter ihrer Tür. Ich pinkle ein Stückchen weiter ein Loch in den Schnee. Meine Hose ist noch nass und der Wind an meinen Beinen fühlt sich eiskalt an. Dampf steigt von meinem Urin auf. Bei so was möchte man lieber nicht gesehen werden, aber diesmal hoffe ich von Herzen, dass hinter uns ein Auto herfährt, ein fröhlicher Amerikaner, der alles *super exciting* findet, der gleich anfängt, Geschichten von seiner Reise durch Kanada zu erzählen, wo er nackt in einer selbstgebauten Schneehöhle geschlafen hat. Notfalls ein Chinese, ein lachender Chinese, der noch nie zuvor Schnee gesehen hat und einen Freudentanz aufführt. Der Motor läuft, der Tank wird immer leerer und keiner kommt. Als Isa sich die Hose hochzieht, klingelt ihr Telefon. Und dabei ist es nicht einmal die echte Welt, in der wir jetzt sind, es ist ein Traumland, weiß und grau – und trotzdem klingelt das Telefon.

38

»Es ist für dich«, sagt Isa.

Sie reicht mir ihr Handy. Mir kommt der Gedanke, dass ich das Gerät in den Schnee fallen lassen oder es wegschleudern könnte, wer sollte mir hier etwas tun? Aber eine merkwürdige Gelassenheit hat von mir Besitz ergriffen. Es ist eine Polizistin, ihre Stimme ist ruhig, was sie zu sagen hat, ist kurz. Zu ihrem Bedauern wurde meine Mutter heute früh tot in ihrem Bett aufgefunden, nachdem ein Kirchenältester der Gemeinde Alarm geschlagen hatte. Meine Mutter war nicht zum Bibelclub erschienen und am Sonntag auch nicht in der Kirche gewesen. Der Mann hatte heute früh an der Tür geklingelt und dann die Polizei informiert, die Polizei hatte sich daraufhin durch die Hintertür Zugang verschafft. Der Tod wurde durch einen Arzt festgestellt, der zugleich mitteilen konnte, dass sie gewiss schon einige Tage tot war. Ich hatte nicht gewusst, dass meine Mutter zu einem Bibelclub ging. Diesen Gedanken scheine ich vor mich hin zu murmeln, denn die Polizistin fragt, was ich damit meine. Ich sage, dass ich im Urlaub bin, dass wir gerade mitten in der Pampa sind und das nächste Dorf irgendwo mehr als hundert Kilometer entfernt liegen muss. Und dass es schneit. Ich will auch sagen, dass uns ein Verrückter auf den Fersen ist, aber das lasse ich. Sie fragt nach Verwandten, Begräbnis und Versicherung. Wir müssen alles schnell organisieren.

»Wir kommen so schnell wie möglich zurück.«

Die Polizistin fragt, ob ich denn ein gutes Verhältnis zu meiner Mutter hatte. Sehr gut, sage ich und danke ihr, dass es ihr gelungen ist, mich ausfindig zu machen.

»Wir haben verschiedene Male angerufen, aber ich glaube, Ihr Telefon war ausgeschaltet.«

Ich habe keine Lust, darauf zu antworten, mich ärgert der absichtlich schlecht kaschierte Vorwurf in ihrer Stimme.

»Ja, die Batterie ist schon eine Weile leer. Wir sitzen in …«

»Oh, und da ist noch etwas Merkwürdiges. Zumindest etwas Ungewöhnliches. Alte Menschen werden oft tot in ihrem Bett gefunden. Aber nie mit einem Laken über dem Kopf.«

»Einem Laken? Was meinen Sie mit ›ein Laken‹? Was wollen Sie damit sagen?«

»Nichts, nichts weiter. Sie ist an einem Herzstillstand gestorben. Aber sie hatte ein Laken … als ob sie …«

»Die Verbindung ist jetzt ganz besonders schlecht«, sage ich, und das ist auch so, ich verstehe kein Wort mehr.

Die Polizistin sagt noch etwas in dem Sinne, dass ich mein Telefon bereithalten solle. Als ob ich bei der Armee wäre und ein Feldtelefon im Bereitschaftsmodus halten müsste.

»Herzlichen Dank.«

Ich schalte ab.

»Was ist los?«, fragt Isa.

Ich gebe ihr das Telefon zurück.

»Meine Mutter ist tot.«

Jonathan kommt hinter dem Auto hervor. Auf seinem Kopf bleibt der Schnee liegen.

»Was ist los?«, fragt er, seine Stimme zittert.

»Oma ist tot«, sagt Isa. Sie legt einen Arm um ihn, mein Sohn schmiegt sich an sie und beginnt laut zu weinen. Die Kälte dringt jetzt auch durch meinen Pullover. Ich bin eifersüchtig auf Isa, weil sie Jonathan trösten darf. Ich stehe hier und verkneife mir das alles, obwohl es um meine Mutter geht.

»Komm, setz dich ins Auto«, sage ich viel zu barsch. Wütend auf mich selbst gehe ich ums Auto herum zur Fahrerseite. Jonathan setzt sich neben Isa nach hinten, sie hat den Arm um ihn gelegt und streicht ihm durchs Haar. Ich klemme mich schlotternd hinters Lenkrad (diese elend nasse Hose tut in den Leisten weh) und schlage die Tür zu. Schnell schnupfe ich noch eine Prise Tabak. Ich drehe die Heizung noch höher.

»Und was machen wir jetzt?«, fragt Jonathan.

»Wir übernachten in der Hütte und morgen gehen wir …«, sage ich. Nach Hause, sollte ich sagen, zur Askja will ich sagen. Ich sage nichts. Viel Schnee fällt nicht mehr. Die steilen Felsformationen nördlich von uns sind noch immer schwarz, aber die restliche Welt ist weiß. Es kann nicht mehr weit sein bis zur Hütte, wie sollte das Telefon sonst Empfang haben? Nach einer weiteren Stunde Schrittfahren bin ich total geschafft, habe Kopfschmerzen und mir ist schwindlig. Zu Fuß wären wir fast genauso schnell. Lebensgefährlich ist dieses Land, deine Anwesenheit scheint ihm total egal zu sein, aber das stimmt nicht! Das Land will dich umbringen, es explodiert, raucht, stinkt, schnaubt und überhäuft dich mit Schnee. Wie mordlüstern kann ein Land sein? Wie viele Formen von Irrsinn und Tod kann es für seine Besucher parat haben? Von gelber Stange zu gelber Stange, sie sind jetzt besser zu erkennen, aber die Piste ist schrecklich, wiederholt schrammen die Räder an scharfkantigen Steinen entlang. Bin ich von der Straße abgekommen? Manchmal fahre ich Hunderte Meter offroad, denn man sieht zwar die Stange, aber nicht, ob der Weg etwa in einer Kurve dorthin führt. Ein fürchterliches Geräusch lässt mir einen eisigen Schauer über den Rücken laufen. Das muss der Auspuff sein, der an einem Stein entlangschrammt. Wir müssen noch einmal halten, weil Jonathan sich übergeben muss. Isa hält ihm die Hand, während er neben dem Auto weinend seinen Magen entleert. Jeder Meter ist einer mehr, die Straße biegt nach Norden ab, was bedeutet, dass wir um den See herumgefahren sind. Alles ist mit einem Schlag so schrecklich sinnlos geworden. Ich müsste nachdenken, wie es mit Mutter weitergehen soll, aber das Einzige, woran ich in dieser weißen Hölle denken kann, ist Svein, Svein Sigurðsson auf einem Schneemobil mit einem Maschinengewehr.

Eine halbe Stunde später sind wir an der Hütte angelangt. Es stehen keine Autos da, woraus ich schließe, dass sich nur die Allertapfersten bei diesem Wetter auf diese Piste wagen.

39

Es ist nicht einmal ein Hüttenwärter da, offenbar lesen hier alle den Wetterbericht. Den See sieht man auch nicht – hinter der Hütte zieht sich ein Bergrücken entlang. Was für falsche Vorstellungen man sich doch machen kann! Eine Hütte mit Aussicht auf das Oskjüvatn, mit fließend warmem und kaltem Wasser. Und eine glückliche Familie, die in die Abendsonne lacht … Also, was man sich doch für Illusionen machen kann.

Es ist schon nach fünf, wir haben zehn Stunden für die Fahrt gebraucht.

Zum Glück ist die Hütte offen. Wir haben sie für uns allein. Sechzehn Betten, vier oben, vier unten, zu beiden Seiten des Raums. Die vier Matratzen liegen so nah nebeneinander, dass es wie ein einziges großes Bett aussieht. Ich halte es für unwahrscheinlich, dass noch Reisende eintreffen. Ich glaube nicht, dass ich jemals so müde war. Mein Körper scheint in seine Einzelteile zu zerfallen, es fühlt sich an, als ob sich meine Muskeln durch Kochen von den Knochen gelöst hätten, als ob nicht mehr Blut, sondern ein Konzentrat aus reiner Müdigkeit durch meinen Körper ströme. Es muss von der Rüttelei im Auto kommen, von der stundenlangen Konzentration, von der

Enttäuschung. Mir ist ganz schwindlig, ich kann kaum aus den Augen schauen, mitunter sehe ich sekundenlang nichts, dann muss ich stehenbleiben, bis meine Augen das Bild aufbauen. Kommt das vielleicht vom ständigen Starren in das Schneetreiben? Nicht einmal drei Prisen Schnupftabak machen mich lebendig, obwohl mein Kopf etwas klarer wird. Stark bleiben, darauf kommt es jetzt an, nicht wieder in mein altes, schlaffes Selbst zurückzuverfallen. Auf die Dinge, die geglückt sind, darauf muss ich mich konzentrieren. Morgen wird der meiste Schnee geschmolzen sein, dann führe ich Isa den Kratersee vor. Alles dreht sich um den Anblick des Öskjuvatn, des riesigen, kreisrunden Askja-Sees, es soll eine magische Wirkung haben. Ich glaube daran, verdammt, ich glaube es mit aller Kraft. Was bleibt mir anderes übrig? Anschließend fahren wir auf dieser grauenhaften Rüttelpiste weiter nach Norden, unser Diesel wird genau bis Mývatn reichen. Auch das glaube ich. Ich nehme eine weitere Prise Schnupftabak, und dann noch eine, das scharfe Brennen in meiner Stirnhöhle überlagert die dumpfen Kopfschmerzen von der Fahrerei. Isa hat unser Gepäck in die Hütte getragen und versucht, auf einem Kerosinbrenner eine Dose Suppe aufzuwärmen. Jonathan isst Brot mit Marmelade. »Phantastisch«, sage ich. »Das sind Ferien. Ein Abenteuer!«

Habe ich das ein bisschen zu oft gesagt? Sie sehen mich an, als ob ich ein asozialer Nachbar wäre. Nein schlimmer, ein schrecklicher Vater, der säuft und prügelt. Okay, ich hatte eine Weile meine Mutter vollkommen vergessen. Ist es denn verwunderlich, dass ich hier, unter diesen Umständen, nicht die ganze Zeit an sie denke? Jonathan beginnt wieder leise zu schluchzen, Isa nimmt ihn in den Arm. Gibt's vielleicht auch einen, der das Waisenkind beim Verlust seiner Mutter tröstet? Keiner da? Dann ran an die Arbeit. Den Kerosinbrenner habe ich ziemlich schnell in Betrieb gesetzt, es gibt einen Stapel Wolldecken, aber Laken finde ich nirgendwo. Mit den Kleidern unter den Decken schlafen, das muss gehen. Wir ziehen alle trockene Sachen an. Fünf Minuten später essen wir die Suppe.

»Das hat doch was Behagliches«, starte ich einen Versuchsballon. »Richtig gemütlich hier, mit der heißen Suppe in so einer Hütte.«

Ich muss doch nicht mit einer Grabesmiene dasitzen? Ich finde es tatsächlich gemütlich. Die Behaglichkeit hat ein Ende, als Isa mit meiner Mutter anfängt.

»Was hat denn diese Polizistin alles über deine Mutter gesagt?«

Ich berichte nochmals von dem Kirchenältesten und dem Bibelclub. Isa schüttelt schon den Kopf, während ich noch spreche.

»Nein, über die Todesursache meine ich.«

»Sie ist einfach in ihrem Bett gestorben.«

»Oma ist ganz ruhig im Schlaf gestorben, wahrscheinlich an einem Herzstillstand«, sagt Isa zu Jonathan. Er nickt. Sie wendet sich wieder mir zu, schlägt dabei einen ganz anderen Ton an.

»Wie lange hat sie denn dort gelegen, im Bett?«

»Das, das weiß ich nicht.«

»Hast du das nicht gefragt?«

»Ja, hab ich, äh …«

Jetzt muss ich aufpassen. Da kann man sicher sein, dass Datenbank und Prozessor meiner Frau auf Hochtouren laufen.

»Man hat sie heute früh gefunden, aber sie war schon ein paar Tage tot.«

»Ein paar Tage?«

»Ein paar Tage.«

»Sagt der Arzt.«

»Wann hast du sie zum letzten Mal angerufen?«

»Als wir in Skaftafell waren, nach der Gletschertour. Du warst dabei. Das war … am Montag.«

»Das stimmt nicht.«

Nicht zu schnell widersprechen. Es ist Isa, mit der du zu tun hast, nicht ein dummes Gör, dem man einen Bären aufbinden kann. Sie sucht nach Lücken in deiner Geschichte, nicht, weil sie von vornherein annimmt, dass du lügst, nein, das Suchen nach Lücken ist bei ihr eine Naturgewalt, so, wie Wasser immer die tiefste Stelle sucht. Also, ruhig bleiben.

»Du hast am Mittwochabend noch gesagt, dass du deine Mutter angerufen hättest. In Breiðdalsvík. Nach diesem Grillabend.«

»Das war nicht ganz wahr.«

»Wie bitte?«

»Ich hatte nicht angerufen. Ich war wütend, weil du und Svein … verdammt.«

Diesen Namen wollte ich hier am Tisch nicht erwähnen. Wie auch immer, jetzt ging es um alles oder nichts.

»Warum kam dieser Kirchenälteste noch mal an ihre Haustür?«

»Sie war nicht zum Bibelclub gekommen.«

»Wann ist dieser Bibelclub?«

»Weshalb ist das wichtig? Freitags.«

»Heute ist Samstag. Also, deine Mutter, eine alte Frau, kommt einmal nicht zum Bibelclub und schon am nächsten Tag steht vor dem Morgengrauen ein Gemeindevertreter auf der Schwelle?«

»Sie war an dem Sonntag auch nicht in der Kirche.«

»Aber da war sie noch gesund. Du hast sie am Montag ja angerufen.«

»Ja, genau. Ach, nun hör doch endlich auf. Glaubst du denn, ich finde es nicht schlimm, dass sie tot ist? Sie ist meine Mutter, verdammt nochmal, und es ist meine Sache, ob ich heulen will oder nicht und welche Fragen ich einem Polizisten stelle!«

Komisch, am liebsten würde ich jetzt weinen. Meine Lügen sind so durchsichtig geworden, ich sehe mich in ihnen grotesk widergespiegelt. Mutter, liebe Mutter, so kennen Sie mich nicht!

»Trotzdem ist es merkwürdig«, schlägt Isa in dieselbe Kerbe. »Ein Kirchenältester sieht nach einem betagten Gemeindemitglied, weil die Frau nicht in den Bibelclub gekommen ist. Das kann sein. Das ist fürsorglich. Aber dass er dann gleich die Polizei anruft, die dann wahrscheinlich die Eingangstür aufgebrochen hat? Nach nur einem Abend? Obwohl sie im Bett lag, also nicht irgendwo im Wohnzimmer auf dem Boden?«

»Ja, stimmt, das ist komisch«, sage ich. »Mein Ohr und meine Lippe tun übrigens immer noch weh. Du hast heftig zugeschlagen.«

Diese Bemerkung reicht offenbar, damit sie endlich mit meiner Mutter aufhört.

40

In der Hütte gibt es keine Toilette. Ein Häuschen ein paar Meter weiter hat einfache Sanitäranlagen. Nachdem Isa dorthin gegangen ist, sitzen Jonathan und ich allein am Tisch. Der Kerosinbrenner zischt, mein Sohn zeichnet. Er zeichnet ein Auto, das von einem Fluss voller Schlangen verschlungen wird. Zumindest ist es das, was ich darin erkenne.

»Papa?«

»Ja, mein Junge.«

»Hast du schon gewusst, dass Oma tot war?«

»Na, das haben wir doch grade erst erfahren?«

»Ich meine, hast du es schon vorher gewusst?«

»Wie? Nein, wie kommst du darauf?«

Er nickt.

»Pap«, fährt er fort. »Wenn ihr euch trennt, ja?«

»Davor brauchst du keine Angst zu haben, Jonathan, das hab ich dir schon einmal gesagt.«

»Okay. Aber wenn es doch passiert, dann will ich dich schon weiter sehen.«

Meine Kehle ist plötzlich zugeschnürt, ich muss husten.

»Das habe ich beschlossen.«

Der entschiedene Ton, in dem er das sagt, ist wirklich rührend. Irgendwann beginnt man alles rührend zu finden, ich sollte besser stark sein, noch eine Weile.

»Aber ich habe auch beschlossen, dass ich bei Mama wohne.«

Ich bohre meine Nägel in den Kiefernholztisch. Ich habe sie seit gut einer Woche nicht geschnitten, sie sind schmutzig und lang. Mir ist taumelig vor Müdigkeit.

»Morgen gehen wir zum Kratersee«, sage ich. »Dann wird alles gut.«

»Wie kann ein See alles gutmachen?«

»Der See, und Ægishjálmur.«

»Aber wie denn?«

»Das weiß ich nicht.«

Er schlägt eine Seite um und beginnt mit einer neuen Zeichnung. Ganz bedachtsam und sorgfältig zeichnet er ein Achsensystem, und diagonal darauf ein weiteres, so dass daraus eine Sternform entsteht. Um den Schnitt der Linien zieht er einen kleinen Kreis. Aus den acht Armen macht er mit Halbkreisen einen Dreizack. Ich gehe um den Tisch herum, nehme seinen Kopf in meine Hände und drücke einen Kuss auf seinen Scheitel. Und noch einen. Es fühlt sich an wie ein Abschied, Tränen brennen in meinen Augen. Tief sauge ich seinen Geruch ein, süß und fettig.

Als Isa in die Hütte kommt, lasse ich los, und Jonathan klappt sein Buch zu.

41

Ich verlasse die Hütte, um ein letztes Mal die Umgebung zu inspizieren. Was erwarte ich hier? Eisbären? Kleine Jungs auf Kettcars? Svein mit einer Spitzhacke? Keine Autospuren im Schnee außer unseren eigenen. Der Schnee dämpft den Klang des Windes. Andere Geräusche gibt es hier nicht, es gibt keine Vögel, keine Insekten. Hier herrscht eine bedrückende Stille, die sich auf meine Ohren legt. Alles ist wie versteinert vor lauter Rätselhaftigkeit, nur die Müdigkeit bewegt sich durch meinen Kopf und Körper, sie macht auch Geräusche, wie ein Fernseher mit Bildrauschen. Es hat übrigens zu schneien aufgehört, vielleicht reißt der Himmel in ein paar Stunden wieder auf und enthüllt eine klare, kalte Nacht. Das war's dann mit dem ersten Schnee. Der nächste ist der zweite Schnee. Weit und breit ist keine Menschenseele zu entdecken und ich kann mir nicht vorstellen, dass sich das noch ändert – obwohl es auch heute Nacht wieder nicht dunkel werden wird. Die Vorstellung, dass wir innerhalb eines Umkreises von hundert Kilometern die einzigen Menschen sind, ist fast zu überwältigend, um es fassen zu können. Ein Husarenstreich, wenn man es sich genau überlegt. Trotz aller Widrigkeiten ist es mir irgendwie gelungen, jeden abzuschütteln, bis nur noch wir drei übrig waren.

Hinter mir öffnet sich die Hüttentür. Ich drehe mich um und stehe direkt vor Isa.

»Irgendwas stimmt da nicht«, sagt sie.

Ich erschrecke, ist etwas mit der Hütte? Sitzen wir in einer Falle? Svein?

»Mit deiner Mutter.«

O Gott, nein, lass sie nicht wieder mit meiner Mutter anfangen.

»Morgen sehen wir Askja. Den Himmel zu deinen Füßen.«

»Tiddo, hör zu. Versuch doch mal klar zu denken. Wir müssen morgen sofort nach Hause zurück.«

»Zuerst die Askja ansehen, den Kratersee, Öskjuvatn. Und den Mineralsee Víti, der ist hier gleich dahinter.«

»Liebster. Überleg doch mal. Dann kommen wir in frühestens zwei Tagen nach Hause.«

Da nennt sie mich auf einmal Liebster. Womit habe ich das verdient? Es ist eine Form der Manipulation und das macht mich wütend.

»Verdammt! Sie ist schon eine Woche tot, was macht dann dieser eine Tag aus?«

»Was sagst du da?«

»Sie ist doch schon tot, was macht …«

»Eine Woche?«

»Ein paar Tage jedenfalls. Montag, Dienstag, was weiß ich.«

»Tiddo.« Ihre Stimme ist voller Enttäuschung und

Tadel. Oder höre ich Angst? »Zwei Dinge.« Sie streckt den Zeigefinger in die Höhe. »Erstens: Ich trete jetzt ein paar Schritte zurück, und du bleibst da stehen. Zweitens: Sag die Wahrheit.«

Sie hält den Arm ausgestreckt, die zwei Finger, mit denen sie die Wichtigkeit ihrer zwei »Dinge« unterstreicht, sind wie ein V auf mich gerichtet, als ob sie mich mit einem Zauberspruch bannen will. Ich kann jetzt nicht klar denken, das muss sie doch begreifen? Den ganzen Tag habe ich am Lenkrad gesessen, stundenlang nur in den Schnee gestarrt. Wozu jetzt dieser Aufruhr?

»Die Wahrheit.«

Ich schließe die Augen, dann ist sie einen Moment weg.

»Erlöse dich selbst.«

Das ist typisch Isa – die Wahrheit als Erlösung zu sehen. Obwohl sie alles andere ist. Die Wahrheit ist ein hässliches Scheusal, ein falscher Hund, der seine fauligen, bröckeligen Zähne in deine Waden schlägt. Man soll sich von der Wahrheit nicht bevormunden lassen, man sollte sich vielmehr von seinen Impulsen mitreißen lassen, ein Wort, das eine negative Färbung bekommen hat, wir sollten Impulse besser Signale nennen – Zeichen, die einem die Natur schenkt und die sich auf das eigene Gemüt auswirken. Das Ignorieren dieser Signale bringt den Menschen zu Fall. Seit ich das Haus meiner Mutter verließ, bin ich meinen Impulsen gefolgt, meine Motive waren rein wie der erste Schnee. Man kann diesen Impuls auch als eine Stromschnelle im Fluss der eigenen Seele sehen. Man sollte besser mit dem Strom schwimmen, statt hoffnungslos dagegen anzukämpfen. Das habe ich getan, als ich heute das Auto durch diesen Fluss steuerte. Wie mache ich ihr das nur klar?

»Mutter wollte, dass wir nach Island gehen, sie hat nichts lieber gewollt, als dass wir in dem Land Ferien machen, das du schon immer sehen wolltest. Damit wir wieder … zusammenkommen.«

»Als du sie angerufen hast, an diesem Montag, da war sie schon tot. Als ich versuchte, sie anzurufen, da war sie schon tot. Habe ich recht? Du hast es gewusst, du hast gar nicht richtig telefoniert. Du hast es schon gewusst.«

»Morgen gehen wir zur Askja. Dafür hat mir meine Mutter das Geld gegeben! Das ist alles, was ich weiß. Einen Umschlag mit zwanzig Fünfzigerscheinen hat sie mir gegeben. Davon hab ich diesen Geländewagen bezahlt.«

»Was zum Teufel soll denn das wieder heißen? Weißt du, dann behältst du eben alles für dich.«

»Schuldgefühl oder Gleichgültigkeit, für die Toten macht das wenig Unterschied.«

»Ich habe genug von deinem Gewäsch, Tiddo. Ich sage dir nur noch eins. Ich schlafe heute Nacht mit Jonathan zusammen, du nimmst dir einen Stapel Decken und schläfst im Auto. Und du gibst mir jetzt den Autoschlüssel.«

»Kommt überhaupt nicht in Frage! Ich schlafe wie immer in der Hütte. Du gibst mir keine Befehle. Du darfst mich mit deinen Fäusten schlagen, aber lass hier nicht die Chefin raushängen. Ich behalte die Schlüssel. Wir sind eine Familie, ich bin das Oberhaupt der Familie, ich fahre das Auto. Ich schlafe in der Hütte. Ich nehme meine eigene Pritsche und meine eigenen Decken, aber ich schlafe, verdammt nochmal, in dieser Hütte!«

Isa geht hinein, wortlos. Ich habe Autorität, ich fühle es. Sie gibt klein bei.

»Hat er vielleicht deine Titten begrapscht? Der Drecksanhalter!«, rufe ich ihr nach.

Sie reagiert nicht. Kurz befürchte ich, sie könnte die Tür verbarrikadieren. Das wird nichts nützen. Im Auto liegt ein kurzer Spaten, damit schlage ich im Nu die Tür ein. Ich nehme eine Prise Schnupftabak, genieße den Schmerz und nehme noch eine. Im Kofferraum suche ich nach dem Spaten. Schließlich findet er sich unter der steifen, nassen Matte. Mit dem Spaten, nicht mehr als ein Stahlblech mit einem kurzen Handgriff, gehe ich zur Hütte zurück. Die Tür ist nicht verbarrikadiert. Isa und Jonathan haben sich im hintersten Winkel einer der Pritschen in Löffelchenstellung unter den Decken verkrochen. Ist der Junge dafür nicht zu alt?

»Schlaft gut, meine Lieben«, sage ich. Eine Antwort bleibt aus. Vermutlich höre ich mich an wie ein gereizter Jugendherbergsvater mit Knickerbockern und Kniestrümpfen. Dann eben nicht. Ich schalte den Kerosinofen aus und mache mir mein eigenes Bett an der gegenüberliegenden Wand. Mein überreizter Kopf berührt die Matratze, ich kuschle mich in die Decken, so müde bin ich noch nie gewesen. Ich bin jetzt nicht mehr der Mann, der grübelt und wach liegt, deshalb bin ich schnell eingeschlafen.

42

Die Hüttentür fliegt auf und kracht gegen die Wand. Ich fahre hoch, knalle dabei mit dem Kopf gegen die Pritsche über mir. Licht fällt in den Raum, Schneegestöber weht herein. Mit rasenden Kopfschmerzen greife ich zum Spaten, der zum Glück noch neben mir liegt. Gelegenheit zum Ausholen bekomme ich allerdings nicht. Ich spüre einen stählernen Griff um meinen Arm, ich kämpfe und trete, werde aber wie von einer hydraulischen Maschine mit spielerischer Leichtigkeit aus dem Bett gezogen, gleichmäßig, und ohne dass sich dagegen etwas tun ließe.

»Endlich hab ich dich gefunden, *Buddy.*«

Ich umklammere zwar noch den Spaten, kann mit ihm aber nichts mehr ausrichten. Ich muss versuchen mich loszureißen, nur eine halbe Sekunde, mehr brauche ich nicht, um ihn mit dem stählernen Spatenblatt zu erschlagen. Meine Familie, ich muss meine Familie beschützen, wenn es ihm gelingt, mich zu überwältigen, werden sie leichte Beute für ihn sein. Inzwischen hat er mich auf den Holzboden gezerrt, noch immer im Klammergriff. Ich zapple mit den Beinen, aber es nützt nichts.

»Ich sagte doch, dass wir wieder zusammenkommen würden? Es ist das Schicksal, es stand in den Runen. Warum legst du mir Steine in den Weg, und dir damit auch?«

»Isa! Isa, wach auf«, rufe ich. »Hilfe.«

»Hilfe, Isa«, sagt Svein. Er bricht in dröhnendes Gelächter aus.

»Isa steht doch die ganze Zeit auf meiner Seite, mein Kleiner. Von ihr habe ich eure GPS-Daten.«

Wieder lacht er laut. Durch das Lachen lockert sich sein Griff. Mit einer blitzschnellen Bewegung gelingt es mir, meinen Arm loszureißen. Mit aller Kraft, die ich habe, hole ich mit dem Spaten über meine Schulter aus, durch eine göttliche Fügung schlägt das Blatt mitten in seinen Kiefer. Ich höre Knochen und Zähne splittern, ein grauenhaftes Geräusch, das mir wie Musik in den Ohren klingt. Er lässt mich los, und während ich mich umdrehe, hole ich abermals aus, dieses Mal spaltet die Seitenkante des Spatens sein Jochbein. Er schreit, gurgelnd vom Blut, das ihm in die Luftröhre läuft. Wie er es schafft, ist ein Rätsel, eigentlich ist es unmöglich, aber es gelingt ihm, mich um die Taille zu fassen, hochzuheben und gegen die Wand zu schmettern. Es dröhnt durch die ganze Hütte, der Kerosinbrenner erzittert und schwankt hin und her. Wie ein Kartoffelsack knalle ich auf den Boden. Eisengeschmack füllt meinen Mund. Warum tut Isa nichts? Wo ist Jonathan? Widerstandslos liege ich da, ich kann mich nicht mehr bewegen. Sveins verstümmeltes Gesicht hängt über mir, ein Auge ist mit Blut gefüllt, sein Kiefer hängt herunter, der Mund ist ein klaffendes Loch. Sein Blut tropft mir aufs Gesicht, ich spüre es zwischen meine Lippen rinnen, ich schmecke es. Sein Blut, mein Blut. Trotzdem kann er noch sprechen.

»Ich bin Svein Sigurðsson. Ich bin in dir, also solltest du mir besser zuhören. Du kannst mich wegjagen, einsperren, verraten und sogar totschlagen, aber du wirst mich nicht los. Du hast das alles gewollt, du hast dir so viel von dieser Reise versprochen, dass es so weit gekommen ist.«

Es ist verdammt nochmal eine richtiggehende Predigt, die er mir hält. Sein stinkender Rachen, der Schleim und das Blut, die aus seinem Mund triefen, sein schweres Gewicht, das mich auf den Boden drückt. Ich versuche zu schreien, aber es kommt kein Ton. Dann eben singen. Ich singe, ohne zu wissen, was.

43

Singend wache ich auf, ich richte mich auf und stoße mir wieder den Kopf, diesmal tatsächlich. Ich greife nach dem Spaten, der noch neben mir liegt. Die Decken habe ich offenbar von mir geworfen, mich hat die Kälte geweckt. Auf meinem Handy sehe ich, dass es noch nicht einmal Mitternacht ist.

»Er war hier, Isa, er war hier«, flüstere ich. Von der anderen Seite der Hütte dringt leises Schnarchen. Als sich meine Augen an das Dämmerlicht gewöhnt haben, versuche ich, mich in der Hütte umzuschauen. Ich sehe alles verschwommen, meine Pupillen rollen ständig nach oben weg, als ob sie nur noch sehen wollten, was in mir vor sich geht. Soweit ich es erkennen kann, steht alles noch an seinem Platz. Trotzdem muss ich Isa und Jonathan beschützen, auch wenn sie das nicht wollen. Leider hat mich der kurze Schlaf nicht erquickt, in dem Stündchen Schlaf hat mich die Müdigkeit total übermannt, ich kann kaum ein Glied bewegen. Nicht daran zu denken, stundenlang Wache zu halten. Das Beste, was ich tun könnte, wäre, mich an Isa zu schmiegen, dann könnte ich mich aufwärmen und sie gleichzeitig beschützen.

Mit ein paar Decken unter dem Arm und dem Spaten in der Hand wanke ich zu Isas und Jonathans Pritsche. Weil es ein Schlafplatz für vier Personen ist, passe ich leicht daneben. Sie liegen noch immer wie die Löffelchen, Isa mit dem Rücken zu mir. Ich lege den Spaten neben mich, ziehe mir die Decken über die Ohren und rutsche zu ihr hin, spüre ihre Wärme, rühre sie aber nicht an. Keiner der beiden ist aufgewacht, obwohl ich Isa jetzt nicht mehr atmen höre. Mit angehaltenem Atem warte ich auf eine Reaktion von ihr. Nach einiger Zeit wage ich es, mich an sie zu schmiegen. Noch etwas später lege ich den Arm um sie. Sie ist noch im Pullover, hat die Jeans aber ausgezogen. Als meine Hand warm ist, lasse ich sie über ihren glatten Oberschenkel gleiten, über ihre Hüften, ich lasse meine Hand unter ihren Sweater wandern und ein Weilchen unmittelbar unter ihren Brüsten liegen. Ich presse meine Nase an ihren Nacken und atme tief ihren Geruch ein, wie ich es schon seit Jahren heimlich mache, wenn sie neben mir liegt und schläft. Ihren BH hat sie ebenfalls ausgezogen, ich spüre die Wölbung ihrer Brüste, so weich und warm. Ich bleibe totenstill liegen und versuche, den Augenblick nach Möglichkeit auszukosten. Ich spüre meine Hand nach unten wandern, in ihren Slip. Das weiche Schamhaar, der Ansatz ihrer Vagina, mehr ist mir nicht vergönnt, egal, einfach einmal ganz kurz anfassen. Meine Hand verirrt sich zu ihren Pobacken. Ich befummle meine schlafende Frau. Aber sie ist meine Frau, also, was soll daran falsch sein? Der Anhalter durfte garantiert an ihrem Busen fummeln, und ich, ihr Ehemann, etwa nicht? Es ist ein makabres Liebesspiel, aber es ist besser als gar kein Liebesspiel. Um ehrlich zu sein, es ist göttlich, ihr warmes Gesäß zu spüren. Sie ist wach, ich merke es, ich ziehe die Decken weg und umfasse ihre Brüste, ihre herrlich warmen Brüste, wie früher, sie fühlen sich noch genauso an wie früher. Mein Gott, was ist aus uns geworden? Ich schluchze vor Glück, meine schöne Isa, es gibt sie noch immer, mit allem Drum und Dran. Sieh nur, wie wir uns in die Seele des anderen versenken.

»Nicht. Bitte lass das.«

Ihre Stimme ist flüsterleise, sie befiehlt nicht, sie fleht. Die Scham trifft mich wie ein Dolchstoß.

»Bitte.«

Die ganze Zeit hat sich Jonathan nicht gerührt, ich beruhige mich mit dem Gedanken, dass er nichts von dem, was seine Eltern gemacht haben, bemerkt hat.

»Schlaf schön, lieber Schatz«, sage ich wie früher nach dem Liebesakt. Ich stehe auf, wanke zu meiner eigenen Pritsche. In dem Bewusstsein, dass noch viel passieren muss, bis ich ein Mann wie Svein bin, falle ich in den unermesslichen Brunnen, den die Müdigkeit für mich gegraben hat.

44

Als ich wieder aufwache, fühle ich, dass viele Stunden vergangen sind. Ich bin noch immer zu müde, um den Kopf zu heben. Tastend finde ich mein Telefon. Es ist zwanzig nach elf! Warum haben sie mich nicht geweckt? Ein Teil von mir weiß sofort, was passiert ist. Ein anderer Teil leugnet es. Dazwischen versucht ein Flämmchen Hoffnung, nicht zu verlöschen.

Isa und Jonathan liegen nicht mehr da.

Zuerst fasse ich in meine Hosentasche. Die Autoschlüssel habe ich noch. Sofort legt sich die Panik, im Gegenteil, ich werde ganz ruhig und schaue mich genauer um. Ihre Schuhe und Jacken sind weg. Ein bisschen Luft schnappen, das wird es sein, das muss ich nicht allzu schwer nehmen. Vielleicht sind sie allein zum Kratersee gewandert. Wir sollten Papa besser nicht wecken, wird Isa gesagt haben. Ich stoße die Hüttentür auf, bleibe auf der Schwelle stehen. Es ist noch genauso still und einsam wie am Abend zuvor. Der Schnee ist liegengeblieben, viel ist es nicht. Ich sehe Fußspuren von der Hütte zur Piste bzw. dorthin, wo diese Piste liegen muss. Ich rufe Isa an, sie nimmt nicht ab oder hat kein Netz.

Ich gehe wieder ins Haus zurück, muss zuerst einen

Bissen essen. Ruhig setze ich auf dem Campingkocher Kaffeewasser auf (Isa kann schließlich gleich zurückkommen), und ich esse ein paar Cracker mit Marmelade. Danach trinke ich in aller Ruhe meinen Kaffee aus und nehme eine Prise Schnupftabak. Und noch eine. Es ist jetzt Viertel nach zwölf. Mein Handyakku zeigt nur noch fünf Prozent an. Meine Entscheidung ist gefallen, ich muss nicht lange nachdenken. Ich ziehe Jacke und Schuhe an und folge den Fußspuren. Gleich hinter dem Toyota, dort, wo die Piste in etwa vorbeiführen muss, hören die Fußspuren auf, genau dort, wo breite Autoreifen ein Wirrwarr von Abdrücken hinterlassen haben. In dem Bereich gibt es keinen Schnee mehr.

Ich fluche und nehme eine weitere Prise. Dann sprinte ich zum Toyota.

45

Die Reifenspuren verzweigen sich ein Stückchen weiter. Seit dem Schneefall scheinen hier mehrere Fahrzeuge unterwegs gewesen zu sein. Die tiefste Spur verläuft in nordwestlicher Richtung, dieser Spur beschließe ich zu folgen. Die Straße ist an vielen Stellen wieder schrecklich kurvig und schmal, auf den schneebedeckten, glatten Steinen drehen die Räder ständig durch. Wegen der Spuren ist die Route allerdings unschwer zu finden. Doch schon bald ist der Weg ganz zu Ende, hier geht es nicht weiter. Auf dem Parkplatz stehen ein paar Autos. Das Fahrzeug, das am meisten auffällt, ist ein futuristisches Objekt, irgendetwas zwischen einem Kleinbus und einem Traktor. Darauf steht der Name des Reiseveranstalters: askja travel adventures. Das Ding wendet gerade, um die Rückfahrt anzutreten. Ich erhasche noch einen kurzen Blick auf ein paar Chinesen in dem Fahrzeug. Einer drückt die Nase an der Fensterscheibe platt, wie ein Kind, er grinst und fängt an, mir zuzuwinken. Auch ein Jeep fährt gerade ab, mit nur einem Insassen – es ist nicht Svein. Die beiden anderen Wagen sind zum Wohnmobil umgebaute Pick-ups. Sie scheinen zusammenzugehören, denn dazwischen stehen Leute, trinken

Kaffee und unterhalten sich. Ich erwäge, zu ihnen zu gehen und zu fragen, ob sie vielleicht eine Frau mit einem dreizehnjährigen Jungen gesehen haben, aber ich befürchte, damit zu viel Aufmerksamkeit zu erregen. »Wer sind Sie überhaupt? Was wollen Sie von ihnen?« Dann bin ich gezwungen zu erzählen, dass mir meine Frau und mein Sohn weggelaufen sind. Hier, in der Askja, dem abgelegensten Flecken von ganz Island. Weggelaufen, würde ich sagen. Geflohen, würden sie denken. Ich zaudere noch ein bisschen, gehe dann doch auf sie zu und frage, wie lange man bis zum Kratersee Víti laufen muss. Eine halbe Stunde, schätzen sie.

Die Wanderroute ist mit denselben gelben Stangen markiert wie die Hochlandstraßen, sie führt fast völlig eben durch eine desolate Landschaft. An Stellen, wo der Boden dampft, gibt es keinen Schnee, die Erde ist rot. Dass darunter ein Vulkan brodelt, ist klar, was er vorhat, nicht. Der Schnee auf dem Wanderweg ist schmutzig, pappig und hat sich mit schwarzem Sand vermengt. Nach einer guten halben Stunde zügigem Gehen bin ich am Kratersee angelangt. Man fühlt, dass sich hier irgendetwas tut, nicht wegen der übersteigerten Erwartungen der Marketingabteilung eines Reisebüros, sondern weil die Erde selbst es einem vermittelt. Askja. Die Caldera kann alles Leben vernichten und wird das auch eines Tages tun, außer, ein anderer Supervulkan ist schneller. Ich wandere weiter, bis ich auf einem schmalen Grat zwischen den beiden Seen stehe. Zu beiden Seiten ein steiler Abhang, die verschneite Südseite führt auf den

Öskjuvatn zu, an der Nordseite ist der Schnee wegen der Wassertemperatur des Víti weggetaut. Die geduldigen Berge um die Lagune sperren einen von der Welt aus, sie flüstern einem die schrecklichsten Geheimnisse zu, bis man den Verstand verliert und nichts anderes mehr will, als vom Wasser umschlossen zu werden.

Isa, das wollte ich dir zeigen. Es hat aufgeklart, durch die Löcher in der Wolkendecke strahlt die Sonne auf das Wasser des großen Öskjuvatn, es ist unberührbar und so eben wie eine Glasplatte. Der kleine Kratersee Víti liegt unmittelbar daneben, dort befinde ich mich jetzt, ein dünner Nebeldunst steigt vom Wasser auf. Hier stehe ich, genau zwischen den beiden Seen, dem großen himmelblauen und dem kleinen opalblauen. Wir hätten zusammen hier stehen müssen, um zu sehen, ob wir in dem Blau ertrinken. Víti bedeutet Hölle, wusstest du das? Blauer See, enthülle mir dein Geheimnis! Ich stehe eine Weile da und starre geistesabwesend vor mich hin, ich weiß nicht, was ich mit dem Anblick anfangen soll, jetzt, wo ich allein bin. Mich überfällt ein Gefühl der Enttäuschung. Genau wie damals vor dem Gemälde, Isa, weißt du noch? Der Anblick der Seen in der Askja ist tausendmal stärker als dieses Gemälde, und trotzdem zeigt sich auch hier keine Wirkung. Die Enttäuschung steigert sich, denn wenn das hier nichts bedeutet, was sonst? Was um Himmels willen sonst?

Deshalb phantasiere ich mir vor, dass du da bist.

Das hilft.

Wir treten einen ersten Schritt in den Schnee und

spüren, dass wir auf dem steilen Abhang Halt finden. Wir halten uns gegenseitig und verlieren so nicht das Gleichgewicht; seitwärts steigen wir ab. Wir kommen zum Uferrand; wenn sich die Böschung unter Wasser weiter so steil fortsetzt, muss der See bodenlos tief sein. Ich möchte mich bücken, um das Wasser zu berühren, aber das ist ein gefährliches Unterfangen, denn wenn ich vornüber kippe, schaffe ich es vielleicht nie mehr aus dem See heraus. Das will ich nicht auf dem Gewissen haben, dass du allein weiterleben musst. »Sei vorsichtig«, sagst du, und ich höre auf dich. Ich setze mich ganz gelassen in den Matsch aus Schnee und feinem Kies, den wir mit unseren Schritten produziert haben, ich spreize die Beine und lehne mich weit nach vorn. Mit beiden Händen schöpfe ich Wasser und spritze es mir ins Gesicht. Die Kälte durchdringt mein ganzes Gesicht, eine Wohltat. Ich schöpfe noch einmal und trinke. Jetzt zieht die Kälte durch die Speiseröhre in meinen Körper. Ich schöpfe nochmals, richte mich auf, die Hände noch in Schalenform. Das meiste Wasser ist schon zwischen meinen Fingern weggesickert, als ich meine Hände vor dein Gesicht halte und »trink« sage. Du drückst dein Gesicht in meine Hände und leckst das restliche Wasser auf, deine Zunge kitzelt meine Handflächen. Die Tinte, mit der ich die Runen in meine linke Handfläche gezeichnet habe, ist längst weggewaschen, aber ich fühle das Runenzeichen noch immer, unsichtbar in meine Haut gekerbt. Ein großes Pluszeichen mit einem Dreizack an jedem Arm, es bewirkt, dass du mich lieben musst, dem kannst du nicht entkommen. »Kalt, findest du nicht?«, sage ich.

»Könnte schlimmer sein«, antwortest du. Du nimmst meine Hände und steckst meine Finger einen nach dem anderen in den Mund. Dann ist es vorbei.

Auf allen vieren klettere ich zurück, die Böschung hinauf. Den größten Teil der Strecke zum Parkplatz lege ich im Trab zurück. Isa und Jonathan sind nicht dort, und wahrscheinlich auch nie da gewesen. Die einzige Möglichkeit wäre noch, dass Svein sie abgeholt und zum Mývatn mitgenommen hat. Dort wird Blut fließen. Dort wird verdammt nochmal ... ich verfluche mich, weil ich zum See gefahren bin, denn jetzt wird mein Sprit garantiert nicht mehr reichen.

Zuerst fahre ich zur Hütte zurück, um nachzusehen, ob Isa und Jonathan vielleicht zurückgekommen sind. Fehlanzeige. Ich werfe alles, was noch in der Hütte liegt, in den Kofferraum und mache mich auf die Reise nach Norden, zähneknirschend durchquere ich Flüsse, ohne jede Angst, wenn mich die Strömung mitreißen will, soll sie das ruhig tun. Wenn möglich, fahre ich sechzig Stundenkilometer, schneller geht wirklich nicht.

Nach etwa dreißig Kilometern beginnt der Motor zu husten. Er gluckst noch ein bisschen nach und setzt dann aus. Ich hole mein Handy heraus, um nachzusehen, wie weit es noch bis Mývatn ist. Die Batterie zeigt zwei Prozent an. Dann sehe ich, dass Isa mir eine Textnachricht geschickt hat.

Wir sind auf dem Weg nach Hause. Lass mich wissen, ob du Geld für deine Rückfahrt brauchst. Ich gehe davon aus, dass du vorläufig im Haus deiner Mutter wohnen kannst. Isa.

Ich rufe sofort zurück.

»Ja?«

»Ich bin's.«

»Ja.«

Nach dem Tod meiner Mutter ist Isa die Einzige in meinem Leben, zu der ich am Telefon »ich bin's« sagen kann. Dass sie darauf »ja« antwortet, ist der Beweis dafür.

»Hat Svein euch mitgenommen?«

»Wie bitte?«

»Svein. Hat er euch abgeholt?«

Ich höre sie seufzen.

»Heute früh kam ein Ranger zur Hütte. Er fragte, ob alles in Ordnung wäre. Ich sagte nein. Er hat uns in seinem Jeep zum Parkplatz am Kratersee gebracht. Von dort sind wir mit einem Touristenbus voller Chinesen nach Akureyri mitgefahren.«

»Chinesen?«

Vor meinem inneren Auge sehe ich, wie mir der Chinese vom Autofensterchen des futuristischen Reisebusses aus zuwinkt. Dann ändert ihre Stimme das Timbre, ein zarter, bronzener Klang.

»Ich hatte so gehofft, dass diese Ferien einiges ändern würden. Ich fühlte mich schlecht und mitschuldig daran, dass es nicht gelungen ist.«

Ich ringe um Atem, kann kein Wort herausbringen.

»… aber wir hätten niemals fahren sollen. Ich verstehe es nicht, was ist um Himmels willen mit dir passiert? Was ist mit deiner Mutter passiert?«

»Isa?«

Weint sie jetzt? Ja, sie weint, aber anders als gestern im Auto. Oder wirkt es nur anders auf mich?

»Hast du den Askja nicht gesehen? Den See? Ich wollte dir den See zeigen, Isa, du hättest ihn so schön gefunden, als ob ein Stück aus dem Himmelszelt auf die Erde gefallen ist. Blauer als das Gemälde, unser Gemälde …«

Schweigen.

»Kann ich kurz Jonathan haben? Bitte?«

Keine Reaktion.

»Isa! Mein Sprit ist alle!«

Ich nehme das Gerät vom Ohr und schaue auf ein schwarzes Display.

Der Akku ist leer.

Um warm zu bleiben, renne ich eine Weile um den Toyota. Ich esse ein paar Cracker. Alle paar Minuten nehme ich eine Prise Schnupftabak, bis mir die Nasenhöhlen und der Hals so weh tun, dass ich damit aufhören muss. Ich weiß nicht, wie viel Zeit vergangen ist, als sich endlich ein Auto nähert. Sogar zwei, Landrover. Sie halten, meine Retter. Aus dem ersten Wagen steigt ein Mann mit kurzem, grauem Bart. Man würde ihn eher für einen Fischer halten, einen Fischer, dem das Meer abhandengekommen ist. Er trägt eine Hose mit hundert Taschen und hat Springerstiefel an. Der Fischer sagt etwas auf Isländisch, ich frage daraufhin auf Englisch, ob er vielleicht einen Kanister Diesel in seinem Auto hat.

»Du hast kein Nummernschild«, gibt er auf Englisch zurück.

Er ist ein Mann, der auf zehn Kilometer Abstand Verdacht schöpft. Ich bin verdächtig und stehe direkt vor seiner Nase. Aus dem anderen Landrover steigen ebenfalls zwei Männer, sie tragen Käppis und Halstücher. Jetzt sehen sie glatt aus wie eine Banditenbande aus *Mad Max*.

»Ich habe keinen Sprit mehr.«

In der Kälte strömt die Missachtung wie Dampf aus ihren Nasenlöchern.

»Alright«, sagt der Fischer schließlich. Er geht zu seinem Geländewagen und holt einen Zwanzig-Liter-Kanister heraus. Mit fünf Litern schaffe ich es bestimmt bis Mývatn, meint er, dort gibt es eine Tankstelle. Dann bleiben ihm selbst noch fünfzehn Liter, und die brauche er unbedingt, zumindest behauptet er das.

Ich gebe ihm zweitausend Kronen für den Diesel. Alles hat seinen Preis. Es ist mein letztes Bargeld. Er erinnert an Hemingway, das ist es, er erinnert so sehr an Hemingway, dass ich grinsen muss. Er fragt, was denn so lustig sei, und ich schüttle nur den Kopf.

»In so einem Gelände sollte man nicht allein unterwegs sein«, sagt er streng. »Diese Strecke ist gefährlich.«

Ich danke ihm und grüße. Er hebt lediglich die Hand.

Die Banditen schütteln die Köpfe. Was kümmert es mich? Sie kennen mich nicht und wissen nicht, was ich in der vergangenen Woche durchgemacht habe.

Mit der gefährlichen Strecke ist es übrigens nicht weit her. Der Schnee ist zum großen Teil verschwunden, es ist fast langweilig. Trotzdem stoße ich einen Seufzer der Erleichterung aus, als ich endlich die Ringstraße erreiche; mitten in einer grimmigen, grauen Lavalandschaft geht die Schotterpiste in eine asphaltierte Straße über, die ich begrüße wie ein Ertrinkender das Land. Von hier sind es nur noch ungefähr zehn Kilometer bis Mývatn. Nach dem Auftanken (Gott sei Dank funktioniert die Kreditkarte noch) fahre ich nicht nach Reykjavík weiter, sondern wende Richtung Ostküste, denn dort gibt es noch etwas zu erledigen: Svein aus dem Turm zu befreien. Ich vermute, dass ich einen schrecklichen Fehler gemacht habe und er noch immer dort festsitzt.

46

Das Folgende hatte ich Svein erzählt, an dem Morgen, an dem ich ihn im Leuchtturm einsperrte.

Am Freitagmorgen Viertel nach zehn war ich ins Haus meiner Mutter gekommen. Ich ging zur Küche, wieder zurück ins Wohnzimmer und fand den Umschlag. Ich setzte mich auf die Couch, zählte das Geld, las den Text auf der Ansichtskarte. So saß ich eine Weile, spielte mit dem Umschlag in meinen Händen herum, ich roch an dem Geld, ich las den Text auf der Ansichtskarte ein weiteres Mal. Dann verlor ich die Geduld und ging nach oben. Die vierte Treppenstufe knarrte, das tat sie schon seit vierzig Jahren, und das weckte in mir ein vertrautes Gefühl, das Gefühl, dass alles in Ordnung ist. Am Ende der Treppe befand sich gleich links mein altes Zimmer, rechts am Ende des Flurs war das Schlafzimmer meiner Mutter. Die Tür stand einen Spalt offen, ich stieß sie weiter auf.

»Mama?«

Meine Mutter lag im Bett. Die Vorhänge waren geschlossen und hüllten das Zimmer in Dunkelheit. Ich zog vorsichtig einen Vorhang beiseite.

»Mama, willst du nicht aufwachen?«

Das war absolut nicht Teil unserer üblichen Routine, kein einziges unserer Rituale sagte mir, was ich jetzt tun musste. Meine Mutter lag auf dem Rücken, den Mund ein klein wenig geöffnet, seitlich klebten ihre Lippen zusammen. Ihre Augen waren geschlossen, ihr Gesicht war ohne jeden Ausdruck, wodurch ich es fast nicht erkannt hätte, die Haare waren zerzaust und strähnig.

»Mama«, sagte ich.

Sie wirkte unbeteiligt und völlig unerreichbar, als ob sie sich danach gesehnt hätte. Als ob alles nach Plan verlaufen wäre.

»Mama«, flüsterte ich, »willst du nicht aufwachen?«

Das kann nicht wahr sein, dachte ich. Es wurde ein Mantra, das unausgesetzt durch meinen Kopf summte. Daskannnichtwahrsein. Ich setzte mich auf den Stuhl neben ihrem Bett. Sie hatte am Abend zuvor ihren Rock und die Bluse ordentlich über die Stuhllehne gehängt. Ich zog den Vorhang wieder zu, ging auf Zehenspitzen zur Tür. Dort drehte ich mich um, schlich zum Bett zurück, beugte mich über sie, drückte ihr einen Kuss auf die Stirn, ordnete mit den Fingern ihr Haar – was nicht richtig gelang, es fiel immer wieder zurück. Schließlich hob ich das Laken und zog es vorsichtig über ihr Gesicht. Ich blieb noch einen Moment stehen, aber das Laken bewegte sich nicht. Wieder ging ich auf Zehenspitzen zur Tür, zog sie lautlos hinter mir zu. Ich rannte die Treppe hinunter, zwängte mich in meine Schuhe und hastete ins Freie. Ich stieg ins Auto, den Umschlag mit den tausend Euro warf ich neben mich auf den Beifahrersitz. »Nein,

nein, nein«, stöhnte ich so laut, dass die Windschutzscheibe beschlug. Dann hörte ich die Stimme meiner Mutter, die mir zuflüsterte: »Geh schon, mein Junge, na los. Das ist unser Geheimnis, unser Plan. Ich habe diesen Umschlag nicht umsonst hingelegt.« »Ich ruf dich an, Mama«, hatte ich gesagt. »Noch heute Nachmittag.« Denn das ist die Macht der Worte, sie können einen alles glauben lassen, selbst, dass die Toten erwachen und die Liebe ewig ist.

47

Ich denke, dass in Island geheizte Schwimmbäder Gott näher sind als die Seelen frommer Kirchgänger, ich bin mir sicher, dass ein geothermisches Feld eine höhere Wahrheit in sich birgt als die Heilige Schrift, ich glaube, dass die dunklen Wolken aus dem Gedärm Ymirs gemacht sind, und ich bin davon überzeugt, dass Askja der schönste und heiligste Ort auf Erden ist – und es keinem Menschen vergönnt ist, dort zu leben, weil der Himmel da eine Außenstelle hat. Was soll ich erzählen? Ich bin in einem Rutsch von Mývatn bis zur Ostküste gefahren, auf der Ringstraße. Von dort schlängelte ich mich noch anderthalb Stunden an den Fjorden entlang, bis ich in Breiðdalsvík eintraf, dem Dorf, wo ich Svein Sigurðsson in einen verlassenen, von oben bis unten dunkelorange gestrichenen Leuchtturm eingeschlossen hatte. Rot, könnte man fast sagen, in der Farbe des Sonnenaufgangs, der einzigen Attraktion, auf die dieser Leuchtturm Aussicht bietet, zumindest an den Tagen, wo es hier einen Sonnenaufgang gibt. Ich parkte den Toyota auf dem Gelände vor dem Schwimmbad und der Sporthalle, für die Svein angeblich Fitnessgeräte beschafft hatte, und ging zu Fuß über die Mole zum Leuchtturm, vorbei an dem im Gras liegenden alten Fischerboot. Auf der Mole war niemand, niemand im Hafen, ein Geisterdorf. Die Sonne war schon fast hinter den Bergen versunken, sie schien nicht mehr auf das Dorf, allein noch auf die Spitze des Leuchtturms. Die Tür war verriegelt. Er war noch da, ich hatte es gewusst! Ich musste mit der Schulter gegen die Tür drücken, um die rostigen Riegel in Bewegung zu bringen, die schließlich quietschend nachgaben. Ich zog die Tür auf und rief den Namen meines Freundes in die Dunkelheit. Der Name hallte nach, wie ein Eröffnungsakkord. Ich ging hinein, in ein dunkles Loch. Die Luft im Turm war dumpf, muffig und weitaus unangenehmer als bei meinem vorigen Besuch. Ich sah noch einmal hinter mich, zum Licht, zum Hafen und zu den dahinter aufragenden Bergen. Als ich mich an die Dunkelheit gewöhnt hatte, stieg ich die Treppe hinauf, die vom Betonfraß ziemlich mitgenommen war. Der Wind pfiff um den Turm, eine Melodie, die um nur einen Ton kreiste, ohne ihn je zu treffen. Je höher ich kam, desto heller wurde es, vielleicht wegen des schmalen, langen Fensters oben im Turm, wo das Leuchtfeuer sein Licht werfen muss. Oben endete die Treppe abrupt vor einer weißen, von Algen und Pilzbefall verschmutzten Wand. Auf diese Wand war mit Farbe ein Helm des Ægir gezeichnet, so groß wie eine Felge. Drumherum sicher hundert Namen, mit Stift oder Tinte geschrieben. In die schwarze Farbe waren auch Namen gekratzt. Das hätte ich mir denken können, dass Svein mir genau das zeigen wollte, als er mich rief, kurz bevor ich die Tür vor seiner Nase zuwarf. Ich streichelte die rauhe Wand, meine Fingerspitzen folgten den Umrissen der Zeichnung, einer Vergrößerung meines eigenen, törichten Aberglaubens. Ich sah ausschließlich isländische oder jedenfalls skandinavische Namen. Ich suchte nach Sveins Namen, konnte ihn aber nirgendwo entdecken. Unten knallte die Tür zu. Der Wind, mein Gott, man könnte hier eher vom Wind als von der Kälte den Verstand verlieren. Ich lächelte sehr *flott* und nahm eine Prise Schnupftabak, denn eine Prise zur rechten Zeit hat noch keinem geschadet. Ich hatte Svein Sigurðssons Platz eingenommen. Die schmelzenden Gletscher sind sterbende Riesen, die sich an Mutter Erde festklammern, in der Engelwurz, die im Wind tanzt, liegt Weisheit, und es lässt sich nicht leugnen, dass die Mücken von Mývatn für das Leben dort besser gerüstet sind als die Menschen. Es kostete mich sicher eine Viertelstunde, um mit dem Autoschlüssel »Isa« und danach »Jona« in das Schwarz der Wand zu kratzen.

Das Licht wird fahl, im Osten kündigt sich zögernd die Nacht an. Der Osten ist die einzige Richtung, in die ich durch ein schmales Fenster mit schmutzigem Glas sehen kann.

Isa, ich denke daran, wie die Sonne dir Locken aus Gold malt, wenn du am Küchentisch sitzt, immer wieder eine andere Locke, wie du jedes Mal ein Achtel von deinem Brot abschneidest und es auf die Gabel piekst, wie du kaust, mit dem Kopf ein wenig abgewandt, als ob dir gerade etwas Wichtiges einfiele, ein durch und durch logischer, ausgereifter Gedanke, den ich nie begreifen werde. Ich denke an den sanften, traurigen Ausdruck in deinen Augen und daran, wie ich mich am liebsten in ihnen aufhalten würde, genau da, um mitsehen zu können, was du siehst, und genauso viel zu begreifen wie du. Ich habe in meinem Leben wenig zustande gebracht, aber geliebt zu haben, das ist doch auch etwas? Der Rest ist unwichtig. Ein vom Wind ersticktes Möwenkreischen, das nichts bewirkt, das Prasseln eines Wasserfalls, der sich für den einzigen im Land der hunderttausend Wasserfälle hält, sich stauende Eisschollen, unsichtbar für jedes Auge. Eine Nacht, die nicht kommt oder nicht weichen will.